21世纪高职高专规划教材·经贸类通用系列

经济法实用教程

主　编　吴　薇
副主编　彭彩虹

中国人民大学出版社
·北京·

前　言

本书是近年来教学与教改实践经验的总结，突破了传统教材对教学内容的安排，扩展了实践训练内容，以培养学生理解、掌握和应用经济法律解决工作和生活中的问题的技能。为了适应高职高专教学规律和教学要求，教材的内容设置按照管理专业和财经专业的经济法课程的教学大纲要求，以及经管类专业人才培养计划考虑内容的取舍，以实用、管用、够用为度，完善学生的法律知识架构。本教材包括八方面的内容：经济法基础理论、市场主体法、合同法、知识产权法、市场行为规制法、税法、劳动法与劳动合同法及解决争议的程序法。

本教材编写的创新性主要体现在：

（1）在体例结构上，每章都有明确的“学习目标”、“实训目标”，设定了“了解、理解和掌握”三个层次的学习目标和实训目标，用“案例导学”引入学习的情景，文中穿插大量“课堂讨论”、“想一想”、“小贴士”、“实务训练”。课后配有“本章小结”，全面总结每章内容，并以“知识巩固训练”、“综合实务训练”来巩固和检验学生的学习成果，提高其实践能力。这也是本教材的特色，便于边讲边练，以案说法。

（2）在内容上，加大了课堂练习与实操训练内容的比重，对每章应掌握的知识点进行练习，紧密配合社会实际设计习题，使学生掌握重要的基础知识和基本技能。

（3）在写作方法上，编者将现实素材加入本书的编写中，知识点取舍有度，不过于深究理论，力求脉络清晰、表述精准、简明扼要，便于理解和记忆。

本教材编者均为双师型教师，主编吴薇为广东轻工职业技术学院副教授、高级国际商务师、执业律师，副主编彭彩虹为广东工贸职业技术学院副教授、经济师、执业律师。参加编写的还有广东轻工职业技术学院讲师严蓉、曾黎娟和石娜三位双师素质的教师。

虽然编者尽心竭力，但难免会有错漏，恳请读者批评指正，我们会跟踪教材使用效果，不断发现问题、总结经验，以提高教材的质量水平。教材在编写过程中参考了众多专家、学者的著述和研究成果，在此表示衷心的感谢！

编者

CONTENTS

目　录

第一章
经济法基础理论

学习目标

1. 了解经济法的概念、特征、调整对象及地位。
2. 掌握经济法律关系的概念及构成要素。
3. 了解经济法律关系的产生、变更、消灭及经济法律责任。

实训目标

1. 使学生树立经济法律意识。
2. 能正确分析现实生活中的各种经济法律关系及构成要素。

案例导学

某五星级酒店与某服装厂签订了加工1 000套员工服装的合同。根据合同约定，酒店应于2014年5月5日前向服装厂预付3万元，待服装厂于同年7月底前交付全部服装后结清货款。合同签订后，酒店发现其招聘的新员工才500人，于是与服装厂协商，减少加工500套服装，服装厂表示同意。合同履行期届满，酒店和服装厂分别履行了合同规定的义务。

请运用经济法律关系要素理论对本案例进行分析。

分析：

经济法律关系的三要素是主体、客体和内容。本案主体是某五星级酒店与某服装厂，客体是1 000套员工服装，内容是双方合同约定的权利和义务。

第一节　经济法概述

一、经济法的定义

经济法是调整国家在管理与协调经济运行过程中发生的经济关系的法律规范的总称。这一概念包括以下几层含义：

(1) 经济法体现了国家运用法律对社会经济生活的干预。

(2) 经济法不是调整所有的经济关系，而是调整需要由国家干预和协调的经济关系。

(3) 经济法的特定调整对象具有相对独立性。

二、经济法的特征

经济法既有法律的一般特征，又有自身的特点，其特点具体表现为以下几个方面。

(一) 综合性

在调整范围方面，经济法既有宏观的经济管理和调控关系，又有微观的经济协作关系；在法律结构方面，经济法既包括部门法又包括各种规范文件，既有实体法又有程序法，既含强制性、任意性规范又含指导性、诱导性规范；在调整方法方面，经济法综合运用民事、行政、刑事、专业技术等多种手段作用于经济领域。

小贴士

实体法与程序法

实体法与程序法是以法律规定内容的不同为标准对法进行的分类。实体法是指以规定和确认权利、义务或职权、职责为主要内容的法律法规。程序法是指以保证权利、义务得以实现或职权、职责得以履行的有关程序为主要内容的法律法规，如《中华人民共和国民事诉讼法》、《中华人民共和国行政诉讼法》等。实体法和程序法之间也有一些交叉，如实体法中可能涉及一些程序规定，程序法中也可能涉及权利、义务、职权、职责等内容。

(二) 政策性

政策是管理者在某一时期为完成特定任务而规定的活动准则。政策比法律缺少相应的强制性和严格的程序性，但政策往往更灵活。由于经济活动变化快，而立法具有一定的滞后性，所以经济法必须随时根据国家意志的需要赋予政策法律的效力，并根据政策的变化而变化。

(三) 社会公益性

经济法主要调整国家经济管理与经济协调关系，所以强调的是社会责任本位理念。经济法通过保障社会经济秩序，进而保护个体的权利和利益。因此，经济法维护的是社会整体利益。

三、经济法的调整对象

经济法的调整对象是特定的经济关系，即在国家干预和协调经济运行过程中所发生的经济关系。具体地讲，包括市场主体调控关系、市场秩序调控关系、宏观调控关系和社会分配调控关系。

(一) 市场主体调控关系

市场主体是一个内涵丰富的范畴，是指市场生产经营活动的参与者和财产责任的承担者，包括经济组织和个人。市场主体的法律地位是指市场主体参加市场活动时在法律上享有的主体资格。要确立和完善社会主义市场经济体制，推动社会主义市场经济的健康发展，首先必须确认市场主体的法律地位，使其能成为独立的生产者和经营者，具有自我约束和自我发展的能力。确认市场主体的法律地位所产生的经济关系包括两方面内容：一是确认市场主体在参加市场活动时的法律地位所产生的经济关系，如确认企业地位而产生的关系；二是确认市场主体在参加内部管理活动时所产生的经济关系，如确认企业内部领导体制而产生的经济关系。这方面的法律主要包括公司法、外商投资企业法、合伙企业法、个人独资企业法、企业破产法等。

（二）市场秩序调控关系

市场秩序是市场运行的状态和情况的综合，分为正常和不正常两种状态。正常的市场秩序通常表现为市场机制运转良好，市场交易有条不紊，市场主体的合法权益受到有效保护；与此相反则为不正常的市场秩序。国家要维护的市场秩序是正常的市场秩序。维护正常的市场秩序是建立和完善社会主义市场经济体制的重要保障，这是因为正常的市场秩序既有利于市场主体参加各项活动，扩大经营行为，又有利于发展和完善各类市场，充分发挥市场机制的作用。这方面的法律主要包括合同法、证券法、专利法、商标法、反不正当竞争法、反垄断法、产品质量法、广告法、消费者权益保护法等。

（三）宏观调控关系

宏观调控是指国家为满足全局利益和长远利益的要求，保障经济持续、稳定、协调发展，实现经济总量平衡而对市场进行的调节和控制。进行宏观调控，既是我国经济工作经验教训的总结，又是发挥市场机制作用的需要。实践证明，市场是资源配置最有效、最佳的手段。但是，市场调节本身并不是万能的，它有许多缺陷。例如，它不能做到经济效益和社会效益的完全统一，它不能自觉地防止不正当竞争和垄断，它不能实现社会收入公平分配等。因此，需要国家进行宏观调控，以充分发挥市场机制的积极作用，限制其负面作用。市场经济条件下的宏观调控以间接手段为主，直接手段为辅，主要通过经济政策、经济杠杆和经济法律法规，充分尊重价值规律和市场供求关系来实现。宏观调控关系的内容主要包括计划调控关系、投资调控关系、财税调控关系、金融调控关系和其他宏观调控关系。这方面的法律主要包括税法、中央银行法、会计法、审计法、统计法、价格法、环境保护法、对外贸易法等。

（四）社会分配调控关系

社会分配调控关系是指国家对国民收入进行初次分配和再分配过程产生的经济关系，它包括国家为保证社会成员的基本生活权利而提供救助和补贴所产生的经济关系。目前，我国有关调控社会分配的法律、法规尚不健全，正处在不断建立和完善之中。这方面的法律包括劳动法、社会救济法、社会福利法和社会保险法等。

四、经济法的地位

明确经济法的地位就是要明确经济法在现行法律体系中的定位问题。经济法是社会主义法律体系的重要组成部分，是一个独立的法律部门。这种重要地位的确立，主要取决于以下两个方面的因素：

(1) 经济法作为独立的法律部门，是适应我国经济改革发展需要而产生的，是市场经济的内在要求，需要国家以社会代表者的身份，对整个社会经济进行直接或间接的干预和宏观调控，以达到社会资源的最佳配置，实现效率与公平的目标。因而，其是形成国家干预社会经济生活的法律规范。这种法律规范与调整平等主体之间的财产关系和人身关系的民事规范有着显著的不同。

(2) 经济法作为独立的法律部门，有其特定的调整对象。法律部门的划分，不是由人们的主观意志决定的，而是由它所调整的社会关系决定的。经济法只调整需要由国家干预和调节的经济关系，不调整其他经济关系，更不调整非经济关系，其调整范围是特定的，同其他法律部门的调整对象是有区别的。因此，它是国家组织和管理经济的重要法律手段，在我国社会主义法律体系中占有十分突出的地位。

第二节　经济法与其他法律部门的关系

经济法同其他法律部门既有联系又有区别，为了更加清晰地认识经济法，现将经济法与民法、刑法和行政法进行简单对比。

小贴士

法律部门

法律部门，也称部门法，是指运用特殊调整方法调整一定种类社会关系的法律规范的总和。在现行法律规范中，由于各自调整的社会关系及调整方法不同，可分为不同的法律部门。凡调整同一类社会关系的法律规范的总和，就构成一个独立的法律部门。我国的法律部门主要包括宪法、行政法、民法（民商法）、经济法、刑法、社会法、诉讼程序法等。

一、经济法与民法的关系

民法是调整平等民事主体的自然人、法人及其他非法人组织之间人身关系和财产关系的法律规范的总称。目前，我国没有独立的商法，所以我国的民法也包括商法，是民商合一的立法。我国的民法包括《民法通则》、《物权法》、《婚姻法》、《继承法》、《收养法》、《合同法》、《担保法》、《著作权法》、《专利法》、《商标法》等法律法规。

经济法与民法既有联系又有区别。

（一）经济法与民法的联系

经济法与民法的联系最为密切，主要表现有二：(1) 在调整对象方面，两者都是调整一定范围的经济关系，如财产关系；(2) 在法律作用方面，经济法和民法都是保护当事人合法经济权益的法律。

（二）经济法与民法的区别

(1) 调整对象不同。经济法以国家在管理和协调国民经济运行过程中发生的经济关系为调整对象，不调整人身关系，具有显著的服从性，属于公法范畴；民法则调整作为平等主体的自然人、法人及其他非法人组织之间的财产关系和人身关系，以平等性为基本特征，属于私法范畴。

小贴士

公法与私法

公法是指涉及公共利益尤其是国家利益的法律，而私法是指涉及私人利益的法律。目前，区分公法与私法并没有一个统一的标准理论。公法与私法的划分是动态的、历史的，是经济、政治等诸因素作用的结果。现代社会公法有扩张的趋势，国家越来越需要向社会授权，所谓的“社会法”实质上属于公法范畴。

（2）作用不同。经济法以维护国家利益和社会公共利益为主，强调社会本位；而民法以维护自然人和法人的个体利益为主，突出个体权利的本位性。

（3）调整方法不同。经济法采取奖励和惩罚相结合的调整方法，以强制性规范为主，对违法行为运用追究经济责任、行政责任和刑事责任相结合的制裁方式；而民法则更多地采用任意性规范，当事人享有可以依法自由处分的权利，以补偿性为主。

小贴士

民事责任

民事责任是指民事主体因违反民事义务而应承担的民事法律后果，它主要是一种民事救济手段，目的是使受害人被侵犯的权益得以恢复。民事责任的承担方式主要包括：停止侵害，排除妨碍，消除危险，返还财产，恢复原状，修理、重作、更换，赔偿损失，支付违约金，消除影响、恢复名誉，赔礼道歉。

二、经济法与刑法的关系

刑法是规定犯罪和刑罚及罪刑关系的法律。刑法作为一种公法，其任务是用刑罚同一切犯罪行为作斗争，保卫国家安全、人民民主专政的政权和社会主义制度，保护社会主义的经济基础和公民的合法权利，维护社会秩序。刑法针对一切犯罪行为，制裁比较严厉。严重违反经济法的行为，影响严重、社会危害性较大、构成犯罪的，也会受到刑事制裁。

小贴士

刑事责任

刑事责任是指行为人实施犯罪行为必须承担的法律责任。刑事责任主要有九种，包括五种主刑和四种附加刑。主刑有管制、拘役、有期徒刑、无期徒刑和死刑，附加刑有罚金、剥夺政治权利、没收财产和驱逐出境。

三、经济法与行政法的关系

（一）行政法的调整对象

行政法是指行政主体在行使行政职权和接受行政法制监督过程中，与行政相对人、行政法制监督主体之间发生的各种关系，以及行政主体内部发生的各种关系的法律规范的总称。行政法的调整对象主要包括以下几种：

（1）行政管理关系，即行政机关、法律法规授权的组织等行政主体在行使行政职权的过程中，与公民、法人和其他组织等行政相对人之间发生的各种关系。行政许可、行政处罚等是行政关系中的主要部分。

（2）行政法制监督关系，即行政法制监督主体在对行政主体及公务人员进行监督时发生的各种关系。行政法制监督主体主要包括权力机关、司法机关和行政监察机关等。

（3）行政救济关系，即行政相对人认为其合法权益受到行政主体做出的行政行为的侵犯时，向行政救济主体申请救济，行政救济主体对申请予以审查，做出向相对人提供或不提供救济的决定而发生的各种关系。行政救济主体主要包括受理申诉、控告、检举的信访机关，受理行政复议的行政复议机关，以及受理行政诉讼的人民法院等。

（4）内部行政关系，即行政主体内部发生的各种关系，主要包括上下级行政机关之间的关系，平行行政机关之间的关系，行政机关与其内设机构、派出机构之间的关系，行政机关与国家公务员之间的关系，行政机关与法律、法规授权组织之间的关系，行政机关与其委托行使某种行政职权的组织之间的关系等。

行政法涉及的领域广泛，已经扩展到了社会生活的各个方面。在社会经济生活领域中，经济法和行政法都有调整一定社会经济关系的作用，但两者也存在一定的区别。

（二）经济法与行政法的区别

经济法与行政法的区别主要表现在以下几个方面：

（1）调整对象不同。经济法调整的是特定的经济关系；而行政法主要调整的是行政管理关系。

（2）作用不同。经济法是调整全局性的、社会公益性的经济关系，以社会为本位；行政法是国家用来规范行政权的法律，体现的是国家利益。

（3）调整方法不同。经济法采取经济责任、行政责任和刑事责任相结合的制裁方式；行政法采取行政制裁的方式。

小贴士

行政制裁

行政制裁是指国家行政机关对行政违法者所实施的法律制裁，即根据法律及相关规定，对犯有轻微违法失职行为但尚不构成刑事犯罪，或违反内部纪律的人员所采取的一种强制性措施。

行政制裁分为行政处分、行政处罚和劳动教养三种。

行政处分是国家行政机关依照行政隶属关系，对违法的行政机关工作人员所实施的行政制裁。具体包括警告、记过、记大过、降级、撤职和开除六种形式。

行政处罚是指由特定的行政机关对违法的公民、法人或者其他组织所实施的行政制裁。具体包括警告，罚款，没收违法所得、非法财物，责令停产停业，暂扣或者吊销许可证、执照，行政拘留以及法律、行政法规规定的其他行政处罚七种形式。

第三节　经济法律关系

一、经济法律关系的概念

经济法律关系是指由经济法律规范规定和调整而形成的权利和义务关系。

二、经济法律关系的特征

经济法律关系除了具有法律关系的一般特点之外，还有其自身的特征。

(1) 经济法律关系是发生在经济领域中的意志关系。这种法律关系主要表现为管理关系和协调关系，体现的是国家意志和当事人意志。国家意志是依据，当事人意志是归宿，二者不可分割。

(2) 经济法律关系以经济权利和经济义务为内容。如果不是以经济权利和经济义务为法律关系内容的，就不是经济法律关系，这体现了经济法律关系的经济本性。

(3) 经济法律关系是采取较严格的法定程序和法定形式的法律关系。除法律规定允许采用口头形式外，均采用书面形式，甚至有的还需要鉴证和公证。

三、经济法律关系的构成

经济法律关系与其他法律关系一样，是由主体、客体和内容三个要素构成的。

(一) 经济法律关系的主体

1. 概念

经济法律关系的主体，也称经济法主体，是指在经济管理和协调过程中依法独立享受经济权利和承担经济义务的当事人。经济法律关系的主体必须具备一定的主体资格。主体资格是指当事人参加经济法律关系、享受经济权利和承担经济义务的资格或能力。只有具备经济法律关系主体资格的当事人，才能参与经济法律关系，享受经济权利和承担经济义务。对经济法律关系主体资格的认可，一般采用法律规定一定条件或规定一定程序成立的方式予以确认。未取得经济法律关系主体资格的当事人不能参与经济法律关系，也不受法律保护。具有经济法律关系主体资格的当事人只能在法律规定或认可的范围内参与经济法律关系，超越法律规定或认可范围的，则不具有参与相应经济法律关系的主体资格。

2. 种类

经济法律关系的主体具体包括以下几种：

(1) 经济管理主体。主要是指依据宪法、行政法和其他法律法规设立的各级国家机关。在经济管理活动中，国家机关以国家名义行使经济管理权，与其他主体的关系是一种领导与被领导、管理与被管理的关系。

(2) 经济活动主体。主要是指依据民法、经济法、行政法以及其他法律法规设立的，从事经济活动的组织和个人。具体包括各类企业、事业单位、社会团体、农村承包经营户、个体工商户和公民个人等，这类主体最普遍、最广泛。此外，经济组织的内部机构虽不是独立法人，但在一定条件下也可以具备经济法律关系的主体资格。国家机关和国家作为整体，除可作为经济管理的主体之外，在一定条件下也可以作为经济活动关系的主体。如国家对外签订政府借款合同、对内对外发行政府债券等。

(二) 经济法律关系的客体

经济法律关系的客体是指经济法律关系主体的权利和义务所共同指向的对象。经济法律关系的客体主要包括物、经济行为和非物质财富。

(1) 物是指具有一定形态和经济价值，能够被人们控制和支配的物质财富。物包括自然存在的物品和人类劳动生产的产品，以及固定充当一般等价物的货币和有价证券等。

(2) 经济行为是经济法律关系的主体为实现一定的经济目的而进行的经济活动。经济行为包括经济管理行为、完成工作的行为和提供劳务的行为等，它是经济法律关系中存在的最广泛的客体。经济管理行为是指经济法律关系的主体行使经济管理权或经营管理权所指向的行为，如经济决策行为、经济命令行为、审查批准行为及经济监督检查行为等。完成工作的行为是指经济法律关系的主体的一方利用自己的资金和技术设备为对方完成一定的工作任务，而对方根据完成工作的数量和质量支付一定报酬的行为。提供劳务的行为是指经济法律关系的主体一方为对方提供一定劳务或服务满足对方的需求，而由对方支付一定酬金的行为。

(3) 非物质财富也称精神财富或精神产品，包括智力成果、道德产品和经济信息等。智力成果是指人们创造的、能够带来经济价值的脑力劳动成果，如科学发明、技术成果、艺术创作成果、学术论著等。智力成果本身不直接表现为物质财富，但可以转化为物质财富。智力成果作为经济法律关系客体的表现形式，主要有商标、发明、实用新型、外观设计、专有技术等。道德产品是指人们在各种社会活动中取得的非物化的道德价值，如荣誉称号、嘉奖、表彰等，是法人和公民荣誉权的客体。经济信息是对反映社会经济活动发生、变化等情况的各种信息、数据、情报和资料等的总称。

此外，权利也可能成为经济法律关系的客体。权利本来是经济法律关系的内容，但是当某种权利成为另一种权利的对象时，该种权利就成为客体的组成部分。如土地使用权的客体是土地，但是当土地使用权在土地出让和转让法律关系中成为指向对象时，土地使用权就成为该法律关系的客体。

(三) 经济法律关系的内容

经济法律关系的内容是指经济法律关系的主体享有的经济权利和承担的经济义务。它是经济法律关系的核心，直接体现了经济法律关系主体的利益和要求，没有权利和义务的经济法律关系是不存在的。

1. 经济权利

经济权利是指经济法律关系主体在经济管理和经济协调关系中，依法具有的自己为一定行为或不为一定行为，或要求他人为一定行为或不为一定行为的资格。经济权利主要包括经济职权、财产所有权、企业经营管理权、请求权等。

（1）经济职权是指国家机关依法行使经济管理的职能，对社会生产总过程的经济活动进行计划、组织、指挥、监督和调节时享有的一种权利。经济职权的产生基于国家授权或法律的直接规定，因此，不是所有的经济法主体都享有经济职权。只有负有领导、组织与管理经济职能的国家机关才享有经济职权。经济职权具有命令与服从的隶属性质。同时对于国家机关来说，这种职权既是权利也是义务，因此不可随意转让、放弃和抛弃。经济职权需与国家机关管理经济的职能相适应，主要包括国民经济决策权、协调权、监督权。

（2）财产所有权是指法律确认和保护的所有人对自己的财产行使占有、使用、收益和处分的权利。一定的财产所有权是进行经济活动的前提。所有权的权能具体体现在以下四个方面：1）占有权，是指经济法主体对财产在事实上进行具体控制的权利；2）使用权，是指经济法主体对于财产根据其性能和用途加以具体利用的权利；3）收益权，是指经济法主体在取得、占有、使用财产过程中所产生的经济收入或利益的权利；4）处分权，是指经济法主体商定财产在事实上和法律上的命运的权利。

（3）企业经营管理权是指企业对经营管理的财产行使占有、使用、收益和处分的权利。主要包括经营方式选择权、生产计划权、物资采购权、产品销售权、劳动管理权、资金支配权、物资管理权、人事管理权。

（4）请求权是指当自己的经济权益受到侵害或者在经济活动中发生纠纷时，经济法主体要求侵权人停止侵权行为或者要求有关机关用行政的、经济的或司法手段维护其合法权益的权利。经济法主体主要享有以下请求权：要求赔偿权、请求调解权、申请仲裁权、经济诉讼权、破产申请权。

2. 经济义务

经济义务是指经济法律关系主体为了满足特定权利主体的权利，在法律规定的范围内必须为或不为一定行为的责任。经济义务主要包括正确行使所有权的义务、经营责任、经济职责、经济债务和正确行使工业产权的义务等。

经济权利与经济义务是相互依存的。没有义务，也就不会有权利。经济法律关系主体不能只享受权利而不履行义务，也不能只履行义务而不享受权利。通常，在经济法律关系中权利与义务是对等的，一方的权利依赖于另一方的义务来实现，另一方的权利也对应着一方的义务。

四、经济法律关系的产生、变更和消灭

（一）经济法律关系的产生、变更和消灭的概念

经济法律关系的产生是指经济法律关系主体之间形成一定的经济权利和经济义务关系。如合同的订立、工商登记等，都会在经济法律关系主体之间产生经济权利和经济义务。

经济法律关系的变更是指经济法律关系主体、客体、内容发生变化，这种变化使原来的经济法律关系被新的经济法律关系所替代。如合同内容的改变。

经济法律关系的消灭是指经济法律关系的主体之间现有的权利和义务归于消灭。如合同履行完毕。

(二) 经济法律关系的产生、变更和消灭的条件

经济法律关系的产生、变更和消灭的条件有以下两个。

1. 经济法律规范的颁布和实施

经济法律规范的颁布和实施是确认、调整经济法主体的前提条件，如果某一经济领域国家未颁布实施经济法律规范，则在这一经济领域就不会有经济法律关系的产生，也不会有经济法律关系的变更、消灭。

2. 经济法律事实

经济法律事实是指能够引起经济法律关系产生、变更和消灭的客观情况。根据与经济法主体的意志是否有关，可将经济法律事实分为（客观）事件和（主观）行为两类。

（1）事件。事件是指不依经济法主体的主观意志为转移的，能引起经济法律关系产生、变更和消灭的现象。它包括自然现象和社会现象两种。自然现象又称绝对事件，如自然灾害；社会现象又称相对事件，相对事件虽由人的行为引起，但其出现在特定经济法律关系中并不以当事人的意志为转移，如因人类战争导致合同无法履行，因人的死亡导致劳务关系终止等。

（2）行为。行为是指以经济法主体意志为转移的，为达到一定经济目的而进行的有意识的活动。按其性质可分为合法行为和违法行为。合法行为，是指经济法主体符合法律法规规定的行为。违法行为，是指经济法主体违反法律法规的行为。这两种行为都可以引起经济法律关系的产生、变更和消灭。

有些经济法律关系的产生、变更和消灭，只需一个法律事实出现即可成立；而有些经济法律关系的产生、变更或消灭则需要两个以上的法律事实同时具备。引起某一经济法律关系产生、变更或消灭的数个法律事实的总和，称为事实构成。如保险赔偿关系的发生，需要订立保险合同和发生保险事故两个法律事实都出现才能成立。

第四节　经济法律责任

一、经济法律责任的概念

经济法律责任，即违反经济法的责任，是指由经济法规定，在经济法主体违反法定经济义务时必须承担的法律后果。它是国家用以保护现实的经济法律关系的重要方法。

二、经济法律责任的形式

承担经济法律责任的形式，是指经济法主体因违反经济法而应承担法律责任的主要方式。它包括民事责任、行政责任和刑事责任。

（一）民事责任

1. 民事责任的概念和种类

民事责任，是指经济法主体因违反经济法律、法规，而应依法承担的民事法律后果。最基本的民事责任有以下两种：

(1) 违约责任，即责任人违反约定的义务，依法应承担的民事责任。

(2) 侵权责任，是指行为人不法侵害社会公共财产或者他人的财产、人身权利而依法应承担的民事责任。

小贴士

什么是责任竞合？

责任竞合是指由于某一法律事实的出现，导致两种或两种以上的民事责任，这些民事责任被数个法律规范调整，彼此之间相互冲突的现象。责任竞合经常表现为违约责任和侵权责任的竞合。在责任竞合的情况下，受害人的损失由谁来赔偿呢?《中华人民共和国合同法》(以下简称《合同法》) 第 122 条规定，因当事人一方的违约行为，侵害对方人身、财产权益的，受损害方有权选择依照《合同法》要求其承担违约责任或者依照其他法律要求其承担侵权责任。据此，受害人有权要求对方承担违约责任，或者要求对方承担侵权责任，两者可任选一种。受害人可依照有利于保护自己利益的原则进行选择，选择时要充分考虑赔偿数额的大小和对方赔偿能力的大小，以及提起诉讼的费用是否经济和执行起来是否方便等，然后择优定夺。

2. 承担民事责任的原则

承担民事责任的原则，是指法律确定的行为人承担责任的根据和标准，主要有以下三种：

(1) 过错责任原则。过错责任原则，是指认定行为人在主观上存在故意或者过失时追究法律责任的原则。行为人在故意或者过失违反法律时，应当承担法律责任。过错责任原则是我国经济法确认的，在追究违法主体的经济法律责任时普遍适用的一项原则。

(2) 无过错责任原则。无过错责任原则，是指在法律直接规定的情况下，无论行为人主观上有无过错，都要对损害事实承担责任的原则。无过错责任原则是承担经济法律责任的特殊原则，它是比过错责任原则更加严格的一项原则，故又称为严格责任原则。此项责任不以过错为构成要件，只要有法律规定，经济法主体就要对损害承担补偿责任。

(3) 公平责任原则。公平责任原则，是指在当事人双方对损害结果的发生均无过错，且无法适用无过错责任原则的情况下，由法院依据公平观念来确定双方合理分担损失的原则。这一原则是公平法律价值的具体体现，是在前两种原则无法适用的情况下，为避免双方权益显失公平而确立的一项补充性原则。

3. 承担民事责任的方式

承担民事责任的方式主要有 10 种：支付违约金；修理、重作、更换；停止侵害；排除妨碍；消除危险；返还财产；恢复原状；赔偿损失；消除影响、恢复名誉；赔礼道歉。

(二) 行政责任

行政责任，是指对违反经济法的单位和个人依法追究的行政处罚和行政处分。追究行政责任，由国家行政机关或国家授权的有关单位执行。

根据《中华人民共和国行政处罚法》第 8 条的规定，行政处罚的种类包括：警告；罚款；没收违法所得、没收非法财物；责令停产停业；暂扣或者吊销许可证、暂扣或者吊销执照；行政拘留；法律、行政法规规定的其他行政处罚。

此外，国家机关、企事业单位还可根据法律、法规，按照行政隶属关系对违法者实施行政处分。行政处分的种类有警告、记过、记大过、降职、撤职、留用察看、开除等。

（三）刑事责任

刑事责任，是指国家司法机关对严重违反经济法，构成犯罪的主体依法追究其责任，即给予刑事处罚。根据《中华人民共和国刑法》（以下简称《刑法》）的规定，刑罚分为主刑和附加刑。主刑的种类包括：管制、拘役、有期徒刑、无期徒刑、死刑。附加刑的种类包括：罚金、剥夺政治权利、没收财产、驱逐出境。主刑只能独立适用，附加刑既可以独立适用，也可以作为主刑的附加刑适用。对犯罪的外国人，可以独立适用或者附加适用驱逐出境。企事业单位、机关、团体实施危害社会的行为，法律规定为单位犯罪的，应当负刑事责任。单位犯罪的，对单位判处罚金，并对直接负责的主管人员和其他直接责任人员判处刑罚。

经济法律责任具有不可分割性，追究经济法律责任必须统一进行。在具体追究经济法律责任时，民事责任、行政责任和刑事责任既可以单独适用，又可以合并适用。经济法主体违反经济法律、法规，需要予以处罚时，一定要视其情节轻重，区别对待。

本章小结

- 第一章
  - 经济法概述
    - 经济法的定义
    - 经济法的特征
    - 经济法的调整对象
    - 经济法的地位
  - 经济法与其他法律部门的关系
    - 经济法与民法的关系
    - 经济法与刑法的关系
    - 经济法与行政法的关系
  - 经济法律关系
    - 经济法律关系的概念
    - 经济法律关系的特征
    - 经济法律关系的构成
    - 经济法律关系的产生、变更和消灭
  - 经济法律责任
    - 经济法律责任的概念
    - 经济法律责任的形式

知识巩固训练

一、名词解释

1. 经济法
2. 经济法律关系
3. 经济法律关系的内容
4. 经济法律关系的客体
5. 经济法律事实

6. 经济法律责任

二、判断题

1. 经济法具有综合性、政策性及社会公益性的自身特征。( )
2. 经济法的调整对象是国家干预和协调经济运行过程中所发生的经济关系。( )
3. 经济法是社会主义法律体系的重要组成部分，是一个独立的法律部门。( )
4. 经济法律关系是具有一定经济内容的权利与义务关系。( )
5. 经济法律关系由主体、客体和内容三个要素构成。( )
6. 承担经济法律责任的形式包括民事责任、行政责任和刑事责任。( )
7. 某个行为可以引起经济法律关系的产生、变更和消灭。( )
8. 农村承包经营户、个体工商户和自然人不是经济法主体。( )
9. 所有权是指所有人依法对自己所有的财产享有的使用、收益和处分的权利。( )
10. 生产经营行为不是经济法律关系的客体。( )

三、单项选择题

1. 经济法的调整对象是( )。
   A. 所有经济关系　　B. 民事关系
   C. 行政关系　　D. 国家干预和协调经济运行过程中所发生的经济关系
2. 经济法律关系主体权利和义务所指向的对象是( )。
   A. 客体　　B. 内容　　C. 行为　　D. 事件
3. 能够引起经济法律关系产生、变更和消灭的现象是( )。
   A. 经济法律关系的主体　　B. 经济法律关系的客体
   C. 经济法律关系的内容　　D. 经济法律事实
4. 经济法律关系中最普遍、最广泛的一类主体是( )。
   A. 依法从事经济活动的组织和个人　　B. 国家权力机关和国家行政机关
   C. 消费者主体　　D. 社会中介
5. 下列各项中属于法律事实中事件范围的是( )。
   A. 经济管理行为　　B. 签订合同
   C. 自然灾害　　D. 公司发行股票
6. 下列各项中不属于经济法律关系的有( )。
   A. 消费者因向商场购买商品而形成的买卖关系
   B. 消费者因商场货品质量问题而与商场形成的赔偿与被赔偿关系
   C. 税务机关与纳税人形成的征纳关系
   D. 税务局局长与税务干部形成的领导与被领导的关系
7. 经济法律关系中存在最广泛的客体是( )。
   A. 经济行为　　B. 物　　C. 非物质财富　　D. 法律事实
8. 我国经济法律责任中承担民事责任的原则是( )。
   A. 过错责任原则
   B. 无过错责任原则
   C. 以过错责任原则为普遍适用，以无过错责任原则为特殊适用

D. 以无过错责任原则为普遍适用，以过错责任原则为特殊适用

四、多项选择题

1. 我国经济法的调整对象主要包括（　）。
A. 市场主体调控关系　B. 市场秩序调控关系
C. 宏观调控关系　D. 社会分配调控关系

2. 我国市场秩序调控法律规范包括（　）。
A. 广告法　B. 公司法　C. 产品质量法　D. 合伙企业法

3. 下列各项中可以作为经济法律关系客体的是（　）。
A. 阳光　B. 土地　C. 经济决策行为　D. 非专利技术

4. 下列各项中属于经济法调整对象的有（　）。
A. 国家计划与产业政策的制定和实施
B. 税收征管
C. 制止不正当竞争
D. 企业领导机构与其下属生产组织之间的关系

5. 下列各项中属于经济法主体的是（　）。
A. 自然人　B. 国家机关
C. 企业　D. 农村承包经营户

6. 不同的经济主体享有不同的经济权利，这些经济权利主要有（　）。
A. 债权　B. 经济管理权　C. 所有权　D. 知识产权

7. 下列各项中属于经济法律关系构成要素的有（　）。
A. 主体　B. 客体　C. 对象　D. 内容

8. 作为经济法律关系客体的物是指（　）的物品。
A. 能够为人控制和支配　B. 具有一定形态和经济价值
C. 固体　D. 可通过具体物质形态表现存在

9. 下列各项中属于经济法律关系的有（　）。
A. 消费者因产品质量问题与商家发生的赔偿与被赔偿关系
B. 税务局长与税务干部发生的领导与被领导关系
C. 企业厂长与企业职工在生产经营管理活动中发生的经济关系
D. 税务机关与纳税人之间发生的税收征纳关系

10. 所有权是最充分的物权，所有权的权能包括（　）。
A. 占有权　B. 使用权　C. 收益权　D. 处分权

五、简答题

1. 简述我国经济法的特征与地位。
2. 简述经济法律关系的三要素。

综合实务训练

某建筑公司承建某林业科学研究所办公楼，该公司法定代表人李某与某涂料厂厂长王某签订了书面买卖合同，约定：购买涂料厂涂料和107胶，质量按同行业的标准，货到付

款。李某按协议交付了货款。某涂料厂也履行了交货义务。建筑公司在施工中因涂料质量不合格造成多次返工，涂料厂称多次返工是因为建筑公司没按要求施工所致，为此，双方发生争执。

问题：

(1) 请指出本案的经济法律关系主体，分析其主体资格。

(2) 李某和王某在本案中是否属于经济法律关系主体？为什么？

第二章 市场主体法律制度及实务

学习目标

1. 掌握个人独资企业的概念、特征及设立条件；熟悉个人独资企业事务的管理、解散、清算，以及违反《中华人民共和国个人独资企业法》的法律责任；了解我国《个人独资企业法》的内容。

2. 掌握合伙企业的概念、特点、财产、事务执行、债务的清偿、入伙和退伙等一般规定；掌握特殊的普通合伙企业、有限合伙企业的特殊规定；了解合伙企业的设立条件及程序、解散与清算规定，以及违反《中华人民共和国合伙企业法》的法律责任。

3. 掌握公司的概念、特征、分类等一般规定及公司合并、分立等法律制度；掌握有限责任公司和股份有限公司的特征、设立条件及程序；了解公司股份发行与转让、公司债券发行条件及程序等有关规定。

实训目标

1. 能分析、判断现实中的个人独资企业，知悉个人独资企业投资人的权利与义务，能根据个人独资企业事务执行的规定经营、运作个人独资企业。

2. 能分析、判断合伙企业，懂得合伙企业合伙人的权利和义务，熟悉合伙企业的事务执行及经营管理要求。

3. 熟悉有限责任公司和股份有限公司的设立条件及程序；懂得有限责任公司和股份有限公司的组织机构、职能及经营运作；可以运用所学知识分析、解决有关公司的法律问题。

案例导学

甲、乙、丙三个自然人拟共同出资设立一家有限责任公司，并共同制定了公司章程草案。该公司章程草案有关要点如下：

（1）公司注册资本总额300万元，各方出资数额、出资方式以及缴付出资的时间分别为：甲出资120万元，其中，货币出资30万元，计算机软件作价出资90万元，首次货币出资20万元，其余货币出资和计算机软件出资自公司成立之日起1年内缴足；乙出资100万元，其中，机器设备作价60万元，特许经营权出资40万元，自公司成立之日起6个月内一次缴足；丙以货币80万元出资，首次货币出资30万元，其余出资在第三年年末缴足。

(2) 公司的董事长由甲委派，副董事长由乙委派，经理由丙提名并经董事会聘任，经理作为公司的法定代表人。在公司召开股东会会议时，出资各方行使表决权的比例为：甲、乙分别按照注册资本40%的比例行使表决权；丙按照注册资本20%的比例行使表决权。

根据上述内容，分别回答下列问题：

(1) 公司成立前出资人的首次出资总额是否符合《中华人民共和国公司法》（以下简称《公司法》）的有关规定？

(2) 甲以计算机软件、乙以特许经营权出资的方式是否符合有关规定？

(3) 甲、乙、丙分期缴纳出资的时间是否符合规定？

(4) 公司的法定代表人由经理担任是否符合《公司法》的有关规定？

(5) 公司章程规定的出资各方在股东会上行使表决权的比例是否符合《公司法》的有关规定？

分析：

(1) 首次出资额不符合规定。根据我国《公司法》的规定，有限责任公司全体股东的首次出资额不得低于注册资本的20%，也不得低于法定的注册资本最低限额。在本案例中，三个股东的首次出资额未达到法定要求。

(2) 甲以计算机软件出资符合规定。根据我国《公司法》的规定，股东可以用货币出资，也可以用实物、知识产权、土地使用权等可以用货币估价并可以依法转让的非货币财产作价出资。在本案例中，甲以知识产权（计算机软件）出资符合规定。乙以特许经营权出资不符合规定。根据规定，股东不得以劳务、信用、自然人姓名、商誉、特许经营权或者设定担保的财产等作价出资。

(3) 甲、乙的出资期限符合规定，丙的出资期限不符合规定。根据我国《公司法》的规定，有限责任公司全体股东的首次出资额不得低于注册资本的20%，也不得低于法定的注册资本最低限额，其余部分由股东自公司成立之日起两年内缴足。在本案例中，丙的出资期限超过了两年。

(4) 法定代表人由经理担任符合规定。根据我国《公司法》的规定，公司法定代表人依照公司章程的规定，由董事长、执行董事或者经理担任。

(5) 公司章程规定的出资各方在公司股东会会议上行使表决权的比例符合规定。根据我国《公司法》的规定，有限责任公司股东会会议由股东按照出资比例行使表决权，但公司章程另有规定的除外。

资料来源：http：//wenku. baidu. com/view/212d740a6c85ec3a87c2c521. html。

第一节 企业法概述

一、市场主体的概念

经济法意义上的市场主体，是指能够以自己的名义从事经营活动，并具有一定规模的经济组织。具体而言，市场主体具有以下特征：

（1）市场主体是依法设立的独立的经济组织。

（2）市场主体是以营利为目的的经济组织。

（3）市场主体是商人的组织表现。

二、市场主体的形式

市场主体在经济市场的长期发展过程中，形成了个人独资企业、合伙企业和公司三种基本的法律组织形式。这三种企业形式有各自的经济基础和现实需要，它们在设立条件和程序、法律地位、资金筹措、投资者的责任、内部组织、税收等方面存在较大差异。

如何根据资本实力和行业经营特点选择适当的企业形式，是实现投资者期望和企业发展需要解决的关键问题。选择市场主体形式应当考虑的主要因素有以下几个。

（一）投资者承担有限责任还是无限责任

有限责任是指投资者仅以自己对企业的出资额为限对企业债务承担清偿责任，当企业财产不足以清偿债务时，投资者不再承担清偿责任的责任形式。无限责任是指投资者不以自己对企业的出资额为限对企业债务承担清偿责任，当企业财产不足以清偿债务时，投资者以其个人的全部财产承担清偿责任直至死亡的责任形式。

（二）税法是否将该类企业划入投资者纳税的类别

根据《国务院关于个人独资企业和合伙企业征收所得税问题的通知》，自 2000 年 1 月 1 日起，对个人独资企业和合伙企业停止征收企业所得税，其投资者的生产经营所得，比照个体工商户的生产、经营所得征收个人所得税。个人独资企业以投资者为纳税义务人，合伙企业以每一个合伙人为纳税义务人。但是，公司在缴纳了企业所得税后，公司股东还要缴纳个人所得税，即“双重纳税”，投资者的纳税成本和企业的缴税风险较高。

（三）企业投资者的数目及相互关系

个人独资企业的投资者为一个自然人。合伙企业要求有两个或两个以上的合伙人，具有典型的“人合”特点，强调合伙人之间的默契和信任，合伙人的退出、死亡等情形都有可能导致合伙企业的解散。公司强调的是资本的联合，因此，股东股份的转让、股东的死亡或破产一般不影响公司的存续。

（四）在设立企业前筹措资金及其他经济资源的可能性

在设立企业前要考虑是否有符合需要的货币、实物、知识产权、土地使用权或者劳务等资源储备。投资者出资所用货币应当是其自有的资金，或归自己管理、支配的资金。实物出资的范围较广，既可以是厂房、设备、专门设施，也可以是仓库、运输工具以及其他生产资料。投资者依法取得的知识产权，如商标权、专利权、著作权等可用作对企业的出资。投资者如果以土地使用权出资，应当作价出资并且依法办理土地使用权的转移手续，包括缴纳有关费用、进行使用权转让登记等。由于劳务出资不是有形财产出资，其价值具有不确定性，因此，法律对这种出资方式限制较严。

（五）考虑企业未来发展是否方便融资

融资是一个企业资金筹集的行为与过程。选择企业形式时要考虑今后是否可以采用发行股票、债券等多种方式进行融资。

课堂讨论

某人打算自主创业，准备设立一家企业，但不知如何选择企业形式。请你分析各个市场主体形式的利弊。

第二节　个人独资企业法律制度

一、个人独资企业的概念、特征及优劣势

（一）个人独资企业的概念、特征

1. 个人独资企业的概念

个人独资企业是由一名出资者单独出资并从事经营管理的企业。根据我国 2000 年 1 月 1 日起施行的《中华人民共和国个人独资企业法》（以下简称《个人独资企业法》）的规定，个人独资企业，是指依照本法在中国境内设立，由一个自然人投资，财产为投资人个人所有，投资人以其个人财产对企业债务承担无限责任的经营实体。

2. 个人独资企业的特征

个人独资企业具有以下特征：

（1）投资主体只能是一个自然人，且只能是中国公民。

（2）不具有法人资格。一方面，企业没有独立的财产，其财产与投资人的个人财产没有区别，投资人对本企业的财产依法享有所有权，其有关权利可以依法进行转让或继承。另一方面，个人独资企业不能独立承担民事责任，投资人以其个人财产对企业债务承担无限责任。个人独资企业的投资人在申请企业设立登记时明确以其家庭共有财产作为个人出资的，应当依法以家庭共有财产对企业债务承担无限责任。

（3）企业的经营管理权归属于投资人。投资人就是企业的所有人，所有权和决策权统一，对企业具有完全的控制支配权。

（4）内部结构简单，税务负担较轻。个人独资企业内部结构简单，经营运作灵活。税务机构仅以投资人为纳税义务人，按照个人独资企业的生产经营所得计算征收个人所得税，税务负担较轻。

小贴士

个人独资企业与个体工商户的主要区别有哪些？

（1）投资人及规模不同。个人独资企业的投资人只能是一个自然人，且只能是中国公民，可以以个人财产出资，也可在申请设立登记时明确以家庭共有财产作为个人出资，一般雇员为 8 人以上。个体工商户既可以由一个自然人出资设立，也可以由家庭共同出资设立，一般雇员为 7 人以下。

（2）适用的法律不同。个人独资企业的纠纷解决适用《个人独资企业法》；个体工商户则适用《中华人民共和国民法通则》（以下简称《民法通则》）、《个体工商户条例》等。

(3) 法律地位不同。个人独资企业是经营实体，是一种企业组织形态；个体工商户则不采用企业形式。

(二) 个人独资企业的优劣势

个人独资企业具有很多优势，如设立、转让与关闭一般仅需向工商部门登记即可，手续简单，法律限制较少；有关企业的销售数量、利润和财务状况均可以保密，投资人具有较大的经营决策权。

然而，投资人对企业债务的无限责任，使得投资风险较大。加上我国尚没有个人破产法律制度，经营失利有可能导致投资人倾家荡产，因此，个人独资企业要尽量控制企业的资产负债率。无限责任也使得投资人谨小慎微，一般不愿或不敢从事风险投资，企业的管理在很大程度上取决于投资人的素质。此外，个人独资企业往往以自我积累为主，企业资本来源单一，财力有限，融资能力较差，限制了企业规模的扩大和转型升级。

个人独资企业对自然人的依附关系使企业没有强大的生命力，存续时间较短，一般只适合于投资额不大、规模较小、经营管理不太复杂的小型工商企业，这种企业类型通常活跃在小型加工、零售商业和服务业领域。

二、个人独资企业的设立

(一) 个人独资企业的设立条件

根据《个人独资企业法》的规定，设立个人独资企业应当具备下列条件：

(1) 投资人为一个自然人，且只能是中国公民。《个人独资企业法》第16条规定，法律、行政法规禁止从事营利性活动的人，不得作为投资人申请设立个人独资企业。根据我国有关法律、行政法规的规定，国家公务员、党政机关领导干部、警官、法官、检察官、商业银行工作人员，不得作为投资人申请设立个人独资企业。

(2) 有合法的企业名称。个人独资企业的名称可以叫厂、店、部、中心、工作室等，名称中不得使用“有限”、“有限责任”或者“公司”字样。

(3) 有投资人申报的出资。设立个人独资企业可以用货币出资，也可以用实物、土地使用权、知识产权或者其他财产权利出资。投资人可以个人财产出资，也可以家庭共有财产作为个人出资。投资人在申请设立登记时明确以其家庭共有财产作为个人出资的，应以家庭共有财产承担无限责任。

(4) 有固定的生产经营场所和必要的生产经营条件。

(5) 有必要的从业人员。即要有与其生产经营范围、规模相适应的从业人员。

(二) 个人独资企业的设立程序

与设立法人企业相比，法律对设立个人独资企业的资金、场所和人员要求不高，设立程序也相对简单。

(1) 投资人或其委托的代理人到企业所在地工商行政管理机关办理“企业名称预先核准”手续。

(2) 在取得企业名称预先核准通知书后，办理企业设立登记手续并提交以下材料：1) 投资人签署的个人独资企业设立申请书；2) 投资人身份证明；3) 生产经营场所使用

证明；4）国家工商行政管理局规定提交的其他文件。从事法律、行政法规规定须报经有关部门审批的业务的，应当提交有关部门的批准文件。委托代理人申请设立登记的，应当提交投资人的委托书和代理人的身份证明或者资格证明。

登记机关应在收到设立申请文件之日起 15 日内，对符合《个人独资企业法》规定条件的，予以登记，发给营业执照；对不符合《个人独资企业法》规定条件的，不予登记，并发给企业登记驳回通知书。个人独资企业营业执照的签发日期为个人独资企业成立日期。在领取个人独资企业营业执照前，投资人不得以个人独资企业名义从事经营活动。

个人独资企业设立分支机构，应当由投资人或者其委托的代理人向分支机构所在地的登记机关申请登记，领取营业执照。分支机构的民事责任由设立该分支机构的个人独资企业承担。

三、个人独资企业的事务管理

个人独资企业的事务管理是控制和协调个人独资企业生产经营活动的行为，包括企业的生产经营管理以及企业对内、对外事务的处理。

（一）管理方式

《个人独资企业法》第 19 条规定，个人独资企业投资人可以自行管理企业事务，也可以委托或者聘用其他具有民事行为能力的人负责企业的事务管理。

投资人委托或者聘用他人管理个人独资企业事务，应当与受托人或者被聘用的人签订书面合同，明确委托的具体内容和授予的权利范围。

受托人或者被聘用的人员应当履行诚信、勤勉义务，按照与投资人签订的合同负责个人独资企业的事务管理。

投资人对受托人或者被聘用的人员职权的限制，不得对抗善意第三人。善意第三人是指不知情的第三人。善意第三人不知道受托人或者被聘用的人员违反委托合同规定的权限而与其发生交易时，投资人不得以委托权利的限制对抗该善意第三人。

想一想

乙签订的合同是否对 A 企业发生效力？

甲出资设立个人独资企业 A，从事服装批发业务。甲委托乙对企业进行经营管理，并签订委托经营管理协议，协议约定：乙从事标的额为 10 万元以上的业务，必须经过甲的批准。其后，乙在经营过程中与丙谈妥一单生意，标的额为 14 万元。乙准备向甲请示，但当时甲正在国外考察，无法取得联系。为了促成该笔业务，乙便与丙签订了合同。此合同是否对 A 企业发生效力？

分析：此合同对 A 企业发生效力，因为个人独资企业中投资人对受托人或者被聘用的人员职权的限制不得对抗善意第三人。

（二）受托人或者被聘用的人员的主要职责

受托人或者被聘用的人员应当履行诚信、勤勉义务，以诚实守信的态度对待投资人、对待企业，尽其所能依法保障企业利益，按照与投资人签订的合同负责个人独资企业的事务管理。但是，要使受托人或者被聘用的人员在管理个人独资企业的过程中真正履行诚信、勤勉义务，维护投资人的合法利益，仅仅依靠投资人的信任是不够的，还应当从法律上确定受托人或者被聘用人员的行为规则。《个人独资企业法》第 20 条对这些人员的行为作出禁止性规定，规定他们不得有下列行为：（1）利用职务上的便利，索取或者收受贿赂；（2）利用职务或者工作上的便利侵占企业财产；（3）挪用企业的资金归个人使用或者借贷给他人；（4）擅自将企业资金以个人名义或者以他人名义开立账户储存；（5）擅自以企业财产提供担保；（6）未经投资人同意，从事与本企业相竞争的业务；（7）未经投资人同意，同本企业订立合同或者进行交易；（8）未经投资人同意，擅自将企业商标或者其他知识产权转让给他人使用；（9）泄露本企业的商业秘密；（10）法律、行政法规禁止的其他行为。

四、个人独资企业的解散与清算

（一）个人独资企业的解散

个人独资企业的解散是指个人独资企业终止活动，使其民事主体资格消灭的行为。根据《个人独资企业法》第 26 条的规定，个人独资企业有下列情形之一时，应当解散：（1）投资人决定解散；（2）投资人死亡或者被宣告死亡，无继承人或继承人决定放弃继承；（3）被依法吊销营业执照；（4）法律、行政法规规定的其他情形。

企业解散是相对于企业成立而言的。企业解散，表明其作为经济实体的资格消灭。造成企业解散的原因是多方面的，概括起来讲，可以分为强制解散和自行解散。强制解散是指企业违反了法律、法规的规定而依法必须解散。强制解散有两种情形：一是被依法吊销营业执照；二是法律、行政法规规定的其他情形。自行解散是指企业自己决定解散或者因强制解散以外的原因导致企业解散。自行解散有两种情形：一是投资人决定解散；二是投资人死亡或者被宣告死亡，无继承人或者继承人决定放弃继承。

（二）个人独资企业的清算

个人独资企业解散的，应当进行清算。清算是企业解散的法律后果，是指对解散企业的财产进行清理，收回债权，偿还债务，如果有剩余财产，依法进行分配。清算结束后，企业作为经济实体的资格就消灭了。企业解散，无论是自行解散还是强制解散，都必须依法进行清算。

1. 清算的方式

《个人独资企业法》第 27 条规定，个人独资企业解散，由投资人自行清算或者由债权人申请人民法院指定清算人进行清算。投资人自行清算的，应当在清算前 15 日内书面通知债权人，无法通知的，应当予以公告。债权人应当在接到通知之日起 30 日内，未接到通知的应当在公告之日起 60 日内，向投资人申报其债权。《个人独资企业法》之所以对投资人自行清算专门作出规定，也是法律对投资人自行清算的一种约束，目的是防止投资人清算时不通知债权人而日后发生偿债纠纷，损害债权人的利益。债权人申请人民法院指定清算人进行清算，也应当采取通知和公告两种方式。

2. 财产清偿顺序

《个人独资企业法》第 29 条规定，个人独资企业解散的，财产应当按照下列顺序清偿：（1）所欠职工工资和社会保险费用；（2）所欠税款；（3）其他债务。个人独资企业财产不足以清偿债务的，投资人应当以其个人的其他财产予以清偿。

3. 清算期间对投资人的要求

清算期间，个人独资企业不得开展与清算目的无关的经营活动。投资人在清算前或清算期间不得隐匿或转移财产逃避债务。

4. 投资人的持续清偿责任

个人独资企业解散后，原投资人对个人独资企业存续期间的债务仍应承担偿还责任，但债权人在5年内未向债务人提出偿债请求的，该责任消灭。

5. 注销登记

个人独资企业清算结束后，投资人或者人民法院指定的清算人应当编制清算报告，并于15日内到登记机关办理注销登记。经登记机关注销登记，个人独资企业终止。个人独资企业办理注销登记时应当交回营业执照。

实务训练

1. 周某是某高校的在职研究生，经济上独立于其家庭。2010年8月在工商机关注册成立了一家投资咨询的个人独资企业，注册资本为人民币1万元。营业前两个月业绩良好，经营过程中周某先后雇用工作人员5名，周某认为自己办的是私人企业，就没给员工办理社会保险，后该企业经营不善，负债16万元。周某决定于2011年5月自行解散。根据上述内容及《个人独资企业法》的有关规定，回答下列问题：

（1）周某的企业负债，债权人可否向周某家庭求偿？

（2）周某是否应为企业员工办理社会保险？

（3）周某将企业自行解散的行为是否有效？

点评：

（1）个人独资企业投资者以其个人财产对企业债务承担无限责任。投资人在申请设立登记时明确以其家庭共有财产作为个人出资的，应该以家庭共有财产对企业债务承担无限责任。周某经济上独立于家庭，在申请设立登记时也无特殊说明，故债权人无权向其家庭求偿。

（2）个人独资企业必须履行以下义务：1）从事经营活动必须遵守法律、行政法规，遵守诚实信用原则，不得损害社会公共利益；2）应当依法履行纳税义务；3）应当依法设置会计账簿，进行会计核算；4）招用职工，应当依法与职工签订劳动合同，保障职工的劳动安全，按时、足额发放职工工资；5）应当按照国家规定参加社会保险，为职工缴纳社会保险费。该企业员工的社会保险属于强制性保险，应该办理。

（3）周某自行解散该企业的行为有效，因为个人独资企业有下列情形之一时，应当解散：1）投资人决定解散；2）投资人死亡或者被宣告死亡，无继承人或者继承人放弃继承；3）被依法吊销营业执照；4）法律、行政法规规定的其他解散情形。

2. 孙强大学毕业后，自己投资注册了一家个人独资企业销售农药，生意较好。但2013年3月份的一笔近20万元的生意被骗，进的货全部是假冒伪劣产品。孙强开始并不知情，待这批农药全部销售后买方上门要求赔偿才得悉。按合同约定，孙强要赔偿买方全部损失。但孙强的个人财产仅8万元，无偿还能力，买方要求孙强的父母偿还，并声称若不偿还就起诉到法院，孙强的父母怕事态闹大，代孙强赔偿了买方的全部损失。

问题：孙强的父母有义务替孙强赔偿买方的损失吗？

点评：

孙强的父母没有义务替孙强赔偿买方的损失，因为《个人独资企业法》规定个人独资企业的投资人以其个人财产对个人独资企业负无限责任。

第三节　合伙企业法律制度

一、合伙与合伙企业

合伙，是指两个以上的人为着共同目的，相互约定共同出资、共同经营、共享收益、共担风险的自愿联合。而合伙企业，是一种以合伙协议为基础，以共同出资为前提，合伙人共同经营、共享收益、共担风险，具有极强人合性的企业组织形式。

根据我国2006年修订的《中华人民共和国合伙企业法》（以下简称《合伙企业法》），合伙企业，是指自然人、法人和其他组织按照《合伙企业法》在中国境内设立的普通合伙企业和有限合伙企业。合伙企业在我国法律上不具有法人资格。

二、普通合伙企业

（一）概念与特征

普通合伙企业是指由普通合伙人组成，合伙人对合伙企业债务承担无限连带责任的一种合伙企业。普通合伙企业的特征如下：

（1）由两个或两个以上普通合伙人组成。普通合伙人是指在合伙企业中对合伙企业债务承担无限连带责任的自然人、法人和其他组织。国有独资公司、国有企业、上市公司以及公益性的事业单位、社会团体不得成为普通合伙人。

（2）合伙协议是合伙企业赖以成立的法律基础。合伙协议依法由全体合伙人协商一致订立，是规范合伙人之间权利和义务的内部法律文件，对合伙人和合伙企业都具有约束力。

（3）合伙人对合伙企业债务承担无限连带责任。无限连带责任包括两个方面：一是合伙人不仅以自己投入到合伙企业的财产对企业债务承担责任，还要在合伙企业财产不足以清偿债务时以合伙人个人所有的其他财产对企业债务承担责任；二是合伙人之间对合伙企业债务承担连带责任。当合伙企业全部财产不能清偿其债务时，债权人可向任何一个合伙人主张权利。合伙人不得以其出资份额大小、已超过合伙协议约定的亏损分担比例等任何理由予以拒绝。合伙人在承担了合伙企业债务后，有权向其他未承担责任的合伙人追偿，请求偿付其应当承担的份额。

合伙企业是一种设立简便、出资灵活、组织结构相对简单、税负较轻、经营管理较为灵活的企业组织形式。但是，由于合伙企业是典型的“人合”企业，企业权力不集中，决策过程可能会比较冗长；合伙人破产、死亡或退伙都有可能导致合伙企业解散。此外，由于合伙企业的资金来源和企业信用能力有限，且不能发行股票和债券，融资较困难，这使得合伙企业仍然局限在规模较小的生产和经营范围之内。在合伙企业中，企业所有权和经营权没有分离，产权转让比较困难，须经合伙人一致同意。当某一合伙人感到不满而希望退出时，合伙企业可能就要散伙，存在不稳定性。

（二）合伙企业的设立

1. 设立条件

（1）有两个以上合伙人。一人为独，二人称合，作为人合性经营组织，合伙企业的设立必须具有两个或两个以上的合伙人，否则不称其为合伙企业。合伙人为自然人的，应当具有完全民事行为能力。按照我国法律规定，18 周岁以上的公民是成年人，具有完全民事行为能力，可以独立进行民事活动，是完全民事行为能力人。16 周岁以上不满 18 周岁的公民，以自己的劳动收入为主要生活来源的，视为完全民事行为能力人。此外，法律、行政法规禁止从事营利性活动的人，不得成为合伙企业的合伙人，如国家公务员、警察、法官、检察官等。

（2）有书面合伙协议。合伙协议经全体合伙人签名、盖章后生效。合伙协议应当载明下列事项：合伙企业的名称和主要经营场所的地点；合伙目的和合伙经营范围；合伙人的姓名或者名称、住所；合伙人的出资方式、数额和缴付期限；利润分配、亏损分担方式；合伙事务的执行；入伙与退伙；争议解决办法；合伙企业的解散与清算；违约责任。修改或者补充合伙协议，应当经全体合伙人一致同意，但合伙协议另有约定的除外。

（3）有合伙人认缴或者实际缴付的出资。合伙人可以用货币、实物、知识产权、土地使用权或者其他财产权利出资，也可以用劳务出资。

（4）有合伙企业的名称和生产经营场所。普通合伙企业名称中应当标明“普通合伙”字样。

（5）法律、行政法规规定的其他条件。

想一想

张三是否可以成为合伙人？

张三为某派出所民警，其有几个好朋友准备合伙开办一个养殖企业，拟请张三作为合伙人，张三的合伙人资格是否合法？

分析：《合伙企业法》规定，法律、行政法规禁止从事营利性活动的人，不得成为合伙企业的合伙人。张三为某派出所民警，因此，张三不可以成为合伙企业的合伙人。

2. 设立程序

根据《中华人民共和国合伙企业登记管理办法》的规定，设立合伙企业，应当由全体合伙人指定的代表或者共同委托的代理人向所在地工商行政管理机关申请设立登记。企业登记机关应当自收到申请人提交的符合要求的全部文件之日起 20 日内，作出核准登记或者不予登记的决定。合伙企业的营业执照签发之日为合伙企业的成立日期。

（三）合伙企业的财产

1. 合伙企业财产的构成

合伙企业财产由以下三部分构成：

(1) 合伙人的出资。《合伙企业法》规定，合伙人可以用货币、实物、知识产权、土地使用权或者其他财产权利出资，也可以用劳务出资。这些出资形成合伙企业的原始财产。需要注意的是，合伙企业的原始财产是全体合伙人“认缴”的财产，而非各合伙人“实际缴纳”的财产。

(2) 以合伙企业名义取得的收益。合伙企业作为一个独立的经济实体，可以有自己的独立利益，因此，以其名义取得的收益作为合伙企业获得的财产，当然归属于合伙企业，成为合伙财产的一部分。

(3) 依法取得的其他财产。即根据法律、行政法规的规定合法取得的其他财产，如合法接受赠与的财产等。

2. 合伙企业财产的性质

合伙企业的财产具有共同财产的性质，即由全体合伙人共有。合伙企业的财产由全体合伙人共同管理和使用。合伙人在合伙企业清算前除非有合伙人退伙等法定事由，否则不得请求分割合伙企业的财产。任何对合伙企业财产的占有、使用、收益和处分，均应当依据全体合伙人的共同意志进行。

如果合伙人在合伙企业清算前私自转移或者处分合伙企业财产的，合伙企业不得以此对抗善意第三人。在善意取得的前提下，合伙企业也不能以合伙人无权处分其财产而对善意第三人的权利要求进行对抗，即不能以合伙人无权处分其财产而主张其与善意第三人订立的合同无效。如果合伙企业因履行该合同给企业造成了损失，只能向合伙人进行追索，而不能向善意第三人追索。

3. 合伙人财产份额的转让

合伙人财产份额的转让，是指合伙企业的合伙人向他人转让其在合伙企业中的全部或者部分财产份额的行为。由于合伙人财产份额的转让将会影响合伙企业以及各合伙人的切身利益，因此，《合伙企业法》对合伙人财产份额的转让作了以下限制性规定：

(1) 合伙人之间转让。由于这种转让属内部关系，只关联到各合伙人财产份额的变化，不影响合伙企业财产总额的变化，不需征得其他合伙人的同意，只需通知其他合伙人即可。

(2) 合伙人对外转让。即合伙人向合伙人以外的人转让其在合伙企业中的全部或者部分财产份额的情形。对外转让时，除合伙协议另有约定外，须经其他合伙人一致同意；在同等条件下，其他合伙人有优先购买权。合伙人以外的人依法受让合伙人在合伙企业中的财产份额的，经修改合伙协议即成为合伙企业的合伙人。

课堂讨论

甲为一普通合伙企业合伙人，因资金紧张，甲希望将自己在合伙企业中的出资对外转让给乙。甲应该怎样操作才合法？

此外，由于合伙人以财产份额出质可能导致该财产份额依法发生权利转移，《合伙企业法》规定，合伙人以其在合伙企业中的财产份额出质的，须经其他合伙人一致同意；未经其他合伙人一致同意，其行为无效，由此给善意第三人造成损失的，由行为人依法承担赔偿责任。

（四）合伙企业的事务执行

1. 合伙事务执行的形式

合伙人对执行合伙事务享有同等的权利。根据《合伙企业法》的规定，合伙人执行合伙企业事务，可以有以下两种形式：

（1）全体合伙人共同执行合伙事务。在采取这种形式的合伙企业中，按照合伙协议的约定，各个合伙人都直接参与经营，处理合伙企业的事务，对外代表合伙企业。

（2）委托一个或数个合伙人执行合伙事务。按照合伙协议的约定或者经全体合伙人决定，可以委托一个或者数个合伙人对外代表合伙企业，执行合伙事务，其他合伙人不再执行合伙事务。

但有些合伙事务不能委托给部分合伙人决定。根据《合伙企业法》的规定，除合伙协议另有约定外，合伙企业的下列事项应当经全体合伙人一致同意：改变合伙企业的名称；改变合伙企业的经营范围、主要经营场所的地点；处分合伙企业的不动产；转让或者处分合伙企业的知识产权和其他财产权利；以合伙企业名义为他人提供担保；聘任合伙人以外的人担任合伙企业的经营管理人员。

2. 合伙人在执行合伙事务中的权利

根据《合伙企业法》的规定，合伙人在执行合伙事务中的权利主要包括以下内容：

（1）执行合伙事务的合伙人对外代表合伙企业。合伙人在代表合伙企业执行事务时，不是以个人的名义进行民事行为，而是以合伙企业事务执行人的身份组织实施企业的生产经营活动，其执行合伙事务产生的收益归合伙企业，所产生的亏损、费用或民事责任，也由合伙企业承担。

（2）不执行合伙事务的合伙人有监督权利。《合伙企业法》规定，不执行合伙事务的合伙人有权监督执行事务合伙人执行合伙事务的情况。

（3）合伙人有查阅合伙企业会计账簿等财务资料的权利。查阅合伙企业会计账簿等财务资料，是了解合伙企业经营状况和财务状况的有效手段，是合伙人的一项重要权利。

（4）合伙人有提出异议的权利和撤销委托的权利。执行合伙事务人在执行事务时，其他合伙人对其执行的事务有不同意见的，可以提出异议。提出异议时，执行合伙事务人应当暂停该项事务的执行。受委托执行合伙事务的合伙人不按照合伙协议或者全体合伙人的决定执行事务的，其他合伙人可以决定撤销该委托。

为保护合伙企业和全体合伙人的利益，根据《合伙企业法》的规定，可以对执行事务合伙人的权利加以一定限制，但这种限制不得对抗善意第三人。

想一想

该合同对合伙企业是否发生效力？

某普通合伙企业由合伙人甲、乙、丙、丁分别出资设立。经合伙人全体决定，合伙企业委托乙对外执行合伙企业事务，并对乙的权限进行了限制，规定对外签订的合同如果标的额超过50万元，必须经过全体合伙人的确认。后乙与B公司洽谈一笔业务，涉及标的额为60万元，乙欲征求其他合伙人的同意，但因某种原因没法联系上。

乙考虑到商机不容错过，遂以合伙企业的名义与B公司签订了合同。其他合伙人知道该业务后都不赞成，遂以乙超越权限为由，主张该合同对合伙企业无效。请问该合同对合伙企业是否有效？

分析：《合伙企业法》规定，合伙企业对合伙人执行合伙事务以及对外代表合伙企业权利的限制，不得对抗善意第三人。该案例中B公司为善意第三人，因此，该合同对合伙企业有效。

3. 合伙人在执行合伙事务中的义务

合伙人在执行合伙事务中的义务主要包括以下内容：

(1) 合伙事务执行人应向不参加执行事务的合伙人报告企业经营状况和财务状况。由一个或者数个合伙人执行合伙事务的，执行事务合伙人应当定期向其他合伙人报告事务执行情况以及合伙企业的经营状况和财务状况。

(2) 合伙人不得自营或者同他人合作经营与本合伙企业相竞争的业务。否则，竞业交易所获收益归合伙企业所有；给合伙企业或者其他合伙人造成损失的，依法承担赔偿责任。

(3) 合伙人不得同本合伙企业进行交易。《合伙企业法》规定，除合伙协议另有约定或者经全体合伙人一致同意外，合伙人不得同本合伙企业进行交易。否则，自我交易所获收益归合伙企业所有。给合伙企业或者其他合伙人造成损失的，依法承担赔偿责任。

(4) 合伙人不得从事损害本合伙企业利益的活动。

4. 合伙事务执行的决议办法

合伙人对合伙企业有关事项作出决议，按照合伙协议约定的表决办法办理。合伙协议未约定或者约定不明确的，实行合伙人一人一票并经全体合伙人过半数通过的表决办法。

5. 合伙企业的损益分配

利润分配是指将企业经营收益在各合伙人中进行分配，包括确定分配比例、分配次数、计算分配额的方法等。亏损分担是指企业发生经营亏损时由各合伙人进行分担的具体办法。虽然合伙企业中的普通合伙人对企业债务承担无限连带责任，但在合伙人之间仍要根据协议进行分担。

合伙企业的损益分配顺序按照下列原则处理：(1) 合伙企业的利润分配、亏损分担，按照合伙协议的约定办理；(2) 合伙协议未约定或者约定不明确的，由合伙人协商决定；(3) 协商不成的，由合伙人按照实缴出资比例分配、分担；(4) 无法确定出资比例的，由合伙人平均分配、分担；(5) 合伙协议不得约定将全部利润分配给部分合伙人或者由部分合伙人承担全部亏损。

6. 非合伙人参与经营管理

在合伙企业中，若合伙人经营管理能力不足，可在合伙人之外聘任非合伙人担任合伙企业的经营管理人员，参与合伙企业的经营管理工作。《合伙企业法》规定，除合伙协议另有约定外，经全体合伙人一致同意，可以聘任合伙人以外的人担任合伙企业的经营管理人员。

被聘任的合伙企业的经营管理人员应当在合伙企业授权范围内履行职务；被聘任的合

伙企业的经营管理人员，超越合伙企业授权范围履行职务，或者在履行职务过程中因故意或重大过失给合伙企业造成损失的，依法承担赔偿责任。

（五）合伙企业的债务清偿

《合伙企业法》规定，合伙企业对其债务，应先以其全部财产进行清偿。合伙企业不能清偿到期债务的，合伙人承担无限连带责任。合伙人由于承担无限连带责任，清偿数额超过其亏损分担比例时，有权向其他合伙人追偿。

在合伙企业存续期间，可能发生个别合伙人因不能偿还其私人债务而被追索的情况。由于合伙人在合伙企业中拥有财产利益，合伙人的债权人可能向合伙企业提出各种清偿请求。为了保护合伙企业和其他合伙人的合法权益，同时也保护债权人的合法权益，《合伙企业法》作了如下规定：

（1）合伙人发生与合伙企业无关的债务，相关债权人不得以其债权抵销其对合伙企业的债务，也不得代位行使合伙人在合伙企业中的权利。

（2）合伙人的自有财产不足清偿其与合伙企业无关的债务的，该合伙人可以以其从合伙企业中分取的收益用于清偿；债权人也可以依法请求人民法院强制执行该合伙人在合伙企业中的财产份额用于清偿。这既保护了债权人的清偿利益，也无损于全体合伙人的合法权益。

人民法院强制执行合伙人的财产份额时，应当通知全体合伙人，其他合伙人有优先购买权；其他合伙人未购买，又不同意将该财产份额转让给他人的，应当依法为该合伙人办理退伙结算，或者办理削减该合伙人相应财产份额的结算。

（六）入伙与退伙

1. 入伙

入伙是指在合伙企业存续期间，合伙人以外的第三人加入合伙企业，从而取得合伙人资格的法律行为。合伙人入伙，除合伙协议另有约定外，应当经全体合伙人一致同意，并依法订立书面入伙协议。订立入伙协议时，原合伙人应当向新合伙人如实告知原合伙企业的经营状况和财务状况。

入伙的新合伙人与原合伙人享有同等权利，承担同等责任。入伙协议另有约定的，从其约定。新合伙人对入伙前合伙企业的债务承担无限连带责任。

2. 退伙

退伙是指在合伙企业存续期间合伙人退出合伙企业，从而丧失合伙人资格的法律行为。退伙一般分为自愿退伙和法定退伙。

（1）自愿退伙。合伙协议约定合伙期限的，在合伙企业存续期间，有下列情形之一的，合伙人可以自愿退伙：合伙协议约定的退伙事由出现；经全体合伙人一致同意；发生合伙人难以继续参加合伙的事由；其他合伙人严重违反合伙协议约定的义务。

合伙协议未约定合伙期限的，合伙人在不给合伙企业事务执行造成不利影响的情况下，可以自愿退伙，但应当提前30日通知其他合伙人。

（2）法定退伙。合伙人有下列情形之一的，依法可以退伙：作为合伙人的自然人死亡或被依法宣告死亡；个人丧失偿债能力；作为合伙人的法人或其他组织依法被吊销营业执照、责令关闭、撤销，或者被宣告破产；法律规定或合伙协议约定合伙人必须具有相关资格而丧失该资格；合伙人在合伙企业中的全部财产份额被人民法院强制执行。

合伙人有下列情形之一的，经其他合伙人一致同意，可以决议将其除名：未履行出资义务；因故意或者重大过失给合伙企业造成损失；执行合伙事务时有不正当行为；发生合伙协议约定的事由。对合伙人的除名决议应当书面通知被除名人。被除名人接到除名通知之日，除名生效，被除名人退伙。被除名人对除名决议有异议的，可以自接到除名通知之日起 30 日内，向人民法院起诉。

（3）退伙的法律效力。合伙人退伙之后，即脱离了原合伙协议约定的权利、义务关系，丧失了合伙人的身份。合伙人退伙以后，对退伙后合伙企业的债务不再承担任何责任，但并不能解除对退伙前合伙企业已发生债务的连带责任。根据《合伙企业法》的规定，退伙人对基于其退伙前的原因发生的合伙企业债务，承担无限连带责任。

退伙的法律效力，还包括退伙时退伙人在合伙企业中的财产份额和民事责任的归属变动，分为两类情况：一是财产继承，二是退伙结算。

关于财产继承，《合伙企业法》规定，合伙人死亡或者被依法宣告死亡的，对该合伙人在合伙企业中的财产份额享有合法继承权的继承人，按照合伙协议的约定或者经全体合伙人一致同意，从继承开始之日起，取得该合伙企业的合伙人资格。有下列情形之一的，合伙企业应当向合伙人的继承人退还被继承合伙人的财产份额：1）继承人不愿意成为合伙人；2）法律规定或者合伙协议约定合伙人必须具有相关资格，而该继承人未取得该资格；3）合伙协议约定不能成为合伙人的其他情形。合伙人的继承人为无民事行为能力人或者限制民事行为能力人的，经全体合伙人一致同意，可以依法成为有限合伙人，普通合伙企业依法转为有限合伙企业。全体合伙人未能一致同意的，合伙企业应当将被继承合伙人的财产份额退还该继承人。根据这一法律规定，合伙人死亡时其继承人可取得该合伙企业的合伙人资格的法定条件有以下几点：一是有合法继承权，二是符合合伙协议的约定或者全体合伙人一致同意，三是继承人愿意。

关于退伙结算，除合伙人死亡或者被依法宣告死亡的情形外，《合伙企业法》对退伙结算作了以下规定：合伙人退伙，其他合伙人应当与该退伙人按照退伙时的合伙企业财产状况进行结算，退还退伙人的财产份额。退伙人对给合伙企业造成的损失负有赔偿责任的，相应扣减其应当赔偿的数额。退伙时有未了结的合伙企业事务的，待该事务了结后进行结算。退伙人在合伙企业中财产份额的退还办法，由合伙协议约定或者由全体合伙人决定，可以退还货币，也可以退还实物。合伙人退伙时，合伙企业财产少于合伙企业债务的，退伙人应当依照法律规定分担亏损。

合伙人退伙，并不必然导致合伙企业解散，只有在退伙后合伙人少于两人的情况下，才会由于合伙人人数不符合合伙企业的法定条件而导致合伙企业解散。

（七）特殊的普通合伙企业

为减轻专业服务机构中普通合伙人的风险，促进专业服务机构的发展壮大，2006 年修订的《合伙企业法》增加了“特殊的普通合伙企业”。

1. 特殊的普通合伙企业的概念

特殊的普通合伙企业又称有限责任合伙企业，是指以专业知识和专门技能为客户提供有偿服务的专业服务机构，它是依照《合伙企业法》第 57 条的规定而设立的，本质上属于普通合伙，是普通合伙企业的一种特殊责任形式。如会计师事务所、评估师事务所、建筑师事务所等，都属于特殊的普通合伙企业。特殊的普通合伙企业名称中应当标明“特殊普通合伙”字样。

2. 特殊的普通合伙企业的责任形式

专业服务机构可以设立特殊的普通合伙企业，是因为其每项业务之间比较独立，一项业务主要由一个或若干个合伙人完成，其他合伙人不参与，合伙人之间的责任划分很清楚。一个合伙人或数个合伙人在执业活动中因故意或者重大过失造成合伙企业债务的，应当承担无限责任或者无限连带责任，其他合伙人以其在合伙企业中的财产份额为限承担责任。合伙人在执业活动中非因故意或者重大过失造成的合伙企业债务以及合伙企业的其他债务，由全体合伙人承担无限连带责任。

合伙人执业活动中因故意或者重大过失造成的合伙企业债务，以合伙企业财产对外承担责任后，该合伙人应当按照合伙协议的约定对给合伙企业造成的损失承担赔偿责任。

想一想

A是否应当承担无限责任？

A、B、C三人成立了一个合伙制的妇产科诊所。由于A的重大失误，致使产妇李某的新生儿左臂骨折，家属要求该诊所承担赔偿责任。如果诊所不能承担全部赔偿责任，可否要求A以其个人财产承担无限责任？

分析：根据《合伙企业法》的相关规定，可以要求A个人承担无限责任。

3. 特殊的普通合伙企业的执业风险防范

特殊的普通合伙企业应当建立执业风险基金、办理职业保险。

执业风险基金主要是指为了化解经营风险，特殊的普通合伙企业从其经营收益中提取相应比例的资金留存或者根据相关规定上缴至指定机构所形成的资金。执业风险基金应当单独立户管理，其功能是用于偿付合伙人执业活动导致的债务。

职业保险又称职业责任保险，是指承保各种专业技术人员因工作上的过失或者疏忽大意所造成的合同一方或者他人的人身伤害或财产损失的经济赔偿责任的保险。

三、有限合伙企业

（一）有限合伙企业的概念及法律适用

有限合伙企业是指由有限合伙人和普通合伙人共同组成，普通合伙人对合伙企业债务承担无限连带责任，有限合伙人以其认缴的出资额为限对合伙企业债务承担责任的合伙组织。

有限合伙企业是《合伙企业法》修订后新加入的一种合伙企业形式。在合伙企业中引入有限责任制度，有利于调动投资者的投资热情，注入资金实现创业者与投资者、能人与富人共舞的最佳结合。在有限合伙企业中，具有专业知识和专门技能的能人作为普通合伙人，控制和管理有限合伙企业，必须承担无限连带责任；投入资金的富人作为有限合伙人，只享受合伙收益，不享有对有限合伙企业的控制和管理权，对企业债务只承担有限责任。这种权利、义务的一致性保证了合伙人之间的平等地位。

在法律适用中，凡是《合伙企业法》中对有限合伙企业有特殊规定的，应当适用特殊规定；无特殊规定的，适用有关普通合伙企业及其合伙人的一般规定。本部分主要介绍有限合伙企业的有关特殊规定。

（二）有限合伙企业设立的特殊规定

1. 有限合伙企业人数

《合伙企业法》规定，有限合伙企业由2个以上50个以下合伙人设立，法律另有规定的除外。有限合伙企业的合伙人最多不超过50人，并且至少应当有1个普通合伙人。按照规定，自然人、法人和其他组织可以依照法律规定设立有限合伙企业，但国有独资公司、国有企业、上市公司以及公益性的事业单位、社会团体不得成为有限合伙企业的普通合伙人。

在有限合伙企业存续期间，有限合伙人的人数也许会发生变化。但是，无论如何变化，有限合伙企业中必须包括有限合伙人与普通合伙人两部分，否则，有限合伙企业应当进行组织形式变化。《合伙企业法》规定，有限合伙企业仅剩有限合伙人的，应当解散；有限合伙企业仅剩普通合伙人的，应当转为普通合伙企业。

2. 有限合伙企业名称

《合伙企业法》规定，有限合伙企业名称中应当标明“有限合伙”字样，而不能标明“普通合伙”、“特殊普通合伙”、“有限公司”、“有限责任公司”等字样。

3. 有限合伙企业协议

有限合伙企业协议是有限合伙企业生产经营的重要法律文件。有限合伙企业协议除符合普通合伙企业合伙协议的规定外，还应当载明下列事项：(1) 普通合伙人和有限合伙人的姓名或者名称、住所；(2) 执行事务合伙人应具备的条件和选择程序；(3) 执行事务合伙人权限与违约处理办法；(4) 执行事务合伙人的除名条件和更换程序；(5) 有限合伙人入伙、退伙的条件、程序以及相关责任；(6) 有限合伙人和普通合伙人相互转变程序。

4. 有限合伙人的出资

《合伙企业法》规定，有限合伙人可以用货币、实物、知识产权、土地使用权或者其他财产权利作价出资。由此可知，有限合伙人只能以财产权出资，而不得以劳务出资。

有限合伙人应当按照合伙协议的约定按期足额缴纳出资；未按期足额缴纳的，应当承担补缴义务，并对其他合伙人承担违约责任。

（三）有限合伙企业事务执行的特殊规定

1. 有限合伙企业的事务执行人

《合伙企业法》规定，普通合伙人负责有限合伙企业的事务执行，有限合伙人既不得执行合伙事务，也不得对外代表有限合伙企业。所谓执行，是指决定和参与合伙企业的经营管理，但有限合伙人的下列行为不视为执行合伙事务：(1) 参与决定普通合伙人入伙、退伙；(2) 对企业的经营管理提出建议；(3) 参与选择承办有限合伙企业审计业务的会计师事务所；（4）获取经审计的有限合伙企业财务会计报告；（5）对涉及自身利益的情况，查阅有限合伙企业财务会计账簿等财务资料；（6）在有限合伙企业中的利益受到侵害时，向有责任的合伙人主张权利或者提起诉讼；（7）执行事务合伙人怠于行使权利时，督促其行使权利或者为了本企业的利益以自己的名义提起诉讼；（8）依法为本企业提供担保。

另外，《合伙企业法》规定，虽然有限合伙人没有执行权和代表权，但第三人有理由相信有限合伙人为普通合伙人并与其交易的，对于这一笔交易，该有限合伙人承担与普通合伙人同样的责任。有限合伙人未经授权擅自以有限合伙企业名义与第三人进行交易，给有限合伙企业或者其他合伙人造成损失的，该有限合伙人应当承担赔偿责任。

2. 有限合伙企业的利润分配

《合伙企业法》规定，有限合伙企业不得将全部利润分配给部分合伙人；但是，合伙协议另有约定的除外。这意味着，有限合伙企业的合伙协议可以约定利润只分配给部分合伙人。

3. 有限合伙人的权利

（1）有限合伙人原则上可以同本企业进行交易。《合伙企业法》规定，有限合伙人可以同本有限合伙企业进行交易；但是，合伙协议另有约定的除外。

（2）有限合伙人可以经营与本企业相竞争的业务。《合伙企业法》规定，有限合伙人可以自营或者同他人合作经营与本有限合伙企业相竞争的业务；但是，合伙协议另有约定的除外。

（四）有限合伙企业财产出质与转让的特殊规定

1. 有限合伙人财产份额出质

《合伙企业法》规定，有限合伙人可以将其在有限合伙企业中的财产份额出质；但是，合伙协议另有约定的除外。

2. 有限合伙人财产份额转让

《合伙企业法》规定，有限合伙人可以按照合伙协议的约定向合伙人以外的人转让其在有限合伙企业中的财产份额，但应当提前 30 日通知其他合伙人。这是因为有限合伙人向合伙人以外的其他人转让其在有限合伙企业中的财产份额，并不影响有限合伙企业债权人的利益。有限合伙人对外转让其财产份额时，该有限合伙企业的其他合伙人有优先购买权。

（五）有限合伙人债务清偿的特殊规定

有限合伙人清偿其个人债务时，首先应当以自有财产进行清偿，当自有财产不足清偿时，有限合伙人可以以其从有限合伙企业中分取的收益进行清偿，债权人也可以依法请求人民法院强制执行该合伙人在有限合伙企业中的财产份额用于清偿。人民法院强制执行有限合伙人的财产份额时，应当通知全体合伙人。在同等条件下，其他合伙人有优先购买权。

（六）有限合伙企业入伙与退伙的特殊规定

1. 入伙

《合伙企业法》规定，新入伙的有限合伙人对入伙前有限合伙企业的债务，以其认缴的出资额为限承担责任。需要指出的是，在有限合伙企业中，新入伙的普通合伙人和普通合伙企业中新入伙的合伙人一样，对入伙前合伙企业的债务承担无限连带责任。

2. 退伙

(1) 有限合伙人当然退伙。《合伙企业法》规定，有限合伙人出现下列情形之一时当然退伙：作为合伙人的自然人死亡或者被依法宣告死亡；个人丧失偿债能力；作为合伙人的法人或者其他组织依法被吊销营业执照、责令关闭、撤销，或者被宣告破产；法律规定或者合伙协议约定合伙人必须具有相关资格而丧失该资格；合伙人在合伙企业中的全部财产份额被人民法院强制执行。

(2) 有限合伙人丧失民事行为能力的处理。如果作为有限合伙人的自然人在有限合伙企业存续期间丧失民事行为能力，由于有限合伙人不执行合伙企业事务，所以并不影响有限合伙企业的正常生产经营活动，因此其他合伙人不能要求该丧失民事行为能力的合伙人退伙。

(3) 有限合伙人继承人的权利。《合伙企业法》规定，作为有限合伙人的自然人死亡、被依法宣告死亡或者作为有限合伙人的法人及其他组织终止时，其继承人或者权利承受人可以依法取得该有限合伙人在有限合伙企业中的资格。

(4) 有限合伙人退伙后的责任承担。《合伙企业法》规定，有限合伙人退伙后，对基于其退伙前的原因发生的有限合伙企业债务，以其退伙时从有限合伙企业中取回的财产承担责任。

(七) 合伙人性质转变的特殊规定

《合伙企业法》规定，除合伙协议另有约定外，普通合伙人转变为有限合伙人，或者有限合伙人转变为普通合伙人，应当经全体合伙人一致同意。有限合伙人转变为普通合伙人的，对其作为有限合伙人期间有限合伙企业发生的债务承担无限连带责任。普通合伙人转变为有限合伙人的，对其作为普通合伙人期间合伙企业发生的债务承担无限连带责任。

四、合伙企业的解散与清算

(一) 合伙企业的解散

合伙企业解散是指合伙企业因某些法律事实的发生而使其民事主体资格归于消灭的情形。合伙企业有下列情形之一的，应当解散：(1) 合伙期限届满，合伙人决定不再经营；(2) 合伙协议约定的解散事由出现；(3) 全体合伙人决定解散；(4) 合伙人已不具备法定人数满 30 天；(5) 合伙协议约定的合伙目的已经实现或者无法实现；(6) 依法被吊销营业执照、责令关闭或者被撤销；(7) 法律、行政法规规定的其他原因。

(二) 合伙企业的清算

1. 清算人的产生

清算人由全体合伙人担任；经全体合伙人过半数同意，可以自合伙企业解散事由出现后 15 日内指定一个或者数个合伙人，或者委托第三人，担任清算人。自合伙企业解散事由出现之日起 15 日内未确定清算人的，合伙人或者其他利害关系人可以申请人民法院指定清算人。

2. 通知公告程序

清算人自被确定之日起 10 日内将合伙企业解散事项通知债权人，并于 60 日内在报纸上公告。债权人应当自接到通知书之日起 30 日内，未接到通知书的自公告之日起 45 日内，向清算人申报债权。清算期间，合伙企业存续，但不得开展与清算无关的经营活动。

3. 财产清偿顺序

合伙企业通过清理合伙企业财产、编制资产负债表和财产清单后，确认合伙企业现有的财产大于合伙企业所欠的债务，并能够清偿全部债务的时候，应当按照下列顺序进行清偿：(1) 支付清算费用；(2) 支付职工工资、劳动保险费用和法定补偿金；(3) 缴纳所欠税款；(4) 偿还合伙企业的其他债务，包括有担保债务和无担保债务；(5) 将合伙企业的剩余财产按照损益分配原则分配给各合伙人。

4. 注销登记

清算结束，清算人应当编制清算报告，经全体合伙人签名、盖章后，在 15 日内向企业登记机关报送清算报告，申请办理合伙企业注销登记。

5. 合伙企业债务的处理

合伙企业注销后，原普通合伙人对合伙企业存续期间的债务仍应承担无限连带责任。合伙企业不能清偿到期债务的，债权人可以依法向人民法院提出破产清算申请，也可以要求普通合伙人清偿。合伙企业依法被宣告破产的，普通合伙人对合伙企业债务仍应承担无限连带责任。

五、法律责任

(一) 违法行为及其法律责任

1. 合伙企业及合伙人违法行为应承担的法律责任

(1) 违反《合伙企业法》规定，提交虚假文件或者采取其他欺骗手段，取得合伙企业登记的，由企业登记机关责令改正，处以5 000元以上 5 万元以下的罚款；情节严重的，撤销企业登记，并处以 5 万元以上 20 万元以下的罚款。

(2) 违反《合伙企业法》规定，合伙企业未在其名称中标明“普通合伙”、“特殊普通合伙”或者“有限合伙”字样的，由企业登记机关责令限期改正，处以2 000元以上 1 万元以下的罚款。

(3) 违反《合伙企业法》规定，未领取营业执照，而以合伙企业或者合伙企业分支机构名义从事合伙业务的，由企业登记机关责令停止，处以5 000元以上 5 万元以下的罚款。

(4) 合伙企业登记事项发生变更时，未依照规定办理变更登记的，由企业登记机关责令限期登记；逾期不登记的，处以2 000元以上 2 万元以下的罚款。合伙企业登记事项发生变更，执行合伙事务的合伙人未按期申请办理变更登记的，应当赔偿由此给合伙企业、其他合伙人或者善意第三人造成的损失。

(5) 合伙人执行合伙事务，或者合伙企业从业人员利用职务上的便利，将应当归合伙企业的利益据为己有的，或者采取其他手段侵占合伙企业财产的，应当将该利益和财产退还合伙企业；给合伙企业或者其他合伙人造成损失的，依法承担赔偿责任。

(6) 合伙人对《合伙企业法》规定或者合伙协议约定必须经全体合伙人一致同意始得执行的事务擅自处理，给合伙企业或者其他合伙人造成损失的，依法承担赔偿责任。

(7) 不具有事务执行权的合伙人擅自执行合伙事务，给合伙企业或者其他合伙人造成损失的，依法承担赔偿责任。

(8) 合伙人违反《合伙企业法》规定或者合伙协议的约定，从事与本合伙企业相竞争的业务或者与本合伙企业进行交易的，该收益归合伙企业所有；给合伙企业或者其他合伙人造成损失的，依法承担赔偿责任。

(9) 合伙人违反合伙协议的，应当依法承担违约责任。合伙人履行合伙协议发生争议的，可以通过协商或者调解解决；不愿通过协商、调解解决或者协商、调解不成的，可以按照合伙协议约定的仲裁条款或者事后达成的书面仲裁协议，向仲裁机构申请仲裁。合伙协议中未订立仲裁条款，事后又没有达成书面仲裁协议的，可以向人民法院起诉。

2. 合伙企业清算人违法行为应承担的法律责任

(1) 清算人未依照《合伙企业法》规定向企业登记机关报送清算报告，或者报送清算报告隐瞒重要事实或有重大遗漏的，由企业登记机关责令改正。由此产生的费用和损失，由清算人承担和赔偿。

(2) 清算人执行清算事务，牟取非法收入或者侵占合伙企业财产的，应当将该收入和侵占的财产退还合伙企业；给合伙企业或者其他合伙人造成损失的，依法承担赔偿责任。

(3) 清算人违反《合伙企业法》规定，隐匿、转移合伙企业财产，对资产负债表或者财产清单作虚假记载，或者在未清偿债务前分配财产，损害债权人利益的，依法承担赔偿责任。

3. 行政管理机关及其人员违法行为应承担的法律责任

有关行政管理机关的工作人员违反《合伙企业法》规定，滥用职权、徇私舞弊、收受贿赂、侵害合伙企业合法权益的，依法给予行政处分。

(二) 其他有关规定

违反《合伙企业法》规定，应当承担民事赔偿责任和缴纳罚款、罚金，其财产不足以同时支付的，先承担民事赔偿责任。

实务训练

1. A、B、C三人成立了普通合伙企业，A以现金5万元出资，B以其编写的软件作价5万元出资，C以劳务出资。后来，由于C要出国定居，要退出合伙。D想加入合伙，但是不想承担无限连带责任。合伙企业与E签订合同，到期无法清偿，E要求A承担清偿责任。由于经营不善，合伙企业一直亏损，全体合伙人决定解散合伙企业。

根据上述内容回答下列问题：

(1) C以劳务出资是否合法?

(2) C可否退伙?

(3) D如何成为合伙人但不承担无限连带责任?

(4) E是否可要求A清偿债务? A是否应承担全部清偿责任?

点评：

（1）合法。A、B、C三人成立的是普通合伙企业，普通合伙企业的合伙人可以用货币、实物、知识产权或者其他财产权利出资，也可以用劳务出资。

（2）合伙协议如果未约定合伙期限，C要退伙应当提前30日通知其他合伙人；合伙协议如果约定了合伙期限，则需要经全体合伙人一致同意。

（3）D可以以有限合伙人的身份加入合伙，原普通合伙企业变为有限合伙企业，应当办理变更登记。因为普通合伙人对于合伙企业债务承担无限连带责任，有限合伙人以其出资额为限对合伙企业债务承担责任。

（4）A是普通合伙人，E可以要求A清偿债务。A清偿债务后，超过其应承担份额部分，可以向其他普通合伙人追偿。

2.2013年8月张某大学毕业不久，朋友王某和陈某邀他加入他们的合伙企业，从事某品牌汽车节油器的销售，条件是张某不用负担一切费用，只负责销售产品即可，盈利的四成分配给张某。面对如此优越的条件，张某毫不犹豫地在入伙协议书上签了字。2013年11月，一客户找到张某，以张某是合伙人为由要求张某承担合伙企业在2013年4月的一笔10万元的欠款及利息。

问题：张某是否应支付10万元的欠款及利息？

点评：

根据我国《合伙企业法》的规定，新入伙的普通合伙人应对入伙前合伙企业的债务承担无限连带责任，张某应支付10万元的欠款及利息。

第四节　公司法律制度

一、公司理论概述

（一）公司概述

1. 公司的含义和特征

公司是指依照法律规定，以营利为目的，由股东投资设立并依法承担责任的企业法人。我国《公司法》第2条指出，公司是指依照公司法在中国境内设立的有限责任公司和股份有限公司。一般而言，公司具有以下基本法律特征：

（1）公司是法人。在现代社会，民事主体主要包括自然人、法人和其他组织（如合伙企业）三类。法人是具有法律主体要求的权利能力和行为能力，能够以自己的名义从事民商事活动，并能以自己的财产独立承担民事责任的组织。公司是最典型的法人类型。

（2）公司必须依法设立。由于公司本身是法人，依照各国法律，法人的资格需要经过国家承认，只有依照法律的条件和程序才能够取得法人的资格。

（3）公司具有营利性。公司的性质和设立的宗旨主要是通过从事经营活动来获取利润，因此它与机关、事业单位和社会团体有本质的区别。公司是独立核算、自主经营、自负盈亏的实体。凡不以营利为目的的组织，都不能称为公司。

（4）公司成立的基础是法人或者自然人共同投入资本或者人力资源，并具有集合性。

2. 公司的分类

(1) 依照股东承担责任的形式不同，公司可以分为无限公司、有限公司和两合公司。

无限公司，也称无限责任公司，是指全体股东就公司债务对公司的债权人负无限连带清偿责任的公司。有限公司，是指全体股东对公司债务仅以各自的出资额或所持股份为限承担责任的公司。有限公司又可以进一步分为有限责任公司和股份有限公司。前者是指依公司法设立，由不超过一定人数的股东出资组成，股东以其所认缴的出资额为限对公司承担责任，公司以其全部资产对公司债务承担责任的企业法人；后者是指全部资本分为等额股份，股东以其所持股份为限对公司承担责任，公司以其全部资产对公司的债务承担责任的企业法人。两合公司，是指一部分股东就公司债务负无限责任，而另一部分股东就公司债务仅负有限责任的一种公司。我国《公司法》只承认有限责任公司和股份有限公司，未规定无限公司和两合公司。

(2) 按照公司的信用标准，公司可以分为人合公司、资合公司和人资兼合公司。

人合公司，又称人的公司，是指公司商事活动以股东个人信用为基础的公司。人合公司的股东对公司的债务承担无限连带责任，交易伙伴也重视股东个人的信用和魅力而非公司自身的资本和资产信用。无限公司是典型的人合公司。资合公司，又称物的公司，是指公司商事活动以公司资本和资产信用为基础的公司。我国《公司法》规定的股份有限公司、有限责任公司即属此类。股东均以其认缴出资额为限对公司债务承担有限责任。因此，交易伙伴对债务人公司的资本和资产信用的关注胜过对股东个人信用的关注。人资兼合公司，即兼具人的信用和资本信用两种因素的公司。两合公司是人资兼合公司。

(3) 依公司之间的管辖关系，公司可以分为总公司和分公司。

分公司是与总公司相对应的一个概念。总公司具有企业法人资格，分公司是总公司下属的直接从事业务经营活动的分支机构或附属机构。虽然分公司有公司字样，但它不是真正意义上的公司，因为分公司不具有企业法人资格，不具有独立的法律地位，不独立承担民事责任。

(4) 依公司之间的控制和支配关系，公司可以分为母公司和子公司。

子公司是与母公司相对应的法律概念。母公司是指拥有另一公司一定比例以上的股份或通过协议方式能够对另一公司实行实际控制的公司。子公司是指一定比例以上的股份被另一公司所拥有或通过协议方式受到另一公司实际控制的公司。母公司、子公司都有法人资格，在法律上是彼此独立的法人，各自独立承担民事责任。

想一想

请依公司之间的管辖、控制和支配关系，对以下公司的种类进行划分，并判断其是否有独立的法人地位。(1) 中国移动通信集团四川有限公司；(2) 中国农业银行股份有限公司四川省分行。

分析：(1) 为母子公司，中国移动通信集团是母公司，四川有限公司是子公司，都是独立的法人。(2) 为总分公司，中国农业银行股份有限公司是总公司，具有法人资格；四川省分行是分公司，不具有法人资格。

(5) 以其股份是否在证券交易所挂牌上市流通为标准，公司可以分为上市公司和非上市公司。

证券交易所包括国内证券交易所和国外证券交易所。我国公司除了可以在国内的上海证券交易所、深圳证券交易所、香港地区的证券交易所申请上市之外，还可以在国外的纽约证券交易所、伦敦证券交易所、新加坡证券交易所和东京证券交易所等申请上市。上市公司股东人数众多，股权流通性较高，因此成为透明度和社会化程度最高的公司。与非上市公司相比，上市公司应接受更多的社会监督和政府监管。

(6) 根据公司设立的法律依据及注册登记地，公司可以分为本国公司和外国公司。

凡在中国境内依据中国法律设立的公司为中国本国公司，否则为外国公司。

(二) 公司法概述

1. 公司法及其调整对象

我国现行《公司法》颁布于1993年，并于1999年、2004年、2005年和2013年修正过四次。

公司法的调整对象主要是指在公司设立、组织、营运、变更或解散过程中发生的社会关系。按照是否涉及公司外部第三人为准，分为公司内部关系和公司外部关系。公司内部关系是指公司的股东相互之间的关系以及股东与公司之间的关系，还包括公司的内部组织与管理；公司外部关系是指公司在经营、交易活动过程中与其他市场主体发生的财产及其他关系。

2. 公司法的特征

(1) 公司法是组织法。公司法调整的对象是公司，而公司是社会多种经济组织形式中的一种，公司法首先是规定公司法律地位和资格的法，所以它是确定经营主体地位的组织法。而作为规范主体地位的组织法，公司法主要规定公司的设定、变更和终止，公司的章程、权利和行为能力，公司的组织机构和法律地位等内容。

(2) 公司法是行为法。公司是从事生产经营活动的企业，其生产经营活动的规则需要由法律加以规定。公司的活动内容广泛，一般可以分为两大类：一类是与公司组织特点有关的活动，如股票的发行、股权转让等；另一类是与公司组织特点无关的活动，如商品的买卖等。前者由公司法调整，后者则由其他法调整。

3. 公司法人财产权与股东权利

(1) 公司法人财产权。

《公司法》规定，公司作为企业法人享有法人财产权。公司的财产虽然源于股东的投资，但股东一旦将财产投入公司，便丧失对该财产的直接支配的权利，只享有公司的股权，由公司享有该财产的支配权利，即法人财产权。法人财产权是指公司拥有由股东投资形成的法人财产，并依法对财产行使占有、使用、收益、处分的权利。因此，投资于公司的财产需要通过对资本的注册与股东的其他财产明确分开，不允许股东在公司成立后又抽逃投资，或者占用、支配公司的资金、财产。

《公司法》规定，公司向其他企业投资或者为他人提供担保，按照公司章程的规定由董事会或者股东会、股东大会决议；公司章程对投资或者担保的总额及单项投资或者担保的数额有限额规定的，不得超过规定的限额。公司为公司股东或者实际控制人提供担保的，必须经股东会或者股东大会决议。接受担保的股东或者受实际控制人支配的股东，不得参加上述规定事项的表决，该项表决由出席会议的其他股东所持表决权的过半数通过。

（2）公司股东权利。

《公司法》第4条规定，公司股东依法享有资产收益、参与重大决策和选择管理者等权利。股东是持有公司股份或出资的人，股东权是基于股东资格而享有的权利。对股东权可以依据不同的标准进行分类。

1）以股东权行使的目的是为股东个人利益还是全体股东共同利益为标准来划分，分为共益权和自益权。共益权是指股东依法参加公司事务的决策和经营管理的权利。它是股东基于公司利益并兼顾自己的利益而行使的权利，包括股东会或股东大会参加权、提案权、质询权，在股东会或股东大会上的表决权、累积投票权，股东会或股东大会召集请求权和自行召集权，了解公司事务、查阅公司账簿和其他文件的知情权，提起诉讼权等。自益权是指股东仅以个人利益为目的而行使的权利，即依法从公司取得收益、财产或处分自己股权的权利，包括股利分配请求权、剩余财产分配权、新股认购优先权、股份质押权和股份转让权等。

2）以股权行使的条件为标准来划分，分为单独股东权和少数股东权。单独股东权是指每一单独股份均享有的权利，即只持有一股股份的股东也可单独行使的权利，如自益权、表决权等。少数股东权是指须单独或共同持有占股本总额一定比例以上股份方可行使的权利，如请求召开临时股东会或股东大会的权利等。

二、公司的登记管理

公司登记是指申请登记人按照法律、法规的规定，在公司设立、终止或相关事项发生变更时，向公司登记管理机关提出申请，公司登记管理机关审核后记载登记事项的行为。

（一）公司登记管辖

依据《中华人民共和国公司登记管理条例》（以下简称《公司登记管理条例》），我国的公司登记管理机关是国家工商行政管理局和各地方工商行政管理部门。国家工商行政管理总局负责下列公司的登记：（1）国务院国有资产监督管理机构履行出资人职责的公司以及该公司投资设立并持有50%以上股份的公司；（2）外商投资公司；（3）依照法律、行政法规或者国务院决定的规定，应当由国家工商行政管理总局登记的公司；（4）国家工商行政管理总局规定应当由其登记的其他公司。

省、自治区、直辖市工商行政管理局负责本辖区内下列公司的登记：（1）省、自治区、直辖市人民政府国有资产监督管理机构履行出资人职责的公司以及该公司投资设立并持有50%以上股份的公司；（2）省、自治区、直辖市工商行政管理局规定由其登记的自然人投资设立的公司；（3）依照法律、行政法规或者国务院决定的规定，应当由省、自治区、直辖市工商行政管理局登记的公司；（4）国家工商行政管理总局授权登记的其他公司。

设区的市（地区）工商行政管理局、县工商行政管理局，以及直辖市的工商行政管理分局、设区的市工商行政管理局的区分局，负责本辖区内下列公司的登记：（1）上述所列公司以外的其他公司；（2）国家工商行政管理总局和省、自治区、直辖市工商行政管理局授权登记的公司。前述规定的具体登记管辖由省、自治区、直辖市工商行政管理局规定。但是，其中的股份有限公司由设区的市（地区）工商行政管理局负责登记。

（二）公司登记事项

我国《公司登记管理条例》规定的公司登记事项包括：（1）名称。公司只能使用一个名称，公司名称应符合《公司法》的有关规定，经公司登记机关核准登记的公司名称受法律保护。（2）住所。公司的住所是公司主要办事机构所在地。经公司登记机关登记的公司的住所只能有一个。公司的住所应当在其公司登记机关辖区内。（3）法定代表人姓名。（4）注册资本和实收资本。公司的注册资本和实收资本应当以人民币表示，法律、行政法规另有规定的除外。（5）公司类型。公司类型包括有限责任公司和股份有限公司。一人有限责任公司应当在公司登记中注明自然人独资或者法人独资，并在公司营业执照中载明。（6）经营范围。公司的经营范围由公司章程规定，并依法登记。公司的经营范围用语应当参照国民经济行业分类标准。（7）营业期限。（8）有限责任公司股东或者股份有限公司发起人的姓名或者名称，以及认缴和实缴的出资额、出资时间、出资方式。

（三）公司设立登记

依据我国《公司法》和《公司登记管理条例》的有关规定，设立公司应当依法向公司登记机关申请设立登记。依法设立的公司，由公司登记机关发给公司营业执照。公司营业执照签发日期为公司成立日期。

设立公司应当申请名称预先核准。设立有限责任公司，应当由全体股东指定的代表或者共同委托的代理人向公司登记机关申请名称预先核准；设立股份有限公司，应当由全体发起人指定的代表或者共同委托的代理人向公司登记机关申请名称预先核准。预先核准的公司名称保留期为 6 个月。预先核准的公司名称在保留期内，不得用于从事经营活动，不得转让。

设立有限责任公司，应当由全体股东指定的代表或者共同委托的代理人向公司登记机关申请设立登记。设立国有独资公司，应当由国务院或者地方人民政府授权的本级人民政府国有资产监督管理机构作为申请人，申请设立登记。法律、行政法规或者国务院决定规定设立有限责任公司必须报经批准的，应当自批准之日起 90 日内向公司登记机关申请设立登记；逾期申请设立登记的，申请人应当报批准机关确认原批准文件的效力或者另行报批。设立股份有限公司应当由董事会向公司登记机关申请设立登记。以募集方式设立股份有限公司的，应当于创立大会结束后 30 日内向公司登记机关申请设立登记。

（四）公司变更登记

公司变更登记事项，应当向原公司登记机关申请变更登记。未经变更登记，公司不得擅自改变登记事项。依据我国《公司登记管理条例》的规定，公司变更名称、法定代表人、经营范围及有限责任公司的股东或者股份有限公司的发起人改变姓名或者名称、分公司登记事项变更的，应当自变更之日起 30 日内申请变更登记；公司变更住所的，应当在迁入新住所前申请变更登记，并提交新住所使用证明。公司变更住所跨公司登记机关辖区的，应当在迁入新住所前向迁入地公司登记机关申请变更登记；迁入地公司登记机关受理的，由原公司登记机关将公司登记档案移送迁入地公司登记机关。

公司增加注册资本的，应当自变更决议或者决定做出之日起 30 日内申请变更登记。公司减少注册资本的，应当自公告之日起 45 日后申请变更登记，并应当提交公司在报纸上登载公司减少注册资本公告的有关证明和公司债务清偿或者债务担保情况的说明。

公司变更类型的，应当按照拟变更的公司类型的设立条件，在规定的期限内向公司登记机关申请变更登记，并提交有关文件。

公司章程修改未涉及登记事项的，公司应当将修改后的公司章程或者公司章程修正案送原公司登记机关备案。公司董事、监事、经理发生变动的，应当向原公司登记机关备案。

因合并、分立而存续的公司，其登记事项发生变化的，应当申请变更登记；因合并、分立而解散的公司，应当申请注销登记；因合并、分立而新设立的公司，应当申请设立登记。公司合并、分立的，应当自公告之日起 45 日后申请登记，提交合并协议和合并、分立决议或者决定以及公司在报纸上登载公司合并、分立公告的有关证明和债务清偿或者债务担保情况的说明。法律、行政法规或者国务院决定规定公司合并、分立必须报经批准的，还应当提交有关批准文件。

变更登记事项涉及《企业法人营业执照》载明事项的，公司登记机关应当换发营业执照。

（五）公司注销登记

公司解散，依法应当清算的，清算组应当自成立之日起 10 日内将清算组成员、清算组负责人名单向公司登记机关备案。

《公司登记管理条例》第 43 条规定，有下列情形之一的，公司清算组应当自公司清算结束之日起 30 日内向原公司登记机关申请注销登记：(1) 公司被依法宣告破产；(2) 公司章程规定的营业期限届满或者公司章程规定的其他解散事由出现，但公司通过修改公司章程而存续的除外；(3) 股东会、股东大会决议解散或者一人有限公司的股东、外商投资的公司董事会决议解散；(4) 依法被吊销营业执照、责令关闭或者被撤销；(5) 人民法院依法予以解散；(6) 法律、行政法规规定的其他解散情形。经公司登记机关注销登记，公司终止。

（六）分公司登记

分公司是指公司在其住所以外设立的从事经营活动的机构。分公司的登记事项包括：名称、营业场所、负责人、经营范围。分公司的名称应当符合国家有关规定。分公司的经营范围不得超出公司的经营范围。

依据我国法律，公司设立分公司的，应当自决定做出之日起 30 日内向分公司所在地的公司登记机关申请登记；法律、行政法规或者国务院决定规定必须报经有关部门批准的，应当自批准之日起 30 日内向公司登记机关申请登记。分公司的公司登记机关准予登记的，发给《营业执照》。公司应当自分公司登记之日起 30 日内，持分公司的《营业执照》到公司登记机关备案。

分公司变更登记事项的，应当向公司登记机关申请变更登记。公司登记机关准予变更登记的，换发《营业执照》。分公司被公司撤销、依法责令关闭、吊销营业执照的，公司应当自决定做出之日起 30 日内向该分公司的公司登记机关申请注销登记。申请注销登记应当提交公司法定代表人签署的注销登记申请书和分公司的《营业执照》。公司登记机关准予注销登记后，应当收缴分公司的《营业执照》。

（七）公司年度报告公示、证照和档案管理

公司应当于每年 3 月 1 日至 6 月 30 日，通过企业信用信息公示系统向公司登记机关报送上一年度年度报告，并向社会公示。

《企业法人营业执照》、《营业执照》分为正本和副本，正本和副本具有同等法律效力。电子营业执照与纸质营业执照具有同等法律效力。公司可以根据业务需要向公司登记机关申请核发营业执照若干副本。任何单位和个人不得伪造、涂改、出租、出借、转让营业执照。营业执照遗失或者毁坏的，公司应当在公司登记机关指定的报刊上声明作废，申请补领。

借阅、抄录、携带、复制公司登记档案资料的，应当按照规定的权限和程序办理。任何单位和个人不得修改、涂抹、标注、损毁公司登记档案资料。

三、有限责任公司

有限责任公司是指依《公司法》设立，股东以其所认缴的出资额为限对公司承担责任，公司以其全部资产对公司债务承担责任的企业法人。

想一想

张某、李某、赵某三人投资设立一家有限责任公司。张某出资 20 万元人民币，李某以价值 20 万元的房屋出资，赵某出资 10 万元人民币。后经营失败，该公司欠甲 100 万元，公司资产价值 50 万元。甲知道张某具有偿还能力，在公司财产不足以清偿债务时，要求张某偿还公司所欠的债务。若你是张某的法律顾问，对甲的要求如何回答？

分析：依据我国《公司法》的规定，有限责任公司中的股东仅以出资额为限对公司承担责任，公司以其全部资产对公司债务承担责任。本例中虽然股东张某具有偿还能力，但张某已足额出资，故在公司财产不足以清偿债务时对公司的债务不再承担责任。

（一）有限责任公司的设立

1. 有限责任公司设立的条件

（1）股东符合法定人数。根据我国《公司法》的规定，有限责任公司由 50 个以下股东出资成立。

（2）有符合公司章程规定的全体股东认缴的出资额。股东可以用货币出资，也可以用实物、知识产权、土地使用权等可以用货币评估并可以依法转让的非货币财产作价出资；但是，法律、行政法规规定不得作为出资的财产除外。对作为出资的非货币财产应当依法评估作价，核实财产，不得高估或者低估作价。

有限责任公司的注册资本为在公司登记机关登记的全体股东认缴的出资额。

法律、行政法规以及国务院决定对有限责任公司注册资本实缴、注册资本最低限额另有规定的，从其规定。

（3）有股东共同制定的公司章程。根据我国《公司法》第 25 条的规定，有限责任公司章程应当载明下列事项：公司名称和住所；公司经营范围；公司注册资本；股东的

姓名或者名称；股东的出资方式、出资额和出资时间；公司的机构及其产生办法、职权、议事规则；公司法定代表人；股东会会议认为需要规定的其他事项，如股东的权利和义务、股东转让股权的条件等。全体股东就章程事项达成一致后，应当在公司章程上签名、盖章。

(4) 有公司名称，建立符合有限责任公司要求的组织机构。有限责任公司应当在名称中标明“有限责任公司”或者“有限公司”字样，其组织机构一般由股东会、董事会、经理机构、监督机构组成。

(5) 有公司住所。公司住所是公司主要办事机构所在地。经公司登记机关登记的公司住所只能有一个。公司的住所应当在其公司登记机关辖区内。

课堂讨论

A、B、C三人经协商，准备成立一家有限责任公司，主要从事家具的生产。其中，A为公司提供厂房和设备，经评估作价25万元；B从银行借款20万元作为出资；C原为一家家具厂的厂长，有丰富的管理经验，提出以管理能力出资，作价15万元。A、B、C签订协议后，即向工商局申请公司注册。

请根据《公司法》中规定的出资形式和公司设立的资金条件分析：本案例中包括哪几种出资形式，A、B、C三人的出资是否合法。

2. 有限责任公司设立的程序

(1) 公司名称预先核准。由全体股东指定的代表或委托的代理人向公司登记机关申请公司名称预先核准。公司登记机关作出准予公司名称预先核准决定的，应当出具《企业名称预先核准通知书》。公司登记机关作出不予名称预先核准决定的，应当出具《企业名称驳回通知书》，说明不予核准的理由，并告知申请人享有依法申请行政复议或者提起行政诉讼的权利。

预先核准的公司名称保留期为6个月。预先核准的公司名称在保留期内，不得用于从事经营活动，不得转让。

(2) 申请设立登记。公司名称预先核准通过后，应当由全体股东指定的代表或者共同委托的代理人向公司登记机关申请设立登记。设立国有独资公司，应当由国务院或者地方人民政府授权的本级人民政府国有资产监督管理机构作为申请人，申请设立登记。法律、行政法规或者国务院决定规定设立有限责任公司必须报经批准的，应当自批准之日起90日内向公司登记机关申请设立登记；逾期申请设立登记的，申请人应当报批准机关确认原批准文件的效力或者另行报批。

申请设立有限责任公司，应当向公司登记机关提交下列文件：公司法定代表人签署的设立登记申请书；全体股东指定代表或者共同委托代理人的证明；公司章程；股东的主体资格证明或者自然人身份证明；载明公司董事、监事、经理的姓名、住所的文件以及有关委派、选举或者聘用的证明；公司法定代表人任职文件和身份证明；企业名称预先核准通知书；公司住所证明；国家工商行政管理总局规定要求提交的其他文件。

法律、行政法规或者国务院决定规定设立有限责任公司必须报经批准的，还应当提交有关批准文件。

（3）登记发给营业执照。公司登记机关对申请登记的事项及文件进行审核，对符合法定条件的，作出准予公司设立登记决定的，应当出具《准予设立登记通知书》，告知申请人自决定之日起10日内，领取营业执照；公司营业执照签发日期为有限责任公司成立日期。公司登记机关作出不予登记决定的，应当出具《登记驳回通知书》，说明不予登记的理由，并告知申请人享有依法申请行政复议或者提起行政诉讼的权利。

（二）有限责任公司的组织机构

根据我国《公司法》的规定，有限责任公司的组织机构具体包括股东会、董事会（或执行董事）、经理、监事会（或监事）等。

1. 股东会

股东会是由全体股东组成的公司的权力机构，它不是常设机构，对外并不代表公司，对内也不执行业务。

（1）股东会的职权。根据我国《公司法》的规定，股东会行使下列职权：决定公司的经营方针和投资计划；选举和更换非由职工代表担任的董事、监事，决定有关董事、监事的报酬事项；审议批准董事会、监事会（或监事）的报告；审议批准公司的年度财务预决算方案及公司的利润分配方案和弥补亏损方案；对公司增、减注册资本作出决议；对发行公司债券作出决议；对公司合并、分立、变更公司形式、解散和清算等事项作出决议；修改公司章程；公司章程规定的其他职权。

（2）股东会的议事规则。股东会会议分为定期会议和临时会议。定期会议应当按照公司章程的规定按时召开。一般情况下，每个营业年度终结后，应召开股东年会，听取上一年经营情况的汇报，决定收益分配，决定下一年生产经营中的重大问题。临时会议可以由代表1/10以上表决权的股东、1/3以上的董事、监事会或者不设监事会的公司的监事提议召开。股东会的首次会议由出资最多的股东召集和主持。公司设立董事会的，以后的股东会会议由董事会召集，董事长主持。公司不设董事会的，股东会会议由执行董事召集和主持。召开股东会会议，一般应当于会议召开15日前通知全体股东。

股东会会议对一般事项作出决议，只需要代表半数以上表决权的股东通过即可，但作出修改公司章程，增加或者减少注册资本的决议，以及公司合并、分立、解散或者变更公司形式的决议，依法必须经代表2/3以上表决权的股东通过。股东会应对所议事项的决定做成会议记录，出席会议的股东应在会议记录上签名。

2. 董事会、执行董事

有限责任公司的董事会是由董事组成的公司必设机关，它是由股东选举产生的对内执行公司业务、对外代表公司的常设性机构。

（1）董事会的组成及董事的任期。《公司法》规定，有限责任公司董事会的成员应为3人至13人。股东人数较少和规模较小的，可以设一名执行董事，不设立董事会。执行董事可以兼任公司经理，其职权由公司章程规定。两个以上国有企业或者其他两个以上国有投资主体投资设立的有限责任公司的董事会中应有公司职工的代表。其他有限责任公司董事会成员中也可以有公司职工代表。董事会中的职工代表由公司职工通过职工代表大会、职工大会或者其他形式民主选举产生。董事会设董事长一人，可以设副董事长。董事长、副董事长的产生办法由公司章程规定。董事的每届任期为3年。董事任期届满，可连选连任。

(2) 董事会的职权和议事规则。根据我国《公司法》第 46 条的规定，董事会的职权主要有：召集股东会会议，并向股东会报告工作；执行股东会的决议；决定公司的经营计划和投资方案；制订公司的年度财务预算方案、决算方案；制订公司的利润分配方案和弥补亏损方案；制订公司增加或者减少注册资本以及发行公司债券的方案；制订公司合并、分立、解散或者变更公司形式的方案；决定公司内部管理机构的设置；决定聘任或者解聘公司经理及其报酬事项，并根据经理的提名决定聘任或者解聘公司副经理、财务负责人及其报酬事项；制定公司的基本管理制度；公司章程规定的其他职权。

董事会的职权是通过董事会集体行使的。董事会会议由董事长召集和主持，董事会决议的表决，实行一人一票。董事会应当对所议事项的决定做成会议记录，出席会议的董事应当在会议记录上签名。董事会的其他议事方式和表决程序，由公司章程规定。

3. 经理

有限责任公司可以设经理，经理是由董事会聘请的负责公司日常经营活动的高级管理人员。经理对董事会负责，并有权列席董事会会议。

根据《公司法》第 49 条的规定，经理行使的主要职权有：主持公司的生产经营管理工作，组织实施董事会决议；组织实施公司年度经营计划和投资方案；拟订公司内部管理机构设置方案；拟订公司的基本管理制度；制定公司的具体规章；提请聘任或者解聘公司副经理、财务负责人；决定聘任或者解聘除应由董事会决定聘任或者解聘以外的负责管理人员；董事会授予的其他职权。

小贴士

CEO (Chief Executive Officer)，即首席执行官，是美国人在 20 世纪 60 年代进行公司治理结构改革创新时的产物。CEO 与总经理，形式上都是企业的"一把手"，CEO 既是行政一把手，又是股东权益代言人。大多数情况下，CEO 是作为董事会成员出现的，总经理则不一定是董事会成员。从这个意义上讲，CEO 代表着企业，并对企业经营负责。由于国外没有类似的上级主管和来自四面八方的牵制，CEO 的权威比国内的总经理们更绝对，但他们绝不会像总经理那样过多介入公司的具体事务。CEO 作出总体决策后，具体执行权就会下放。所以有人说，CEO 就像我国 50%的董事长加上 50%的总经理。

4. 监事会、监事

(1) 监事会的设立、组成及监事的任期。有限责任公司依法应设立监事会或监事，作为公司日常监督机构对股东会和全体职工负责。其中，公司经营规模较大的，设立监事会，其成员不得少于 3 人。公司股东人数较少或者规模较小的，可以只设 1 名至 2 名监事，不设监事会。

监事会应当包括股东代表和不低于监事总数 1/3 的职工代表，监事会中的职工代表由公司职工民主选举产生。监事会设主席 1 人，由全体监事过半数选举产生。监事的任期每届为 3 年，可以连任。董事、高级管理人员不得兼任监事。在有限责任公司中，所谓高级管理人员，是指经理、副经理、财务负责人和公司章程规定的其他人员。

(2) 监事会或监事的职权。《公司法》第 53 条规定，监事会、不设监事会的公司的监事行使下列职权：检查公司财务；对董事、高级管理人员执行公司职务的行为进行监督，对违反法律、行政法规、公司章程或者股东会决议的董事、高级管理人员提出罢免的建议；当董事、高级管理人员的行为损害公司的利益时，要求董事、高级管理人员予以纠正；提议召开临时股东会会议，在董事会不履行本法规定的召集和主持股东会会议职责时召集和主持股东会会议；向股东会会议提出提案；依照本法第 151 条的规定，对董事、高级管理人员提起诉讼；公司章程规定的其他职权。此外，《公司法》第 54 条规定，监事可以列席董事会会议，并对董事会决议事项提出质询或者建议。

(3) 监事会的议事规则。监事会每年度至少召开一次会议，监事可以提议召开临时监事会会议。监事会主席召集和主持监事会会议；监事会决议应当经半数以上监事通过。监事会应当把所议事项的决定做成会议记录，出席会议的监事应当在会议记录上签名。监事会的其他议事方式和表决程序由公司章程规定。

（三）有限责任公司的股权转让

《公司法》规定，股东向股东以外的人转让股权，应当经其他股东过半数同意。股东应就其股权转让事项书面通知其他股东征求同意，其他股东自接到书面通知之日起满 30 日未答复的，视为同意转让。其他股东半数以上不同意转让的，不同意的股东应当购买该转让的股权；不购买的，视为同意转让。经股东同意转让的股权，在同等条件下，其他股东有优先购买权。两个以上股东主张行使优先购买权的，协商确定各自的购买比例；协商不成的，按照转让时各自的出资比例行使优先购买权。但是，公司章程对股权转让另有规定的，从其规定。即公司章程可以对股东之间的股权转让以及股东向股东以外的人转让股权作出与《公司法》不同的规定。一旦公司章程对股权转让作出了不同的规定，就应当依照公司章程的规定执行。

（四）一人有限责任公司的特别规定

一人有限责任公司，是指只有一个自然人股东或者一个法人股东的有限责任公司。它是有限责任公司的一种特殊形式。

一个自然人只能投资设立一个一人有限责任公司，该一人有限责任公司不能投资设立新的一人有限责任公司。

一人有限责任公司应当在公司登记中注明自然人独资或者法人独资，并在公司营业执照中载明。

一人有限责任公司章程由股东制定，不设股东会。股东只需要在决定公司的经营方针和投资计划时采用书面形式，并由股东签字后置备于公司即可。

针对一人有限责任公司股东很容易将公司财产与本人财产混同的问题，《公司法》第 63 条规定，一人有限责任公司的股东不能证明公司财产独立于股东自己财产的，应当对公司债务承担连带责任。

课堂讨论

2008 年 8 月，王某个人投资 20 万元成立了一家一人有限责任公司，经营建筑材料。后因经营不善，造成较大的经济损失，公司无力继续经营，王某所投资的 20 万元已远远不够偿还债务。公司债权人向法院提起民事诉讼，要求王某清偿剩余债务。

法院经审理后认为：王某投资成立一人有限责任公司，依法本应对公司债务承担有限责任；但由于一人有限责任公司的营业场所与王某个人居所合一，公司会计记录不清，公司经营性收支与王某个人收支未作区分，导致无法证明公司财产独立于股东个人财产，依据《公司法》第63条的规定，遂判决王某以其个人财产对公司剩余债务承担连带清偿责任。法院的判决是否合法?

小贴士

个人独资企业与一人有限责任公司的区别

个人独资企业与一人有限责任公司的区别在于：(1) 适用法律不同。一人有限责任公司适用《公司法》，而个人独资企业适用《个人独资企业法》。(2) 设立主体不同。一人有限责任公司的设立主体既可以是自然人也可以是法人，而个人独资企业的设立主体只能是自然人。(3) 责任承担不同。一人有限责任公司具有法人资格，能够独立地承担民事责任。个人独资企业不具有法人资格，不能独立地承担民事责任，当企业资产不足以承担全部责任时，由出资人承担无限责任。

课堂讨论

张某大学毕业后没有找到适合自己的工作，于是就想独自成立一家公司，但他不知道法律对一个人设立公司有何特别规定。张某是否可以设立一人有限责任公司?《公司法》针对一人有限责任公司主要设立了哪些风险防范制度?

(五) 国有独资公司的特别规定

国有独资公司，是指国家单独出资、由国务院或者地方人民政府委托本级人民政府国有资产监督管理机构履行出资人职责的有限责任公司。根据国有资产管理的特点，为维护国家利益，同时又保证公司的经营自主权，《公司法》对国有独资公司在法人治理结构和公司负责人对外兼职等方面作出了特别规定。

1. 组织机构及职权划分具有特殊性

(1) 国有独资公司不设股东会。国有独资公司不设股东会，股东会的职权由国有资产监督管理机构行使。国有资产监督管理机构也可以授权公司董事会行使股东会的部分职权，决定公司的重大事项，但公司的合并、分立、解散、增减注册资本和发行公司债券，必须由国有资产监督管理机构决定；其中，按照国务院的规定确定的重要的国有独资公司合并、分立、解散、申请破产的，应当由国有资产监督管理机构审核后，报本级人民政府批准。公司章程由国有资产监督管理机构制定，或者由董事会制定报国有资产监督管理机构批准。

(2) 国有独资公司董事会的法定职权范围较广。董事会除享有一般有限责任公司董事会的法定职权外，还享有国有资产监督管理机构授予的股东会的部分职权。公司董事会成员由股东代表和职工代表组成，其中，股东代表由国有资产监督管理机构委派；职工代表由公司职工代表大会选举产生。董事会设董事长1人，可设副董事长。董事长、副董事长由国有资产监督管理机构从董事会成员中指定。

(3) 监事会成员较多，职权较少。国有独资公司监事会成员不得少于 5 人，其中，职工代表的比例不得低于 1/3，具体比例由公司章程规定。监事会成员中的股东代表由国有资产监督管理机构委派；职工代表由公司职工代表大会选举产生。监事会主席由国有资产监督管理机构从监事会成员中指定。监事会的法定职权少于一般有限责任公司，只享有一般有限责任公司监事会法定职权中的前三项和国务院规定的其他职权。

2. 限制公司负责人兼职

为保证公司负责人更好地履行职责，《公司法》规定，国有独资公司的董事长、副董事长、董事、高级管理人员，未经国有资产监督管理机构同意，不得在其他有限责任公司、股份有限公司或者其他经济组织兼职。

四、股份有限公司

股份有限公司，是指依照公司法设立的，全部资本分为等额股份，股东以其认购的股份为限对公司承担责任，公司以其全部资产对公司的债务承担责任的企业法人。

(一) 股份有限公司的设立

1. 股份有限公司的设立条件

根据我国《公司法》第 76 条的规定，设立股份有限公司，应当具备以下条件：

(1) 发起人符合法定人数。设立股份有限公司，应当有 2 人以上 200 人以下的发起人，其中须有过半数的发起人在中国境内有住所。

(2) 有符合公司章程规定的全体发起人认购的股本总额或者募集的实收股本总额。发起人可以用货币出资，也可以用实物、知识产权、土地使用权等可以用货币估价并可以依法转让的非货币财产作价出资；但是，法律、行政法规规定不得作为出资的财产除外。对作为出资的非货币财产应当评估作价，核实财产，不得高估或者低估作价。法律、行政法规对评估作价有规定的，从其规定。

股份有限公司采取发起设立方式设立的，注册资本为在公司登记机关登记的全体发起人认购的股本总额。在发起人认购的股份缴足前，不得向他人募集股份。股份有限公司采取募集方式设立的，注册资本为在公司登记机关登记的实收股本总额。

法律、行政法规以及国务院决定对股份有限公司注册资本实缴、注册资本最低限额另有规定的，从其规定。

(3) 股份发行、筹办事项符合法律规定。

(4) 发起人制定公司章程，采用募集方式设立的经创立大会通过。以发起方式设立公司的，公司章程由发起人制定；以募集方式设立公司的，公司章程先由发起人拟定，募集成功后，公司召开全体股东参加的创立大会，经创立大会决议通过章程，作为公司的正式章程。股份有限公司章程应当载明下列事项：公司名称和住所；公司经营范围；公司设立方式；公司股份总数、每股金额和注册资本；发起人的姓名或者名称、认购的股份数、出资方式和出资时间；董事会的组成、职权和议事规则；公司法定代表人；监事会的组成、职权和议事规则；公司利润分配办法；公司的解散事由与清算办法；公司的通知和公告办法；股东大会会议认为需要规定的其他事项。

（5）有公司名称，建立符合股份有限公司要求的组织机构。股份有限公司依法必须在公司名称中标明“股份有限公司”或者“股份公司”字样以表明公司性质。股份有限公司的组织机构主要包括股东大会、董事会、经理机构、监事会等。

（6）有公司住所。

2. 股份有限公司的设立程序

（1）发起设立的主要程序：1）发起人签订发起人协议，明确各自在公司设立过程中的权利和义务。2）由全体发起人指定的代表或者共同委托的代理人向公司登记机关申请名称预先核准。在公司筹备期间以该预先核准的名称从事设立活动。3）发起人制定公司章程。4）发起人书面认足公司章程规定其认购的股份。5）选举董事会和监事会，由董事会向公司登记机关报送公司章程、由依法设立的验资机构出具的验资证明以及法律、行政法规规定的其他文件申请设立登记。6）公司登记机关自接到股份有限公司设立登记申请之日起 30 日内作出是否予以登记的决定。对符合《公司法》规定条件的，予以登记，发给公司企业法人营业执照。公司企业法人营业执照的签发日期，为公司成立日期。

（2）募集设立的主要程序：《公司法》规定，发起人可以通过向社会公开募集或者向特定对象募集而设立股份有限公司。募集设立与发起设立在程序上的区别主要表现在以下几个方面：1）发起人认购的股份一般不得少于公司股份总数的 35％。2）发起人向国务院证券监督管理机构提出股票发行申请。3）向社会公开募集股份的，发起人必须公告招股说明书、制作认股书，并与依法设立的证券经营机构签订承销协议，与银行签订代收股款协议。4）认股人填写认股书并签名、盖章。认股人按照所认购股数缴纳股款。发行的股款缴足后经法定验资机构验资并开具验资证明。5）发行股份的股款缴足后，发起人在 30 日内主持召开由认股人组成的创立大会，审议发起人关于公司筹办情况的报告、讨论通过发起人拟定的公司章程、选举董事会和监事会成员、审核公司的设立费用和发起人用于抵作股款的财产的作价。创立大会应当有代表股份总数过半数以上的认股人出席方可举行。创立大会作出决议，必须经出席会议的认股人所持表决权过半数通过。发行的股份超过招股说明书规定的截止期限尚未募足的，或者发行股份的股款缴足后，发起人在 30 日内未召开创立大会的，认股人可以按照所缴股款并加算银行同期存款利息，要求发起人返还。6）董事会应于创立大会结束后 30 日内，向公司登记机关申请设立登记。

（二）股份有限公司的组织机构

1. 股东大会

股东大会是由公司全体股东组成的公司的权力机构，它不是常设机关，对外并不代表公司，对内也不执行业务。

（1）股东大会的职权。股东大会属于法定机构，其职权由《公司法》规定。股份有限公司股东大会的职权与有限责任公司股东会的职权相同。

（2）股东大会的议事规则。股东大会会议分为年会和临时会议。股东大会应当每年召开一次年会。有下列情形之一的，应当在两个月内召开临时股东大会：董事人数不足《公司法》规定的人数或者公司章程所定人数的 2/3 时、公司未弥补的亏损达实收股本总额 1/3时、单独或者合计持有公司 10％以上股份的股东请求时、董事会认为必要时、监事会提议召开时。此外，《公司法》和公司章程规定公司转让、受让重大资产或者对外提供担保等事项必须经股东大会作出决议的，董事会应当及时召集股东大会会议，由股东大会就上述事项进行表决。

股东大会会议由董事会召集，董事长主持。股东出席股东大会会议，所持每一股份都有1个表决权。股东可以委托代理人出席股东大会会议，代理人应当向公司提交股东授权委托书，并在授权范围内行使表决权。股东大会作出决议，必须经出席会议的股东所持表决权过半数通过。但是，股东大会作出修改公司章程、增减注册资本的决议，以及公司合并、分立、解散或者变更公司形式的决议，必须经出席会议的股东所持表决权2/3以上通过。

2. 董事会

董事会对股东大会负责，其法定职权与有限责任公司的规定相同。

董事会每年度至少召开两次会议，每次会议应当于会议召开10日前通知全体董事和监事。代表1/10以上表决权的股东、1/3以上董事或者监事会，可以提议召开董事会临时会议。董事长应当自接到提议后10日内，召集和主持董事会会议。董事会作出决议，必须经全体董事的过半数通过。董事会决议的表决，实行一人一票。

3. 经理机构

经理机构是董事会领导下的常设业务执行机关。股份有限公司的经理，由董事会决定聘任或者解聘。董事会可以决定由董事会成员兼任经理。有限责任公司经理的职权适用于股份有限公司经理。

4. 监事会

监事会由股东代表和适当比例的公司职工代表组成，其中职工代表的比例不得低于1/3，具体比例由公司章程规定。监事会中的职工代表由公司职工通过职工代表大会、职工大会或者其他形式民主选举产生。董事、高级管理人员不得兼任监事。有限责任公司监事任期的规定，适用于股份有限公司监事。监事会设主席1人，可以设副主席。监事会主席和副主席由全体监事过半数选举产生。监事会主席召集和主持监事会会议。监事会每6个月至少召开一次会议，监事可提议召开临时监事会会议。

（三）股份有限公司股份的发行及转让

1. 股份与股票概述

股份是指按相等金额或者相同比例平均划分公司注册资本的基本计量单位，代表股东在公司中的权利和义务，是资本的最小单位。股份公司的特点在于将注册资本分为均等的单位，每一单位称为股份。股份有限公司的股份具有平等性，每股金额相等，所表现出的股东权利和义务是相等的。

股票是股份有限公司签发的证明股东按其所持股份享有权利和承担义务的书面凭证，是股份的表现形式，其特征如下：

（1）股票是一种有价证券。股票记载着股票种类、票面金额及代表的股份数。

（2）股票是一种要式证券。股票应当采取纸质形式或者国务院证券监督管理机构规定的其他形式。

（3）股票是一种证权证券。任何人只要合法占有股票，就可以依法向公司行使权利。

（4）股票是一种流通证券。股票可以在证券交易市场依法进行交易。

在股份有限公司，股票是股东所持股份的法律证明。对于有限责任公司，证明股东权利的是“出资证明书”。

根据是否享有特别权利，股票可以划分为普通股和优先股；根据是否将股份持有人的姓名记载于股票的票面，又可将股票分为记名股和无记名股；根据投资主体不同，可将股票分为国有股、发起人股和社会公众股。除了这些分类以外，根据上市地点和购买方式的不同，在境内上市以人民币购买的股票称为A股；在境内上市以外币购买的股票称为B股；注册地在内地、上市地在中国香港的外资股，称为H股；在新加坡上市的称为S股；在美国上市的称为N股。

2. 股份发行

(1) 股份发行的含义及原则。

股份发行，是指股份有限公司为募集资本而分配或出售自己的股份，由投资人认购的行为。股份有限公司在公司成立前可以为募集资本发行股份，成立后可以为扩充资本发行新股。

以其认购股份的身份是否特定为准，股份的发行可分为公开发行和非公开发行。公开发行股份是指向不特定公众投资者招募股份，而非公开发行股份是指向特定投资者招募股份。《中华人民共和国证券法》（以下简称《证券法》）规定，公开发行证券，必须符合法律、行政法规规定的条件，并依法报经国务院证券监督管理机构或国务院授权的部门核准；未经依法核准，任何单位和个人不得公开发行证券。有下列行为之一的，为公开发行：向不特定对象公开发行证券的；向特定对象发行证券累计超过200人的；法律、行政法规规定的其他发行行为。非公开发行不得采用广告、公开劝诱和变相公开方式。由此可见，非公开发行是指向不超过200人的特定对象发行股份的行为。

我国股份有限公司股份的发行实行“两公三同”原则，即公开、公正的原则，同股同权、同股同利、同次发行同等条件的原则。

(2) 股份发行的价格。

股票发行价格是指股票发行时所使用的价格。股份发行可以溢价发行、平价发行，但不得折价发行，因为低于票面金额发行股票，违背资本充实原则，会使股票发行募集的资金低于公司相应的注册资本数额。采用溢价发行所得的溢价款列入资本公积金，不能列入盈余公积金。同次发行的同种类股票，每股的发行条件和价格应当相同；任何单位或者个人所认购的股份，每股应当支付相同价额。

(3) 股份发行的形式。

公司发行的股票，可以为记名股票，也可以为无记名股票。公司向发起人、法人发行的股票，应当为记名股票，并应当记载该发起人、法人的名称或者姓名，不得另立户名或者以代表人姓名记名。公司发行记名股票的，应当置备股东名册，并作记载。公司发行无记名股票的，应当记载其股票数量、编号及发行日期。国务院可以对公司发行公司法规定以外的其他种类的股份另行作出规定。

3. 股份转让

股份转让是指已经发行的股份在不同的投资者之间进行交换的行为。通过股份转让，股东可以收回投资。股份转让是通过股票转让实现的。

(1) 股份转让的规则。

股东转让其股份，应当在依法设立的证券交易场所进行或按照国务院规定的其他方式进行。证券交易场所包括全国性证券集中交易系统、地方性证券交易中心和从事证券柜台交易的机构等，上海证券交易所、深圳证券交易场所、天津 OTC 市场是代表性的证券交易场所。

记名股票由股东以背书方式或者法律、行政法规规定的其他方式转让，转让后由公司将受让人的姓名或者名称及住所记载于股东名册。无记名股票的转让，由股东将该股票交付给受让人后即发生转让的效力。持有无记名股票的人就是股东，依法享有并行使股东权，不必办理任何过户手续。无记名股票一旦丢失，股东就失去了股东权利，因而不利于股东权的保护。

（2）股份转让的限制。

发起人持有的本公司股份，自公司成立之日起 1 年内不得转让。公司公开发行股份前已发行的股份，自公司股票在证券交易所上市交易之日起 1 年内不得转让。

公司董事、监事、高级管理人员应当向公司申报所持有的本公司股份及其变动情况，在任职期间每年转让的股份不得超过其所持有本公司股份总数的 25%；所持本公司股份自公司股票上市交易之日起 1 年内不得转让；离职后半年内，不得转让其所持有的本公司股份。公司章程可以对公司董事、监事、高级管理人员转让其所持有的本公司股份作出其他限制性规定。

对于记名股票的转让，在股东大会召开前 20 日内或者公司决定分配股利的基准日前 5 日内，不得进行股票转让的股东名册变更登记。

（3）公司回收股份的限制。

公司不得收购本公司股份。但是，有下列情形之一的除外：减少公司注册资本；与持有本公司股份的其他公司合并；将股份奖励给本公司职工；股东因对股东大会作出的公司合并、分立决议持异议，要求公司收购其股份的。

（四）上市公司组织机构的特别规定

1. 上市公司的含义及上市条件

上市公司是指公司股票在证券交易所上市交易的股份有限公司。股份有限公司申请股票上市，应当符合下列条件：

（1）股票经国务院证券监督管理机构核准已公开发行。

（2）公司股本总额不少于人民币3 000万元。

（3）公开发行的股份达到公司股份总数的 25%以上；公司股本总额超过人民币 4 亿元的，公开发行股份的比例为 10%以上。

（4）公司最近三年无重大违法行为，财务会计报告无虚假记载。

（5）国务院规定的其他条件。

证券交易所可以规定高于上述规定的上市条件，并报国务院证券监督管理机构批准。

2. 股东大会特别决议事项

上市公司在一年内购买、出售重大资产或者担保金额超过公司资产总额 30%的，应当由股东大会作出决议，并经出席会议的股东所持表决权的 2/3 以上通过。

3. 设立董事会秘书和独立董事

董事会秘书是指掌管董事会文书并协助董事会成员处理日常事务的人员，主要负责公司股东大会和董事会会议的筹备、文件保管以及公司股东资料的管理，办理信息披露等事宜。独立董事是指不在公司担任董事以外的其他职务，并与受聘的公司及其主要股东不存在妨碍其进行独立客观判断关系的董事。

4. 关联交易的表决

上市公司董事与董事会会议决议事项所涉及的企业有关联关系的，不得对该项决议行使表决权，也不得代理其他董事行使表决权。该董事会会议由过半数的无关联关系董事出席即可举行，董事会会议所作决议须经无关联关系董事过半数通过。出席董事会的无关联关系董事人数不足3人的，应将该事项提交上市公司股东大会审议。

5. 相关信息公开

上市公司必须依照法律、行政法规的规定，公开其财务状况、经营情况及重大诉讼，在每一会计年度内季度公布一次财务会计报告。

小贴士

我国有限责任公司与股份有限公司的主要区别

我国《公司法》规定的有限责任公司与股份有限公司主要存在以下区别：

(1) 设立方式不同。有限责任公司只能以发起方式设立。股份有限公司既可以发起设立，也可以募集设立。

(2) 股东人数上下限规定不同。有限责任公司的股东人数作了50人以下的上限规定，并允许设立一人有限责任公司和国有独资公司。股份有限公司发起人的人数有上下限的规定，为2人以上200人以下，而且须有半数以上的发起人在中国境内有住所。而股东总人数则没有上限规定。

(3) 出资证明形式不同。有限责任公司股东的出资证明为出资证明书，通常为书面形式，必须采取记名方式。股份有限公司股东的出资证明为股票，股票可以采用书面形式，但目前通常为无纸化形式。股票除法律另有规定者外，既可以采取记名方式，也可以采取无记名方式。

(4) 股权转让方式不同。有限责任公司的股东转让其股权受到一定的法律限制。股份有限公司的股票以自由转让为原则，以法律限制为例外，股东向股东之外的人转让股票时，其他股东无优先购买权。股票还可以依法在证券交易所上市交易。

(5) 注册资本体现方式不同。有限责任公司的注册资本不划分为等额股份，股东一般依其投资比例行使权利。股份有限公司的注册资本划分为等额股份，股东一般依其所持股份数额行使权利。

(6) 组织机构有所不同。有限责任公司的组织机构设置较股份有限公司更为灵活。如公司的股东人数较少或者规模较小，可以不设董事会，只设一名执行董事；可以不设监事会，只设1～2名监事；在股东会的召集方式、通知时间等方面也较为灵活。此外，一人有限责任公司和国有独资公司不设股东会，机构运作模式也有差异。股份有限公司则必须设置股东大会、董事会、监事会，依法规范运作。

(7) 企业所有权与经营权分离程度不同。股份有限公司尤其是向社会公众发行股

票的上市公司，其所有权与经营权分离程度较高，所以必须强调组织机构与法人治理机制的完善，法律对其规定了较多的强制性义务。有限责任公司的两权分离程度较低，其股东多通过出任经营职务直接参与公司的经营管理，决定公司事务。

（8）信息披露义务不同。股份有限公司具有开放性，尤其是向社会募集股份的公司，负有法律规定的信息披露义务，其财务状况和经营情况等要依法进行公开披露，以保障社会投资者的利益。有限责任公司则因其为非开放型公司而不受此限制。

五、公司董事、监事、高级管理人员的资格和义务

（一）公司董事、监事、高级管理人员的资格

董事、监事、经理作为公司的高级管理人员，处于重要地位并具有法定的职权，因此法律对其应具备的任职资格作了具体规定，同时要求他们承担相应的义务。《公司法》规定，有下列情形之一的，不得担任公司的董事、监事、高级管理人员：

（1）无民事行为能力或者限制民事行为能力。

（2）因贪污、贿赂、侵占财产、挪用财产或者破坏社会主义市场经济秩序，被判处刑罚，执行期满未逾5年，或者因犯罪被剥夺政治权利，执行期满未逾5年。

（3）担任破产清算的公司、企业的董事或者厂长、经理，对该公司、企业的破产负有个人责任的，自该公司、企业破产清算完结之日起未逾3年。

（4）担任因违法被吊销营业执照、责令关闭的公司、企业的法定代表人，并负有个人责任的，自该公司、企业被吊销营业执照之日起未逾3年。

（5）个人所负数额较大的债务到期未清偿。

公司违反规定选举、委派董事、监事或者聘任高级管理人员的，该选举、委派或者聘任无效。董事、监事、高级管理人员在任职期间出现上述所列情形的，公司应当解除其职务。

课堂讨论

某有限责任公司董事会由包括张某、陈某、刘某在内的若干人员组成。其中，张某5年前因对一起重大工程事故负有责任，被判处有期徒刑1年；陈某曾独资开办一家工厂，1年前该厂因无力偿还大额债务而倒闭，债权人至今仍在追讨；刘某66岁，曾任市政府副秘书长，现退休在家。公司股东会在审议董事会成员时，对以上三人的董事任职资格提出了质疑，认为依照《公司法》，他们不得担任公司董事。

股东会的看法是否正确？张某、陈某、刘某是否具备公司董事的任职资格？

（二）公司董事、监事、高级管理人员的义务

《公司法》规定，董事、监事、高级管理人员应当遵守法律、行政法规和公司章程，对公司负有忠实义务和勤勉义务，不得利用职权收受贿赂或者其他非法收入，不得侵占公司的财产。具体来说，董事、监事、高级管理人员不得有下列行为：

（1）挪用公司资金。

（2）将公司资金以个人名义或者以其他个人名义开立账户存储。

（3）违反公司章程的规定，未经股东会、股东大会或者董事会同意，将公司资金借贷给他人或者以公司财产为他人提供担保。

（4）违反公司章程的规定或者未经股东会、股东大会同意，与本公司订立合同或者进行交易。

（5）未经股东会或者股东大会同意，利用职务便利为自己或者他人谋取属于公司的商业机会，自营或者为他人经营与所任职公司同类的业务。

（6）接受他人与公司交易的佣金归为己有。

（7）擅自披露公司秘密。

（8）违反对公司忠实义务的其他行为。

董事、高级管理人员违反上述规定所得的收入应当归公司所有。

董事、监事、高级管理人员执行公司职务时违反法律、行政法规或者公司章程的规定，给公司造成损失的，应当承担赔偿责任。公司不主张权利时，股东可通过派生诉讼的形式加以主张。

（1）公司损害赔偿请求权。董事、高级管理人员执行公司职务时违反法律、行政法规或者公司章程的规定，给公司造成损失，应当承担赔偿责任的，有限责任公司的股东、股份有限公司连续180日以上单独或者合计持有公司1%以上股份的股东，可以书面请求监事会或者不设监事会的有限责任公司的监事向人民法院提起诉讼；监事有该种违法情形的，前述股东可以书面请求董事会或者不设董事会的有限责任公司的执行董事向人民法院提起诉讼。

（2）股东的派生诉权。监事会、不设监事会的有限责任公司的监事，或者董事会、执行董事收到股东书面请求后拒绝提起诉讼，或者自收到请求之日起30日内未提起诉讼，或者情况紧急、不立即提起诉讼将会使公司利益受到难以弥补的损害，股东有权为了公司的利益以自己的名义直接向人民法院提起诉讼。他人侵犯公司合法权益，给公司造成损失的，上述股东可以依照该规定向人民法院提起诉讼。由于股东所享有的诉讼权利派生于公司，股东并不是直接为自己的利益而是为了公司利益提起诉讼，所以称为股东派生诉讼。

此外，若董事、高级管理人员违反法律、行政法规或者公司章程的规定，损害股东利益的，股东可以直接向人民法院提起诉讼。

六、公司债券

（一）公司债券的概念和种类

1. 公司债券的概念

公司债券是指公司依照法定程序发行、约定在一定期限还本付息的有价证券。

2. 公司债券的种类

依照不同的标准，对公司债券可作不同的分类。

（1）记名公司债券和无记名公司债券。

记名公司债券是指在公司债券上记载债权人姓名或者名称的债券，无记名公司债券是指在公司债券上不记载债权人姓名或者名称的债券。区分记名公司债券和无记名公司债券的法律意义在于两者转让的要求不同。记名公司债券的转让，转让人须在债券上背书；而无记名公司债券的转让，转让人交付债券即发生转让的法律效力。

（2）可转换公司债券和不可转换公司债券。

可转换公司债券是指可以转换成公司股票的公司债券。这种公司债券在发行时规定了转换为公司股票的条件与办法，当条件具备时，债券持有人拥有将公司债券转换为公司股票的选择权。不可转换公司债券是指不能转换为公司股票的公司债券。凡在发行债券时未作出转换约定的，均为不可转换公司债券。

（二）公司债券的发行

公司发行公司债券应当符合《证券法》规定的发行条件。公开发行公司债券，应当符合下列条件：

（1）股份有限公司的净资产不低于人民币3 000万元，有限责任公司的净资产不低于人民币6 000万元。

（2）累计债券余额不超过公司净资产的40%。

（3）最近3年平均可分配利润足以支付公司债券1年的利息。

（4）筹集的资金投向符合国家产业政策。

（5）债券的利率不超过国务院限定的利率水平。

（6）国务院规定的其他条件。

公开发行公司债券筹集的资金，必须用于核准的用途，不得用于弥补亏损和非生产性支出。

上市公司发行可转换为股票的公司债券，除应当符合上述规定的条件外，还应当符合《证券法》关于公开发行股票的条件，并报国务院证券监督管理机构核准。

有下列情形之一的，不得再次公开发行公司债券：

（1）前一次公开发行的公司债券尚未募足。

（2）对已公开发行的公司债券或者其他债务有违约或者延迟支付本息的事实，仍处于继续状态。

（3）违反规定，改变公开发行公司债券所募资金的用途。

（三）公司债券的转让

《公司法》规定，公司债券可以转让，公司债券在证券交易所上市交易的，按照证券交易所的交易规则转让。

根据公司债券种类的不同，公司债券的转让有两种不同的方式。记名公司债券，由债券持有人以背书方式或者法律、行政法规规定的其他方式转让，转让后由公司将受让人的姓名或者名称及住所记载于公司债券存根簿，以备公司存查。无记名公司债券的转让，由债券持有人将该债券交付给受让人后即发生转让的效力。受让人一经持有该债券，即成为公司的债权人。

发行可转换为股票的公司债券的，公司应当按照其转换办法向债券持有人换发股票，但债券持有人对转换股票或者不转换股票有选择权。

小贴士

债券与股票的区别

债券与股票都是有价证券，二者的主要区别是：第一，性质不同。股票反映的是股东的权益，而债券反映的是债权、债务关系。第二，承担的风险不同。债券的利率是固定的，不受公司业绩的影响，到期则可向公司要求还本付息；而股票的红利是不固定的，受公司业绩的影响。

七、公司的财务会计制度和利润分配

（一）公司的财务会计制度

公司应当依照法律、行政法规和国务院财政部门的规定建立公司的财务会计制度。公司应当在每一会计年度终了时编制财务会计报告，并依法经会计师事务所审计。公司财务会计报告应当依照《中华人民共和国会计法》、《企业财务会计报告条例》等法律、行政法规和国务院财政部门的规定制作。对于上市公司，在每一会计年度的上半年结束之日，还应当制作中期财务会计报告。公司应当依法披露有关财务会计资料。有限责任公司应当按照公司章程规定的期限将财务会计报告送交各股东。股份有限公司的财务会计报告应当在召开股东大会年会的20日前置备于本公司，供股东查阅；公开发行股票的股份有限公司必须公告其财务会计报告。公司除法定的会计账簿外，不得另立会计账簿。对公司资产，不得以任何个人名义开立账户存储。公司应当依法聘用会计师事务所对财务会计报告审查验证。

（二）公司的利润分配

1. 公司的利润分配顺序

公司应当按照如下顺序进行利润分配：（1）弥补以前年度的亏损，但不得超过税法规定的弥补期限；（2）缴纳所得税；（3）弥补在税前利润弥补亏损之后仍存在的亏损；（4）提取法定公积金；（5）提取任意公积金；（6）向股东分配利润。

公司弥补亏损和提取公积金后所余税后利润，有限责任公司按照股东实缴的出资比例分配，但全体股东约定不按照出资比例分配的除外；股份有限公司按照股东持有的股份比例分配，但股份有限公司章程规定不按持股比例分配的除外。

公司股东会、股东大会或者董事会违反规定，在公司弥补亏损和提取法定公积金之前向股东分配利润的，股东必须将违反规定分配的利润退还公司。公司持有的本公司股份不得分配利润。

2. 公司的公积金

公积金是公司在资本之外所保留的资金金额，又称为附加资本或准备金。公积金分为盈余公积金和资本公积金两类。盈余公积金是从公司税后利润中提取的公积金，分为法定公积金和任意公积金两种。法定公积金按照公司税后利润的10%提取，当公司法定公积金累计额为公司注册资本的50%以上时可以不再提取。

公司的公积金主要有以下用途：（1）弥补公司亏损。公司的亏损按照国家税法规定可以用缴纳所得税前的利润弥补，超过用所得税前利润弥补期限仍未补足的亏损，可以用公司税后利润弥补；发生特大亏损，税后利润仍不足弥补的，可以用公司的公积金弥补。但是，资本公积金不得用于弥补公司的亏损。(2) 扩大公司生产经营。公司可以根据生产经营的需要，用公司的公积金来扩大公司的生产经营规模，增强公司实力。(3) 转增公司资本。公司为了实现增加资本的目的，可以将公积金的一部分转为资本。对用任意公积金转增资本的，法律没有限制，但用法定公积金转增资本时，《公司法》规定，法定公积金转为资本时，所留存的该项公积金不得少于转增前公司注册资本的25%。

八、公司的减资、增资、合并、分立、解散和清算

(一) 公司的减资与增资

1. 公司的减资

为了保护债权人和其他利益相关者的利益，我国《公司法》规定公司减少注册资本必须遵循法定程序。

(1) 公司内部决策程序。根据《公司法》的规定，公司减少注册资本必须由股东会作出决议。有限责任公司减少注册资本必须由代表2/3以上表决权的股东通过；股份有限公司减少注册资本的决议必须经出席会议的股东所持表决权的2/3以上通过；国有独资公司减少注册资本必须由国有资产监督管理机构决定。

(2) 编制资产负债表及财产清单。根据《公司法》第177条第1款的规定，公司需要减少注册资本时，必须编制资产负债表及财产清单。

(3) 通知并公告债权人。公司应自作出减少注册资本决议之日起10日内通知债权人，并于30日内在报纸上公告。

(4) 债权人保护程序。债权人自接到通知书之日起30日内，未接到通知书的自公告之日起45日内，有权要求公司清偿债务或提供相应的担保。

(5) 变更登记手续。公司减少注册资本，应依法向公司登记机关办理变更登记。

2. 公司的增资

《公司法》对公司增加注册资本亦设有限制性条款。

(1) 公司增资的授权依据必须基于股东会的资本的绝对多数来决定。有限责任公司增资决议必须经代表2/3以上表决权的股东通过；股份有限公司增加注册资本的决议必须经出席会议的股东所持表决权的2/3以上通过；国有独资公司增加注册资本必须由国有资产监督管理机构决定。

(2) 尊重老股东的优先认购权。有限责任公司新增资本时，股东享有法定的优先认购权；股份有限公司章程确定股东优先购买权的，此种章程条款亦属有效。老股东的优先购买权是民事权利，而非民事义务，因而优先购买权可以行使，也可以放弃。

(3) 变更登记手续。根据《公司法》第179条第2款的规定，公司增加或者减少注册资本，应当依法向公司登记机关办理变更登记，让不特定的社会公众尤其是潜在的交易伙伴及时了解增资后的公司资产信用与债务清偿能力。

(二) 公司的合并与分立

1. 公司合并

公司合并，是指两个或两个以上具有法人资格的公司依照法定程序，合并成为一个独立法人的法律行为。

依据《公司法》的规定，公司合并的形式有两种：一是吸收合并，二是新设合并。吸收合并是指一公司吸收其他公司，被吸收的公司解散。新设合并是指两个以上公司合并设立一个新公司，合并各方解散。公司合并应当由合并各方签订合并协议，并编制资产负债表及财产清单。公司应当自作出合并决议之日起 10 日内通知债权人，并于 30 日内在报纸上公告。债权人自接到通知书之日起 30 日内，未接到通知书的自公告之日起 45 日内，可以要求公司清偿债务或者提供相应的担保。公司合并时，合并各方的债权、债务应当由合并后存续的公司或者新设的公司承继。

2. 公司分立

公司分立，是指一个具有独立法人资格的公司按照法定程序，分立为两个或两个以上独立法人的法律行为。公司分立的形式一般有两种：一是派生分立，即公司以其部分财产和业务另设一个新公司，原公司存续；二是新设分立，即公司以全部财产分别归入两个以上的新设的公司，原公司解散。

公司分立，其财产应作相应的分割。公司分立应当编制资产负债表及财产清单。公司应当自作出分立决议之日起 10 日内通知债权人，并于 30 日内在报纸上公告。公司分立前的债务由分立后的公司承担。但是，公司分立前与债权人就债务清偿达成的书面协议另有约定的除外。

（三）公司的解散与清算

1. 公司解散

公司解散，是指公司由于不能继续存在原因的发生而停止商事活动，并开始整理财产关系。我国《公司法》第 180 条列举了公司解散的五大事由：

（1）公司章程规定的营业期限届满或者公司章程规定的其他解散事由出现。

（2）股东会或者股东大会决议解散（往往是由于公司的设立目的已经完成或确定不能完成）。

（3）因公司合并或者分立需要解散。

（4）依法被吊销营业执照、责令关闭或者被撤销。

（5）司法解散。即公司经营管理发生严重困难，继续存续会使股东利益受到重大损失，通过其他途径不能解决的，持有公司全部股东表决权 10%以上的股东，可以请求人民法院解散公司。

2. 公司清算

公司清算，是指整理、终结被解散公司所发生的法律关系，并依法定条件和顺序分配其财产的法律程序。根据解散的原因，公司清算可以分为两种：一是破产清算，二是普通清算。对公司的破产清算程序，需要严格遵守《中华人民共和国破产法》及其相关司法解释的规定；而对于普通清算程序，需要严格遵守《公司法》、《公司登记管理条例》和相关司法解释的规定。

（1）清算组的成立和职权。

根据《公司法》第 183 条的规定，公司在解散事由出现之日起 15 日内成立清算组。清算组组成人员的范围主要包括：有限责任公司股东和股份有限公司的董事、公司章程预先确定或股东会选定的清算人、人民法院根据利害关系人申请指定的清算人。

我国《公司法》第 184 条将清算组在清算期间行使的职权概括为七个方面：1）清理公司财产，分别编制资产负债表和财产清单；2）通知、公告债权人；3）处理与清算有关的公司未了结的业务；4）清缴所欠税款以及清算过程中产生的税款；5）清理债权、债务；6）处理公司清偿债务后的剩余财产；7）代表公司参与民事诉讼活动。

（2）清算程序。

根据我国《公司法》有关规定，清算工作应当按照如下程序进行：

1）通知公告程序。清算组应当自成立之日起 10 日内通知债权人，并于 60 日内在报纸上公告：

2）申报债权。债权人应当自接到通知书之日起 30 日内，未接到通知书的自公告之日起 45 日内，向清算组申报其债权。债权人申报债权应当说明债权的有关事项，并提供证明材料。清算组应当对债权进行登记。在申报债权期间清算组不得对债权人进行清偿。

3）补充申报债权。债权人在规定的期限内未申报债权，在公司清算程序终结前补充申报的，清算组应予登记。公司清算程序终结，是指清算报告经股东会、股东大会或者人民法院确认完毕。

4）制定清算方案。清算组在理清公司财产、编制资产负债表和财产清单后，应当制定清算方案，并报股东会、股东大会或者人民法院确认。

5）分配剩余财产。分配公司剩余财产的顺序是：支付清算费用；支付职工工资、社会保险费用和法定补偿金；缴纳所欠税款；清偿公司债务；向股东分配剩余财产。其中，有限责任公司按照股东的出资比例分配，股份有限公司按照股东持有的股份比例分配。

6）报请股东会或人民法院确认清算报告，办理注销登记手续。公司清算结束后，清算组应当制作清算报告，报请股东会或人民法院确认，并且报送公司登记机关，申请注销登记，公告公司终止。

九、违反公司法的法律责任

（一）公司发起人、股东的法律责任

《公司法》关于公司发起人、股东的法律责任的规定，可以概括为以下几个方面：

（1）违反《公司法》规定，虚报注册资本、提交虚假材料或者采取其他欺诈手段隐瞒重要事实取得公司登记的，由公司登记机关责令改正，对虚报注册资本的公司，处以虚报注册资本金额 5%以上 15%以下的罚款；对提交虚假材料或者采取其他欺诈手段隐瞒重要事实的公司，处以 5 万元以上 50 万元以下的罚款；情节严重的，撤销公司登记或者吊销营业执照。

（2）公司的发起人、股东虚假出资，未交付或者未按期交付作为出资的货币或者非货币财产的，由公司登记机关责令改正，处以虚假出资金额 5%以上 15%以下的罚款。

（3）公司发起人、股东在公司成立后，抽逃出资的，由公司登记机关责令改正，处以所抽逃出资金额 5%以上 15%以下的罚款。

（4）股份有限公司不能成立时，发起人对设立行为所产生的债务和费用负连带责任；公司不能成立时，对认股人已缴纳的股款，负返还股款并加算银行同期存款利息的连带责任；在公司设立过程中，由于发起人的过失致使公司盈利受到损害的，应当对公司承担赔偿责任。

(5) 在股份有限公司成立后，如果发起人未按照公司章程的规定缴足出资，或者发现作为设立公司出资的非货币财产的实际价额显著低于公司章程所规定价额的，应当由交付该出资的发起人补足差额，其他发起人也应当承担连带责任。

(6) 违反《公司法》规定，构成犯罪的，依法追究刑事责任。

(二) 公司的法律责任

《公司法》关于公司的法律责任的规定包括以下几项：

(1) 公司违反《公司法》规定，在法定的会计账簿以外另立会计账簿的，由县级以上人民政府财政部门责令改正，处以1万元以上50万元以下的罚款。

(2) 公司在依法向有关主管部门提供的财务会计报告等资料上作虚假记载或者隐瞒重要事实的，由有关主管部门对直接负责的主管人员和其他直接责任人员处以3万元以上30万元以下的罚款。

(3) 公司不按照《公司法》规定提取法定公积金的，由县级以上人民政府部门责令如数补充应当提取的金额，并可以对公司处以20万元以下的罚款。

(4) 公司在清算期间开展与清算无关的经营活动的，由公司登记机关予以警告，没收违法所得。

(5) 公司违反《公司法》规定，构成犯罪的，依法追究刑事责任。

(三) 清算组的法律责任

清算组不依照《公司法》规定向公司登记机关报送清算报告，或者报送清算报告隐瞒重要事实或有重大遗漏的，由公司登记机关责令改正。清算组成员利用职权徇私舞弊、谋取非法收入或者侵占公司财产的，由公司登记机关责令退还公司，没收违法所得，并可处以违法所得1倍以上5倍以下的罚款。

(四) 承担资产评估、验资或者验证的机构的法律责任

承担资产评估、验资或者验证的机构提供虚假材料的，由公司登记机关没收违法所得，处以违法所得1倍以上5倍以下的罚款，并可以由有关主管部门依法责令该机构停业，吊销直接责任人员的资格证书，吊销营业执照。承担资产评估、验资或者验证的机构因过失提供有重大遗漏的报告的，由公司登记机关责令改正；情节较重的，处以所得收入1倍以上5倍以下的罚款，并可由有关主管部门依法责令该机构停业、吊销直接责任人员的资格证书，吊销营业执照。承担资产评估、验资或者验证的机构因其出具的评估结果、验资或者验证证明不实，给公司债权人造成损失的，除能够证明自己没有过错的外，在其评估或者证明不实的金额范围内承担赔偿责任。

(五) 公司登记机关的法律责任

公司登记机关的法律责任包括以下几项：

(1) 公司登记机关对不符合《公司法》规定条件的登记申请予以登记，或者对符合《公司法》规定条件的登记申请不予登记的，对直接负责的主管人员和其他直接责任人员，依法给予行政处分。

(2) 公司登记机关的上级部门强令公司登记机关对不符合《公司法》规定条件的登记申请予以登记，或者对符合《公司法》规定条件的登记申请不予登记的，或者对违法登记进行包庇的，对直接负责的主管人员和其他直接责任人员依法给予行政处分。

（六）其他有关法律责任

《公司法》规定的其他法律责任包括以下几项：

（1）未依法登记为有限责任公司或股份有限公司，而冒用有限责任公司或股份有限公司名义的，或者未依法登记为有限责任公司或股份有限公司的分公司，而冒用有限责任公司或股份有限公司的分公司名义的，由公司登记机关责令改正或者予以取缔，可以并处 10 万元以下的罚款。

（2）外国公司违反《公司法》规定，擅自在中国境内设立分支机构的，由公司登记机关责令改正或者关闭，并可处以 5 万元以上 20 万元以下的罚款。

（3）公司成立后无正当理由超过 6 个月未开业的，或者开业后自行停业连续 6 个月以上的，可以由公司登记机关吊销其营业执照。

（4）公司登记事项发生变更时，未按照《公司法》规定办理有关变更登记的，由公司登记机关责令限期登记；逾期不登记的，处以 1 万元以上 10 万以下的罚款。

（5）利用公司名义从事危害国家安全、社会公共利益的严重违法行为的，吊销营业执照。

（6）公司违反《公司法》规定，应当承担民事赔偿责任和缴纳罚款、罚金的，其财产不足以支付时，先承担民事赔偿责任。

实务训练

1. 甲、乙、丙、丁等 20 人拟共同出资设立一家有限责任公司，股东共同制定了公司章程。在公司章程中，对董事任期、监事会组成、股权转让规则等事项作了如下规定：

（1）公司董事任期为 4 年。

（2）公司设立监事会，监事会成员为 7 人，其中包括 2 名职工代表。

（3）股东向股东以外的人转让股权，必须经其他股东 2/3 以上同意。

根据上述情况与《公司法》的有关规定，回答下列问题：

（1）公司章程中关于董事任期的规定是否合法？简要说明理由。

（2）公司章程中关于监事会职工代表人数的规定是否合法？简要说明理由。

（3）公司章程中关于股权转让的规定是否合法？简要说明理由。

点评：

（1）公司章程中关于董事任期的规定不合法。根据规定，董事任期由公司章程规定，但每届任期不得超过 3 年。本案例中规定公司董事任期为 4 年是不符合规定的。

（2）公司章程中关于监事会职工代表人数的规定不合法。根据规定，监事会应当包括股东代表和适当比例的公司职工代表，其中职工代表的比例不得低于 1/3，具体比例由公司章程规定。本案例中，监事会成员为 7 人，职工代表人数不得低于 3 人，因此公司章程中规定为 2 名是不合法的。

（3）公司章程中关于股权转让的规定合法。根据规定，公司章程对股权转让另有规定的，从其规定。本案例中，公司章程虽然就股权转让作出了与《公司法》不同的规定，但也要按照公司章程的规定执行。

2. 张某准备出资成立一家一人有限责任公司，从事软件开发业务。以下是张某准备成立一人有限责任公司的有关事项：

(1) 拟出资人民币8万元，首次出资3万元，其余出资2年内缴清。

(2) 新成立的有限责任公司不设股东会，决定由张某本人担任执行董事兼总经理。

(3) 公司所有经营计划均由张某口头传达。

根据上述内容及《公司法》的有关规定，回答下列问题：

(1) 张某的上述出资，法律是否有限制？

(2) 一人有限责任公司是否可以不设股东会？

(3) 一人有限责任公司股东口头作出决议是否符合规定？

点评：

(1) 张某的上述出资，法律没有限制。他只要认缴符合章程的出资就可以了。

(2) 根据《公司法》的规定，一人有限责任公司可以不设股东会。

(3) 一人有限责任公司股东口头作出决议不符合规定。根据《公司法》的规定，一人有限责任公司股东作出决议时，应当采用书面形式。

3. 甲股份有限公司（以下简称甲股份公司）的董事会于2013年3月15日召开会议，这次会议召开情况以及讨论的有关事项如下：

(1) 甲股份公司董事会由7名董事组成，出席该次会议的董事有董事A、董事B、董事C、董事D，董事E、董事F、董事G因故未能出席会议，其中董事E授权其亲属张某代为出席并表决，董事F电话委托董事A代为出席并表决。

(2) 董事会讨论了公司内部机构改组方案，在对该项方案进行表决时，除董事D反对外，其他董事均表示同意。

(3) 该次董事会会议记录，由出席该董事会的全体董事和列席会议的监事签名后存档。

根据上述内容及《公司法》的有关规定，回答下列问题：

(1) 出席该次会议的董事人数是否符合规定？董事E、董事F委托他人出席该次董事会会议是否有效？请说明理由。

(2) 该次董事会会议就内部机构改组方案的决议能否通过？请说明理由。

(3) 关于该次董事会会议记录的签名方式有哪些不规范之处？请说明理由。

点评：

(1) 出席该次会议的董事人数符合规定。根据《公司法》的规定，董事会会议应当有过半数的董事出席方可举行。董事E、董事F委托他人出席该次董事会会议不符合规定。根据《公司法》的规定，董事因故不能出席董事会会议时，可以书面委托其他董事代其出席。本案例中董事E委托董事之外的人出席，董事F没有采用书面的形式委托其他董事，因此均不符合规定。

(2) 关于内部机构改组方案的决议不能获得通过。根据《公司法》的规定，董事会会议决议必须经全体董事过半数同意才能通过。本案例中，公司董事共7名，董事D反对该项决议后，实际只有3名董事同意，未超过全体董事的半数，因此该项决议不能获得通过。

(3) 董事会会议记录由出席会议的全体董事签名符合规定，列席董事会的监事签名不符合规定。根据《公司法》的规定，董事会会议形成的会议记录由出席会议的董事签名，无须列席会议的监事签名。

本章小结

- 第二章
  - 企业法概述
    - 市场主体的概念
    - 市场主体的形式
  - 个人独资企业法律制度
    - 个人独资企业的概念、特征及优劣势
    - 个人独资企业的设立
    - 个人独资企业的事务管理
    - 个人独资企业的解散与清算
  - 合伙企业法律制度
    - 合伙与合伙企业
    - 普通合伙企业
    - 有限合伙企业
    - 合伙企业的解散与清算
    - 法律责任
  - 公司法律制度
    - 公司理论概述
    - 公司的登记管理
    - 有限责任公司
    - 股份有限公司
    - 公司董事、监事、高级管理人员的资格和义务
    - 公司债券
    - 公司的财务会计制度和利润分配
    - 公司的减资、增资、合并、分立、解散和清算
    - 违反公司法的法律责任

知识巩固训练

一、名词解释

1. 个人独资企业
2. 合伙企业
3. 普通合伙企业
4. 特殊的普通合伙企业
5. 有限合伙企业
6. 无限连带责任
7. 有限责任公司
8. 股份有限公司
9. 上市公司
10. 公司债券
11. 公司股票

二、判断题

1. 现代企业主要包括个人独资企业、合伙企业、公司三种类型。( )

2. 投资人在申请设立个人独资企业登记时明确以其家庭共有财产作为个人出资的，不必以家庭共有财产对企业债务承担无限责任。（ ）

3. 个人独资企业解散，只能由投资人自行清算。（ ）

4. 个人独资企业投资人可以自行管理企业事务，也可以委托或者聘用其他具有民事行为能力的人负责企业的事务管理。（ ）

5. 受托人或者被聘用的人员未经投资人同意，可以从事与本企业相竞争的业务。（ ）

6. 个人独资企业解散后，原投资人对个人独资企业存续期间的债务仍应承担偿还责任，但债权人在两年内未向债务人提出偿债请求的，该责任消灭。（ ）

7. 有限合伙企业由普通合伙人和有限合伙人组成，普通合伙人对合伙企业债务承担无限连带责任，有限合伙人以其认缴的出资额为限对合伙企业债务承担责任。（ ）

8. 国有独资公司、国有企业、上市公司以及公益性的事业单位、社会团体可以成为普通合伙人。（ ）

9. 除合伙协议另有约定外，合伙人向合伙人以外的人转让其在合伙企业中的全部或者部分财产份额时，须经其他合伙人一致同意。（ ）

10. 合伙人之间转让在合伙企业中的全部或者部分财产份额时，可以不通知其他合伙人。（ ）

11. 合伙协议可以约定将全部利润分配给部分合伙人，或者由部分合伙人承担全部亏损。（ ）

12. 新的普通合伙人对入伙前合伙企业的债务承担无限连带责任。（ ）

13. 普通合伙人退伙后，对基于其退伙前的原因发生的合伙企业债务，不承担无限连带责任。（ ）

14. 特殊的普通合伙企业名称中应当标明“特殊普通合伙”字样。（ ）

15. 合伙企业注销后，原普通合伙人对合伙企业存续期间的债务可以不承担无限连带责任。（ ）

三、单项选择题

1. 根据《个人独资企业法》的规定，下列人员中，可以投资设立个人独资企业的有（ ）。

A. 公安局民警　　B. 商业银行信贷员

C. 国家公务员　　D. 国有企业工人

2. 个人独资企业是由（ ）投资的企业。

A. 一个自然人　　B. 一个外国人

C. 一个国家机关　　D. 一个国家授权投资的机构

3. 个人独资企业投资人对本企业的财产依法享有（ ），其有关权利可以依法转让或继承。

A. 使用权　　B. 占有权　　C. 所有权　　D. 租赁权

4. 根据我国有关法律、法规，个人独资企业的名称中不得使用（ ）字样。

A. 中心　　B. 店　　C. 有限　　D. 工作室

5. 根据《个人独资企业法》第 29 条的规定，个人独资企业解散的，财产应当按照（ ）的顺序清偿。①所欠职工工资和社会保险费用；②所欠税款；③其他债务。

A. ①②③　　B. ②①③　　C. ③①②　　D. ①③②

6. 合伙企业下列事务中哪一项不经全体合伙人一致同意也可有效？（　）

A. 改变合伙企业主要经营场所地点　　B. 处分合伙企业的动产

C. 改变合伙企业名称　　D. 以合伙企业财产为他人提供担保

7. 根据《合伙企业法》的规定，合伙人有（　）情形的，应当然退伙。

A. 合伙协议约定退伙的事由出现　　B. 未履行出资义务

C. 执行合伙事务时有不当行为　　D. 个人丧失偿债能力

8. 合伙企业的利润分配、亏损分担，按照合伙协议的约定办理；合伙协议未约定或者约定不明确的，由合伙人协商决定；协商不成的，由合伙人按照实缴出资比例分配、分担；无法确定出资比例的，根据（　）决定。

A. 合伙人出资比例　　B. 合伙人贡献大小

C. 合伙人平均　　D. 合伙企业事务执行人

9. 合伙企业对合伙人执行合伙企业事务以及对外代表合伙企业权利的限制，不得对抗（　）。

A. 第三人　　B. 债务人　　C. 债权人　　D. 善意第三人

10. 甲为合伙企业的合伙人，乙为甲个人债务的债权人。当甲个人财产不足以清偿乙的债务时，乙可以按照法律规定行使所拥有的权利，该权利是（　）。

A. 代位行使甲在合伙企业中的权利

B. 依法请求人民法院强制执行甲在合伙企业中的财产份额用于清偿

C. 自行接管甲在合伙企业中的财产份额

D. 以该债权抵销对合伙企业的债务

11. 甲欲加入乙、丙的合伙企业。以下各项中，哪项不是甲入伙时依法必须满足的要求？（　）

A. 乙、丙一致同意，并与甲签订书面的入伙协议

B. 乙、丙向甲告知该合伙企业的经营状况和财务状况

C. 甲向乙、丙说明自己的个人财产和负债情况

D. 甲应当停止其已经从事的与该合伙企业相竞争的营业

12. 根据《合伙企业法》的规定，下列关于普通合伙企业合伙事务执行的表述中，不正确的有（　）

A. 合伙人为法人的，由其委派的代表执行合伙企业的事务

B. 合伙人可以同他人合作经营与本合伙企业相竞争的业务

C. 合伙人不得自营与本合伙企业相竞争的业务

D. 经全体合伙人一致同意，合伙人可同本合伙企业进行交易

13. 李某为一有限合伙企业中的有限合伙人。根据《合伙企业法》的规定，李某的下列行为中，不符合法律规定的是（　）。

A. 对企业的经营管理提出建议　　B. 对外代表有限合伙企业

C. 参与决定普通合伙人入伙　　D. 依法为本企业提供担保

14. 甲、乙、丙欲组建一有限责任公司，其公司章程中不符合法律规定的内容为（　）。

A. 注册资本为100万元人民币

B. 甲货币出资50万元，乙实物出资30万元，丙货币出资10万元、专利权出资10万元

C. 乙可以不经甲的同意将一部分股权转让给丙

D. 经全体股东同意，股东才可以抽回投资

15. 有限责任公司规模较小，不设董事会的，由（ ）作为公司的法定代表人。

A. 股东会指定的负责人　　B. 董事长

C. 执行董事　　D. 总经理

16. 有限责任公司是股东以（ ）为限对公司承担责任，公司以（ ）对公司债务承担责任的公司。

A. 个人全部财产，其特定资产　　B. 其出资额，其全部资产

C. 其出资额，其经营财产　　D. 其个人全部财产，其全部资产

17. 下列各项中，不属于有限责任公司股东会职权的是（ ）。

A. 决定公司的经营方针和投资计划

B. 审议公司年度财务预算方案、决算方案

C. 对发行公司债券作出决议

D. 制定公司的基本管理制度

18. 不属于有限责任公司的组织机构是（ ）。

A. 股东会　　B. 董事会　　C. 职工代表大会　　D. 监事会

19. 在公司未成立前，发起人对设立费用及设立债务承担（ ）。

A. 有限责任　　B. 无限责任　　C. 平均分摊责任　　D. 连带责任

20. 创立大会应有代表股份总额（ ）以上的认股人出席，方可举行。

A. 1/2　　B. 1/3　　C. 3/4　　D. 4/5

21. 一年前成立的某一人有限责任公司的注册资本为人民币30万元，由于经营不善，亏损严重，现公司净资产只剩18万元，因此，公司决定减资。下列减资方案正确的是（ ）。

A. 将注册资本减为3万元　　B. 将注册资本减为6万元

C. 将注册资本减为8万元　　D. 将注册资本减为10万元

22. 某有限责任公司打算与另一公司合并，该合并方案必须经（ ）。

A. 代表1/2以上表决权的股东通过　　B. 代表2/3以上表决权的股东通过

C. 全体股东通过　　D. 出席股东会的全体股东通过

23. 根据《公司法》的规定，公司成立的时间是（ ）。

A. 工商行政管理机关作出予以核准登记的决定之日

B. 工商行政管理机关签发《企业法人营业执照》之日

C. 申请人收到《企业法人营业执照》之日

D. 公司成立公告发布之日

24. 某有限责任公司的股东甲拟向公司股东以外的A转让其股权。下列关于甲转让股权的表述中，符合公司法律制度规定的是（ ）。

A. 甲可以将其股权转让给A，无须经其他股东同意

B. 甲可以将其股权转让给 A，但须经其他股东过半数通过

C. 甲可以将其股权转让给 A，但须经其他股东的一致同意

D. 甲可以将其股权转让给 A，但须经其他股东的 2/3 以上同意

25. 下列有关一人有限责任公司的说法，错误的是（ ）。

A. 一人有限责任公司可以由一个自然人设立，也可以由一个法人设立

B. 一人有限责任公司的注册资本最低限额为 10 万元，可以分期缴付出资

C. 一人有限责任公司不设立股东会

D. 一个自然人只能投资设立一个一人有限责任公司

四、多项选择题

1. 个人独资企业中，归投资人所有的财产有（ ）。

A. 投资人设立企业时原始投入的财产　B. 投资人经营企业所得的收益

C. 投资人代人保管的财产　D. 投资人将企业财产出租获取的租金

2. 根据《个人独资企业法》，个人独资企业应当解散的情形为（ ）。

A. 投资人决定解散

B. 投资人死亡、宣告死亡、无继承人或者继承人决定放弃继承

C. 被依法吊销营业执照

D. 法律、行政法规规定的其他情形

3. 设立个人独资企业，应当具备的条件为（ ）。

A. 投资人为一个自然人　B. 有合法的企业名称

C. 有固定的生产经营场所　D. 有必要的从业人员

4. 个人独资企业名称中不能出现（ ）字样。

A. 有限　B. 有限责任　C. 公司　D. 中心

5. 根据《个人独资企业法》的规定，个人独资企业的投资人不能是（ ）

A. 待业人员　B. 国家公务员

C. 党政机关领导干部　D. 商业银行工作人员

6. 作为有限合伙人的自然人死亡、被依法宣告死亡或者作为有限合伙人的法人及其他组织终止时，其（ ）可以依法取得该有限合伙人在有限合伙企业中的资格。

A. 继承人　B. 债务人　C. 债权人　D. 权利承受人

7. 为了保护合伙企业和其他合伙人的合法权益，同时也保护债权人的合法权益，合伙人的债权人（ ）。

A. 不得对合伙企业主张抵销权

B. 不得代位行使合伙人的权利

C. 可以依法追索合伙人在合伙企业中的收益

D. 不得追索合伙人在合伙企业中的财产份额

8. 合伙人有下列哪些情形的，当然退伙？（ ）

A. 死亡或者被依法宣告死亡

B. 被依法宣告为无民事行为能力人

C. 个人丧失偿债能力

D. 被人民法院强制执行在合伙企业中的全部财产份额

9. 合伙企业有下列哪些情形的，应当解散？（ ）
   A. 合伙协议约定的经营期限届满，合伙人不愿继续经营
   B. 全体合伙人决定解散
   C. 合伙协议约定的解散事由出现
   D. 合伙企业已不具备法定人数满 30 天

10. 根据《合伙企业法》的规定，下列选项中，可以作为普通合伙人出资的有（ ）。
    A. 货币　　B. 劳务　　C. 实物　　D. 非专利技术

11. 根据《合伙企业法》的规定，不能成为普通合伙人的是（ ）。
    A. 国有独资公司　　B. 国有企业
    C. 上市公司　　D. 公益性的事业单位

12. 甲、乙、丙投资设立一个普通合伙企业，甲被推举为合伙事务执行人，乙、丙授权甲在 3 万元以内的开支及 30 万元以内的业务可以自行决定。甲在任职期间实施的下列行为中，属于法律禁止或无效行为的为（ ）。
    A. 自行决定向 A 公司支付广告费 5 万元
    B. 未经乙、丙同意与 B 公司签订 50 万元的合同
    C. 未经乙、丙同意，将自有房屋以 1 万元租给合伙企业
    D. 与其妻子共同经营与合伙企业相同的业务

13. 普通合伙人甲、乙、丙以合伙企业的名义向银行借款 24 万元用来扩大生产经营规模。甲、乙、丙对此作出约定：三个人各自承担 8 万元的还款义务。后来银行主张债权，则以下关于该还款义务承担的说法正确的是（ ）。
    A. 银行有权直接向乙要求偿还 24 万元
    B. 银行只能在甲、丙无力清偿的情况下才能要求乙偿还 24 万元
    C. 乙有权依照三人的约定向银行主张自己只承担 8 万元
    D. 如果银行根据三个合伙人的经济状况请求乙承担 15 万元、甲承担 5 万元、丙承担 4 万元，法院对此请求应当给予支持

14. 甲、乙二人成立了一有限合伙企业，甲为有限合伙人，乙为普通合伙人。企业成立 1 年后，甲、乙协商同意，甲转变为普通合伙人，乙转变为有限合伙人，下列说法正确的为（ ）。
    A. 甲对转变前的合伙企业债务承担有限责任
    B. 甲对转变前的合伙企业债务承担无限连带责任
    C. 乙对转变前的合伙企业债务承担有限责任
    D. 乙对转变前的合伙企业债务承担无限连带责任

15. 股东的出资方式可以是（ ）。
    A. 货币　　B. 实物　　C. 工业产权　　D. 土地所有权

16. 下列有关股份有限公司股份转让的行为中，不符合《公司法》规定的有（ ）。
    A. 公司成立半年内，某发起人将其持有的本公司股份卖给另一发起人
    B. 国家授权投资的机构将其持有的本公司股份全部转让给另一公司
    C. 公司某监事在离职后的半年内将其持有的本公司股票全部卖出
    D. 公司在股市上收购一批本公司股票作为奖励派发给有突出贡献的员工

17. 依法可以成为有限责任公司股东的有（　）。

A. 有权代表国家投资的政府部门　　B. 自然人

C. 具有法人资格的社会团体　　D. 企业法人

18. 某股份有限公司和董事会由 11 人组成，某次董事会有 6 人参加了会议，有关该次会议的下列情形中不符合《公司法》规定的有（　）。

A. 董事长因故不能出席会议，会议由董事长指定的副董事长主持

B. 会议通过了增加公司注册资本的决议

C. 会议通过了撤销现任总经理陈某的职务，由副董事长王某担任总经理的决议

D. 会议所有的决议均作成会议记录，由主持会议的副董事长王某和记录员签名后存档

19. 根据《公司法》的规定，下列人员中，不得担任有限责任公司和股份有限公司董事、监事、经理的有（　）。

A. 限制民事行为能力的陈某

B. 王某因犯贪污罪被判处刑罚，执行期满未逾 5 年

C. 李某作为企业法定代表人因指使造假账，致使企业被依法吊销营业执照已满 2 年

D. 刘某个人所负数额较大的债务到期未清偿

20. 甲、乙、丙三人出资 10 万元设立“光明科技开发有限责任公司”。其中甲出资 2 万元，乙出资 3 万元，丙出资 5 万元。公司成立后，召开了第一次股东会。有关这次股东会的下列情况中，哪些不符合《公司法》的规定？（　）

A. 会议由甲召集和主持

B. 会议决定公司不设董事会，由乙担任执行董事兼经理

C. 会议决定公司设监事一名，由丙担任，任期 6 年

D. 会议决定同意以公司的 3 万元资产为丙的债务提供担保

五、简答题

1. 我国个人独资企业有何特征？其优势与劣势分别是什么？
2. 管理个人独资企业事务的人员不得有哪些行为？
3. 简述普通合伙企业与有限合伙企业各自的特点。
4. 简述有限合伙人的权利与义务。
5. 简述公司股票与债券的区别。
6. 简述公司董事、监事、高级管理人员的资格条件。
7. 简述公司的组织制度。

综合实务训练

1. 自然人王某于 2009 年 11 月 10 日以家庭共有财产申报设立一家个人独资企业 A，从事餐饮经营。随着业务的扩大，A 企业又分别设立了 6 家分店，并招聘了 6 名店长负责分店经营。因分店是以总店名义开展经营活动的，故分店未再行办理任何登记手续，企业也未与店长就聘用事项签订书面合同。半年后，王某出国，A 企业交由其妻李某管理。由于李某管理经验不足，企业经营每况愈下。甲分店店长擅自与其亲戚合开了一家与 A 企业

从事相同特色餐饮经营的企业，并任经理，主要工作精力转移。丙分店拖欠承租房屋业主的租金，被起诉至法院。李某应诉时以丙分店店长是承包经营，其债务与A企业无关为由抗辩。2014年3月，李某未经清算便决定解散A企业，意欲逃避企业债务。

问题：

(1) 个人独资企业是否可以家庭共有财产申报出资？

(2) 个人独资企业设立分支机构是否应办理登记手续？

(3) 个人独资企业投资人委托或聘用他人管理其企业事务，是否不用与受托人签订书面合同？

(4) 甲分店店长的行为是否违反法律规定？

(5) 李某的抗辩理由能否成立？请说明理由。

(6) 李某解散A企业的行为是否合法？A企业解散后，李某能否逃避企业债务？

2.2013年1月15日，甲出资5万元设立A个人独资企业（下称“A企业”），主要从事铁皮的加工。甲聘请乙管理企业事务，同时规定，凡乙对外签订标的超过1万元以上的合同，须经甲同意。2月10日，乙未经甲同意，以A企业名义向善意第三人丙购入价值2万元的货物。3月15日，乙未经甲同意，自行订立了一份材料供应合同。另外，乙还设立了一家铁皮加工的个人独资企业。2013年7月4日，A企业亏损，不能支付到期的丁的债务，甲决定解散该企业，债权人请求人民法院指定清算人。7月10日，人民法院指定戊作为清算人对A企业进行清算。经查，A企业和甲的资产及债权、债务情况如下：

(1) A企业欠缴税款2 000元，欠乙工资5 000元，欠社会保险费用5 000元，欠丁10万元。

(2) A企业的银行存款1万元，实物折价8万元。

(3) 甲在B合伙企业出资6万元，占50%的出资额，B合伙企业每年可向合伙人分配利润。

(4) 甲个人其他可执行的财产价值2万元。

问题：

(1) 乙于2月10日以A企业名义向丙购买价值2万元货物的行为是否有效？理由是什么？

(2) 乙在3月15日订立的合同是否有效？

(3) 在本案例中，乙另外设立铁皮加工企业的行为是否合法？

(4) A企业的财产清偿顺序是怎样的？

(5) 如何满足丁的债权请求？

3.2013年1月，甲、乙、丙、丁四人决定投资设立普通合伙企业，并签订了书面合伙协议。合伙协议的部分内容如下：(1) 甲以货币出资10万元，乙以机器设备折价出资8万元，经其他三人同意，丙以劳务折价出资6万元，丁以货币出资4万元；(2) 甲、乙、丙、丁按2∶2∶1∶1的比例分配利润和承担风险；(3) 由甲执行合伙企业事务，对外代表合伙企业，其他三人均不再执行合伙企业事务，但甲对外签订合同应经其他合伙人同意。合伙协议中未约定合伙企业的经营期限。合伙企业在存续期间，发生下列事实：

(1) 为了改善企业经营管理，合伙人甲于2013年4月独自决定聘任合伙人以外的A担任该合伙企业的经营管理人员。

(2) 甲以合伙企业名义为B公司提供担保。

(3) 2013年5月，甲擅自以合伙企业的名义与善意第三人C公司签订了代销合同，合伙人乙获知后，认为该合同不符合合伙企业利益，经与丙、丁商议后，即向C公司表示对该合同不予承认，因为合伙人甲无单独与第三人签订代销合同的权利。

(4) 2014年1月，合伙人丁提出退伙，其退伙并不给合伙企业造成任何不利影响。2014年2月，合伙人丁撤资退伙。于是，合伙企业又接纳戊新入伙，戊出资4万元，并约定戊利润分配和风险承担的比例和甲、乙相同。2014年3月，合伙企业的债权人C公司就合伙人丁退伙前发生的债务24万元要求合伙企业的现合伙人甲、乙、丙、戊及退伙人丁、经营管理人员A共同承担连带清偿责任。甲表示只按照合伙协议约定的比例清偿相应数额。丁以自己已经退伙为由，拒绝承担清偿责任。戊以自己新入伙为由，拒绝对其入伙前的债务承担清偿责任。A则表示自己只是合伙企业的经营管理人员，不对合伙企业债务承担责任。

(5) 2014年1月，合伙人乙在与D公司的买卖合同中，无法清偿D公司的到期债务8万元。D公司于2014年2月向人民法院提起诉讼，人民法院判决D公司胜诉。D公司向人民法院申请强制执行合伙人乙在合伙企业中的全部财产份额。

问题：

(1) 甲聘任A担任合伙企业的经营管理人员及为B公司提供担保的行为是否合法？请说明理由。

(2) 甲以合伙企业名义与C公司所签的代销合同是否有效？请说明理由。

(3) 甲拒绝承担连带责任的主张是否成立？请说明理由。

(4) 丁的主张是否成立？请说明理由。

(5) 戊的主张是否成立？请说明理由。

(6) 经营管理人员A拒绝承担连带责任的主张是否成立？请说明理由。

(7) 合伙人乙被人民法院强制执行其在合伙企业中的全部财产份额后，合伙企业决定对乙进行除名，合伙企业的做法是否符合法律规定？请说明理由。

(8) 合伙人丁的退伙属于何种情况？其退伙应符合哪些条件？

4.2014年3月，甲、乙、丙、丁按照《合伙企业法》的规定，共同投资设立一从事商品流通的有限合伙企业。合伙协议约定了以下事项：

(1) 甲以现金5万元出资；乙以房屋作价8万元出资；丙以劳务作价4万元出资，另外以商标权作价5万元出资；丁以现金10万元出资。

(2) 丁为普通合伙人，甲、乙、丙均为有限合伙人。

(3) 各合伙人按相同比例分配盈利、分担亏损。

(4) 合伙企业的事务由丙和丁执行，甲和乙不执行合伙企业事务，也不对外代表合伙企业。

(5) 普通合伙人向合伙人以外的人转让财产份额的，不需要经过其他合伙人同意。

(6) 合伙企业名称为“稳信物流合伙企业”。

问题：

(1) 合伙人丙以劳务作价出资的做法是否符合法律规定？为什么？

(2) 合伙企业事务执行方式是否符合法律规定？为什么？

(3) 关于合伙人转让出资的约定是否符合法律规定？为什么？

(4) 合伙企业名称是否符合法律规定？为什么？

(5) 各合伙人按照相同比例分配盈利、分担亏损的约定是否符合法律规定？为什么？

5. 甲、乙、丙、丁、戊拟共同组建一有限责任性质的饮料公司，注册资本200万元。其中甲、乙各以货币120万元出资；丙以实物出资，经评估机构评估为20万元；丁以其专利技术出资，作价50万元；戊以劳务出资，经全体出资人同意作价10万元。公司拟不设董事会，由甲任执行董事；不设监事会，由丙担任公司的监事。

饮料公司成立后经营一直不景气，已欠A银行贷款100万元未还。经股东会决议，决定把饮料公司唯一盈利的保健品车间分出去，另成立有独立法人资格的保健品厂。后饮料公司增资扩股，乙将其股份转让给大北公司。1年后，保健品厂也出现严重亏损，资不抵债，其中欠B公司贷款达400万元。

问题：

(1) 饮料公司组建过程中，各股东的出资是否存在不符合《公司法》的规定之处？为什么？

(2) 饮料公司的组织机构设置是否符合《公司法》的规定？为什么？

(3) 饮料公司设立保健品厂的行为在《公司法》上属于什么性质的行为？设立后，饮料公司原有的债权、债务应如何承担？

(4) 乙转让股份时应遵循股份转让的何种规则？

(5) 银行如起诉追讨饮料公司所欠的100万元贷款，应以谁为被告？为什么？

6. 某股份有限公司由甲、乙、丙、丁、戊五个发起人于2007年发起设立，后经核准向社会公开募集股份并于2011年在上海证券交易所上市。其股本总额为20 000万元。2014年5月发生如下事项：

(1) 5月8日召开的公司董事会通过如下决议：

1) 根据公司产品市场营销业务发展的需要，决定增设市场开发部。

2) 根据总经理A的提名，解聘财务负责人C的职务，聘任监事D兼任财务负责人。

3) 决定发行公司债券，责成总经理A准备相关文件资料报送有关部门核准。

(2) 5月20日召开的股东大会通过如下决议：

1) 2012年税后利润为5 000万元，公司已累计提取法定盈余公积金8 000万元（以前年度均为盈利），公司决定不再提取法定盈余公积金和任意公积金。

2) 以累积投票制的方式选举股东代表甲、丁和职工代表E为新一届的监事会成员。

问题：

(1) 公司董事会通过增设市场开发部的决议是否符合法律规定？请说明理由。

(2) 董事会聘任监事D为财务负责人是否符合法律规定？请说明理由。

(3) 董事会决议发行公司债券是否符合法律规定？请说明理由。

(4) 股东大会决定不再提取法定盈余公积金是否符合法律规定？请说明理由。

(5) 选举产生新一届监事会是否符合法律规定？请说明理由。

第三章

合同法律制度及实务

学习目标

1. 掌握合同订立及效力理论、合同履行抗辩权理论、债权保全理论、合同违约责任。
2. 熟悉合同担保、变更、转让、终止的基本内容和适用范围。

实训目标

1. 能草拟并签订合法、有效的合同。
2. 能正确运用合同履行中的抗辩权理论、债权保全理论。
3. 能正确处理实践中合同的履行、变更、担保、解除及违约等问题。

案例导学

2005年，某市一房地产公司在距离市区25千米的地段开发建设一处房产，名为“海城花园”。房地产公司通过广告宣传“海城花园”的售房事宜，考虑到距离市区较远，该公司声明会为购房者早晚提供免费的巴士。该年年底，王某前去购房，但在购房过程中没有把提供免费巴士的事宜写入购房合同中去。签订合同后，王某搬入“海城花园”居住。后来，房地产公司没有提供巴士服务。王某等众住户遂向法院起诉，要求房地产公司提供此项服务。

根据《中华人民共和国合同法》(以下简称《合同法》)，回答下列问题：

(1) 房地产公司是否违反了《合同法》?

(2) 王某等众住户能获得免费巴士服务吗?

分析：

《合同法》第15条规定，要约邀请是希望他人向自己发出要约的意思表示。寄送的价目表、拍卖公告、招标公告、招股说明书、商业广告等为要约邀请。商业广告的内容符合要约规定的，视为要约。房地产公司在商业广告中声明会为购房者早晚提供免费的巴士，这是要约。因此，房地产公司不提供免费巴士的行为属于违约行为，王某等住户有权向房地产公司要求其提供服务并赔偿损失。

第一节　合同法律制度概述

一、合同的概念与特征

根据《合同法》第 2 条的规定，合同是平等主体的自然人、法人、其他组织之间设立、变更、终止民事权利义务关系的协议。但婚姻、收养、监护等有关身份关系的协议，不适用合同法。

合同的法律特征如下：

（1）合同的主体具有平等的法律地位。

（2）合同是一种合意。合同的本质是一种合意或者协议，是意思表示一致的行为。

（3）合同是两个或者两个以上当事人的法律行为。

（4）合同是以设立、变更、终止财产性的民事权利义务关系为目的的民事法律行为。

二、合同的分类

依据不同的标准，合同可划分为不同的类型。

（一）有名合同与无名合同

有名合同是指法律、法规规定了具体名称和调整规范的合同；无名合同是指法律、法规尚未规定其名称和相应的调整规范的合同。《合同法》规定了 15 种有名合同：买卖合同，供用电、水、气、热力合同，赠与合同，借款合同，租赁合同，融资租赁合同，承揽合同，建设工程合同，运输合同，技术合同，保管合同，仓储合同，委托合同，行纪合同，居间合同。

（二）诺成合同与实践合同

诺成合同与实践合同是以合同成立除当事人的意思表示一致以外，是否还以标的物的交付为必要的标准进行的分类。诺成合同是指双方当事人意思表示一致即宣告成立的合同，如买卖合同、委托合同等；实践合同是指除双方当事人意思表示一致外，还须交付标的物才能成立的合同，如借用合同、借贷合同、保管合同等。

（三）要式合同与不要式合同

要式合同是指法律、法规要求或当事人约定必须具备特定形式和手续才能成立的合同，如城市房地产买卖合同或抵押合同，需到县级以上地方人民政府规定的部门办理过户登记或抵押物登记后，合同才宣告成立；不要式合同是指法律不要求必须具备一定的形式和手续的合同，如普通货物买卖合同等。

（四）双务合同与单务合同

双务合同是指当事人双方都享有权利并承担义务的合同，如买卖合同、承揽合同等；单务合同是指当事人一方只享有权利不承担义务，而另一方只承担义务不享有权利的合同，如赠与合同等。

（五）有偿合同与无偿合同

这是以当事人权利的获得是否支付代价为标准进行的分类。有偿合同是指必须偿付代价才能享有权利的合同，如买卖合同、借款合同等；无偿合同是指不必偿付代价而享有权利的合同，如赠与合同。

（六）主合同与从合同

主合同和从合同是相对而言的，主合同是指不需要依赖其他合同而能独立存在的合同，如承揽合同；从合同是指从属于其他合同的合同。从合同的特点在于它不能独立存在，必须以主合同的存在为前提，如担保合同。

三、合同法概述

（一）合同法的概念

合同法是调整平等主体之间合同权利义务关系的法律，主要是调整交易关系的法律。合同法是民法的重要组成部分，是市场经济的基本交易规则。合同法调整有财产流转内容的民事关系，重点是反映经济流转的交易关系。合同法是关系公民、法人和其他组织的切身利益，促进社会主义市场经济发展的重要法律。

1999 年 3 月 15 日，中华人民共和国第九届全国人民代表大会第二次会议通过了《中华人民共和国合同法》。以该法为基本法，其他有关法律、合同法规、有关合同的司法解释，中国缔结、参加或者承认的国际条约和国际惯例等与之形成配套，确定了中国的合同法律制度。

（二）合同法的功能

合同法作为调整合同关系的基本法律，具有独特的功能。概括而言，其功能如下。

1. 为市场交易行为提供统一的法律规则

在市场交易中，市场主体面临的全部问题可以归结为三个层次：（1）哪些交易行为可以进行，哪些交易行为不能进行；（2）如何进行可以从事的交易行为；（3）如何排除正常交易行为中的障碍，以及如何尽量消除不正常的交易行为。合同法为市场主体面临的这些问题提供了统一的法律规则。

2. 充分保护市场主体的合法权益

在市场经济条件下，市场主体广泛地签订各种各样的合同，并希望合同能够正常地履行，实现其所期待的利益。只要他们的合同没有违反国家法律和社会公共利益，法律就应当满足他们的期待。另外，合同法通过违约补救制度将合同当事人应当得到的利益给予当事人；合同法又通过缔约过失责任等规定，保护合同当事人既有的合法利益。

3. 有力地制裁和矫正市场主体的不法行为

在市场交易中，合同法对市场主体的行为制定了基本的行为规范：（1）设立了判断标准；（2）提供了基本的行为模式；（3）规定了违约责任，并提出和设置了具体、明确的解决方案。对于不法行为，合同法不仅旗帜鲜明地否定其效力，不让不法行为人从中获得任何利益，并且规定了相应的法律责任，依法予以制裁，从而对不法行为人起到特殊预防与一般预防的效果，充分体现了法律的惩恶扬善精神。

4. 促进社会主义市场经济健康发展

在市场经济运行过程中，市场主体所固有的趋利避害的趋向，会导致市场运作出现障碍，市场秩序出现振荡，这在市场交易中尤为明显。为此，国家必须对市场进行必要的宏观调控与微观调控，并且这些调控应主要通过法律的方式进行。合同法是国家对市场进行微观调控的主要手段之一，通过合同法的调整，使得市场交易活动井然有序，市场交易中出现的纠纷能很快地获得解决，有效地促进了社会主义市场经济的健康发展。

（三）合同法的原则

（1）平等原则。合同当事人的法律地位平等，一方不得将自己的意志强加给另一方。

（2）自愿原则。当事人依法享有自愿订立合同的权利，任何单位和个人不得非法干预。

（3）公平原则。当事人应当遵循公平原则确定各方的权利和义务。

（4）诚实信用原则。当事人行使权利、履行义务应当遵循诚实信用的原则，当事人在订立、履行合同，以及合同终止后的全过程，都要诚实、讲信用、互相协作。具体包括：第一，在订立合同时不得有欺诈的行为；第二，在履行合同义务时应当根据合同的性质、目的及合同交易习惯履行，及时履行通知、协助、保密等义务；第三，合同终止后，当事人也应根据交易习惯履行通知、协助、保密等义务，即所谓的后契约义务。

（5）公序良俗原则。当事人在订立、履行合同时，应当遵守法律、行政法规，尊重社会公德，不得扰乱社会经济秩序，不得损害社会公共利益。

第二节　合同的成立

一、合同的订立

（一）要约

1. 要约的概念

根据《合同法》的规定，要约是希望和他人订立合同的意思表示。要约又称“发盘”、“发价”、“报价”、“出盘”等。发出要约的人称为“要约人”，接受要约的人称为“受要约人”。

2. 要约成立的条件

要约成立的条件有以下几项：

（1）必须是特定的人的意思表示。要约人必须是订立合同一方当事人或者其代理人，发出要约的人是确定的。

（2）必须是向要约人希望与之缔结合同的受要约人发出的。

（3）必须以缔结合同为目的，并表明经承诺即受此意思表示的约束。

（4）要约的内容必须是具体和确定的。所谓确定，一方面，是指要约的内容必须是明确的，不能含糊其辞、不清楚，否则受要约人就不能理解要约人的真实意思；另一方面，是指要约在内容上必须是具体和确定的，否则就不是真正的意思表示，而是要约邀请了。要约具有法律约束力，要约邀请没有法律约束力。

根据《合同法》第15条的规定，下列行为属于要约邀请而不是要约：寄送的价目表、拍卖公告、招标公告、招股说明书、商业广告。商业广告原则上为要约邀请，但如果其内容是具体和确定的，则是要约。

3. 要约的生效

要约到达受要约人时生效。如果采用数据电文形式订立合同，收件人指定特定系统接收数据电文的，该数据电文进入该特定系统的时间，视为到达时期；未指定特定系统的，该数据电文进入收件人的任何系统的首次时间，视为到达时间。

4. 要约的撤回与要约的撤销

要约是可以撤回的。要约的撤回应当在要约到达受要约人之前或者与要约同时到达受要约人。

要约也是可以撤销的。要约的撤销应当在受要约人发出承诺通知之前到达受要约人。但出现下列情形的，要约不能撤销：第一，要约人确定了承诺期限或者以明示的方式表示要约不可撤销。第二，受要约人有理由认为要约是不可撤销的，并已经为合同的履行做了充分的准备工作。

小贴士

电子商务中的要约

在电子商务中，要约一般是不能撤回的。要约一旦发出，该要约就几乎立即进入收件人的计算机系统，发出和收到的时间仅相差几秒。要约人的撤回通知根本不可能比要约先于或者同时到达受要约人。

5. 要约的失效

要约的失效是指要约丧失法律约束力，要约人和受要约人均不再受其约束。有下列情形的，要约失效：一是拒绝要约的通知到达要约人；二是要约人依法撤销要约；三是承诺期限届满，受要约人未作出承诺；四是受要约人对要约的内容作出实质性的变更。

（二）承诺

1. 承诺的概念

承诺，是指受要约人按照要约指定的方式，对要约内容表示同意的意思表示。《合同法》第 21 条规定，承诺是受要约人同意要约的意思表示。同意要约的受要约人，即是承诺人。承诺意味着完全同意要约人提出的条件，否则该意思表示不能视为承诺，应视为反要约。

2. 承诺的构成要件

有效的承诺必须同时具备四个要件：

（1）承诺必须是受要约人作出的。

（2）承诺必须向要约人作出。

（3）承诺的内容必须与要约保持一致。

这是承诺最核心的要件。受要约人对要约的内容作出实质性变更的，视为新要约。有关合同的标的、数量、质量、价款或者报酬、履行期限、履行地点和方式、违约责任和解决争议的方法等的变更，都是对要约内容作出实质性变更。

承诺对要约的内容作出非实质性变更的，除要约人及时表示反对或者要约表明承诺不得对要约的内容作出任何变更的以外，该承诺有效，合同的内容以承诺的内容为准。

(4) 承诺必须在要约的有效期内作出。

受要约人在承诺期内作出承诺并依通常情况可适时到达要约人，但因第三人原因（如邮递员、快递公司工作人员）致承诺逾期到达要约人处的，该承诺有效。但要约人如果及时通知受要约人因逾期而不接受的，该承诺无效，视为新的要约。受要约人超期作出承诺的，为新要约，但要约人及时通知受要约人该承诺有效的，则该承诺有效，双方的合同成立。

3. 承诺的方式

承诺的方式是指受要约人将其承诺的意思表示送达要约人所采取的具体方式。受要约人可以采用声明（包括书面、口头方式）和行动方式来作出承诺。但沉默和不作为都不能视为承诺。承诺的方式一般与要约作出的方式一致。

想一想

孙某和朋友去某餐厅就餐，点了四菜一汤共计100元。在就餐过程中，服务员端上一盘红烧狮子头，菜单上标价20元，孙某实际上并未点这道菜，但仍招呼朋友一块吃了这道菜。结账时，餐厅发现上错了菜，要求孙某支付该菜的价款。孙某认为他没有点这道菜，但是餐厅上错了菜，因此餐厅的行为构成赠与；而餐厅认为，上错菜时孙某等并未拒绝且吃了，购买红烧狮子头这道菜的合同已经成立。双方遂起争执。

分析提示：本案涉及承诺的方式。

4. 承诺的生效

承诺自承诺通知到达要约人时生效。承诺不需要通知的，根据交易习惯或者要约的要求作出承诺的行为时生效。承诺一生效，合同即成立。

5. 承诺的撤回

根据《合同法》第27条的规定，承诺可以撤回。撤回承诺的通知应当在承诺通知到达要约人之前或者与承诺通知同时到达要约人。

值得注意的是，承诺只可能撤回，而不能撤销。由于承诺一经到达就生效，即意味着合同成立，对于已经成立的合同，一方当事人无权撤销，而只能按照合同变更、解除的规定处理。

二、合同成立的时间和地点

（一）合同成立的时间

承诺到达生效的时间，即合同成立的时间。合同成立的时间可以分为三种情况：

(1) 采用要约和承诺方式订立合同的，承诺到达生效时，合同成立。

(2) 以合同书形式订立合同的，自双方当事人签字或者盖章时合同成立。双方签字或盖章不在同一时间的，以最后一方完成签字或盖章时间为准。

(3) 当事人采用信件、数据电文等形式订立合同，在合同成立之前要求签订确认书的，于签订确认书时合同成立。法律、行政法规规定或当事人约定采用书面形式订立合同，当事人未采用书面形式但一方已经履行主要义务，对方接受的，该合同成立。

（二）合同成立的地点

一般情况下，承诺生效的地点为合同成立地。

以合同书订立合同的，双方签字、盖章的地点为合同成立的地点。双方异时异地签字、盖章的，以最后一方签字、盖章地为合同成立地。

以数据电文的形式订立合同的，收件人的主营业地为合同成立的地点；没有主营业地的，其经常居住地为合同成立的地点。

三、合同的内容和形式

（一）合同的内容

1. 合同一般应具备的条款

合同的内容即合同的条款，是合同当事人对双方权利、义务的约定。《合同法》第12条规定：合同的内容由当事人约定，一般包括以下条款：（1）当事人的名称或者姓名和住所；（2）标的；（3）数量；（4）质量；（5）价款或者报酬；（6）履行期限、地点和方式；（7）违约责任；（8）解决争议的方法。

该规定不是强制性规范，并非每类（个）合同都必须具备这八大条款，欠缺某些条款，并不当然导致合同不成立或不生效。但“当事人”和“标的”是一切合同的必备条款。

2. 格式条款

（1）格式条款的概念。

格式条款又称标准条款、标准合同、格式合同，是由于某些合同频繁、重复性地在交易的过程中使用，为简化合同订立的程序而形成的。格式合同在订立时一般不允许对方协商、变更条款。使用格式条款的好处是省时、方便、降低交易成本，其弊端是提供商品或者服务的一方往往利用其优势地位，制定对自己有利但对对方不利的交易条款，造成不公平的现象。

（2）格式条款订立的规则。

《合同法》第39条第1款规定，采用格式条款订立合同的，提供格式条款的一方应当遵循公平原则确定当事人之间的权利和义务，并采取合理的方式提请对方注意免除或者限制其责任的条款，按照对方的要求，对该条款予以说明。该条规定了提供方的一般义务，并规定了提供方免责格式条款的“提请注意义务”和“说明义务”。

（3）格式条款的无效。

《合同法》第40条规定某些格式条款无效。第一，提供格式条款一方免除其责任、加重对方责任、排除对方主要权利的；第二，格式条款具有《合同法》第52条规定的合同无效情形的；第三，格式条款具有《合同法》第53条规定的无效免责条款的。

想一想

超市的免责条款

某超市基于常有顾客在买回商品后再返回要求商店承担质量责任的情况，在超市周围到处贴有“商品出门概不负责”的标语。张某到该超市购买手机一部，当场检验信号没有问题，但回家使用1个月后，发现手机电池待机时间太短，经检验电池存在重大缺陷。张某要求商场依合同承担商品不合格的责任，超市则以有“商品出门概不负责”的约定为由予以拒绝。

分析提示：本案的焦点在于超市的告示是否可以视为格式合同条款，以及格式合同条款的效力问题。

(4) 关于格式条款的解释。

《合同法》第41条规定，对格式条款的理解发生争议的，应当按照通常理解予以解释。对格式条款有两种以上解释的，应当作出不利于提供格式条款一方的解释。格式条款和非格式条款不一致的，应当采用非格式条款。

(二) 合同的形式

合同的形式，又称合同的方式，是当事人合意的表现形式，是合同内容的外部载体。

1. 口头形式

口头形式是指当事人用语言为意思表示而订立的合同。口头形式简便易行，对日常生活中的即时清结的合同最为适合，如菜市场买菜、水果店买水果等，但发生纠纷不易取证。

2. 书面形式

书面形式包括一般书面形式和特殊书面形式。一般书面形式有合同书、信件、数据电文（电报、电传、传真、电子数据交换、电子邮件）。特殊书面形式是指核准登记和公证，如专利申请权、专利权的转让合同自向国家专利局登记之日起生效。

法律规定（要式合同）或当事人约定某一合同要采用一般书面形式订立，但事后当事人又未按规定或约定的形式订立合同，原则上合同不成立。但一方已经履行了主要义务且对方接受的，合同成立。

3. 默示形式

默示包括作为的默示和不作为的默示。前者为推定形式，后者为沉默形式。

推定是指行为人不直接用口头或书面形式进行意思表示，而是通过实施某种行为来进行意思表示。

沉默是指行为人既不用语言，也不用行为表示，而是以消极的不作为方式进行意思表示。沉默仅在两种情形下有意思表示的效力：(1) 法律有明文规定的；(2) 当事人事先有约定的。

4. 其他形式

即除上述形式外的其他订立合同的形式，如视听资料。

四、缔约过失责任

(一) 缔约过失责任的概念

缔约过失责任是指合同当事人在订立合同过程中，因违背诚实信用原则，致使合同未能成立，并给对方造成损失，而应承担的损害赔偿责任。

出现下列情形，给对方造成损失的，应当承担损害赔偿责任：

(1) 假借订立合同，恶意进行磋商。

(2) 故意隐瞒与订立合同有关的重要事实或者提供虚假情况。

(3) 泄露或不当使用对方商业秘密的。

(4) 其他违背诚实信用原则的行为。

(二) 构成缔约过失责任的条件

构成缔约过失责任必须满足四个条件：

(1) 当事人存在先合同义务并有一方违反该义务。

(2) 违反方有过错。

(3) 有损害的结果发生。

(4) 当事人的过错行为与损害的结果之间存在因果关系。

小贴士

违约责任与缔约过失责任的区别

违约责任与缔约过失责任相比，其不同之处在于，违约责任是以合同的有效成立为基础的。在合同成立前，因过失而致相对人受损害时，不能依合同违约责任请求损害赔偿，而需依缔约过失责任请求赔偿。所以，违约责任救济的是合同的履行利益，而缔约过失责任救济的是法律肯定的信赖利益。

第三节 合同的效力

一、合同效力概述

合同的成立和合同的效力是两个不同的概念。合同的成立是合同订立过程的完成，是当事人意思表示一致的结果，它只解决了合同是否存在的问题。合同的效力是法律对合同作出的评价。合同成立后，可能因符合生效要件而生效，可能因违反法律规定而无效，可能因意思表示不完全而可变更、可撤销或因存在法定事由而效力待定。因此，合同成立后合同的效力可分为四大类，即有效合同（生效合同）、无效合同、可变更和可撤销合同、效力待定合同。

二、有效合同

(一) 合同生效的含义及构成要件

合同生效是指合同依法成立后，在当事人之间发生了具有法律约束力的效力。合同生效一般应具备以下要件：

(1) 行为人具有相应的行为能力。

(2) 意思表示真实。

(3) 不违反法律、行政法规的强制性规定，不损害国家或社会公共利益。

(二) 合同生效的时间

《合同法》第 44 条规定，依法成立的合同，自成立时生效。法律、行政法规规定应当办理批准、登记等手续生效的，依照其规定。例如，我国的中外合资经营合同、中外合作经营合同必须经过有关部门的审批后才生效。

当事人对合同的生效、失效可以约定附条件。附条件的合同是指合同的双方当事人在合同中约定某种事实状态，并以其将来发生或者不发生作为合同生效或者失效的限制条件的合同。附生效条件的合同，自条件成就时生效。附失效条件的合同，自条件成就时失效。当事人为自己的利益不正当地阻止条件成就的，视为条件已成就；不正当地促成条件成就的，视为条件不成就。

当事人对合同的生效、失效也可以约定附期限。附期限的合同是指附有将来确定到来的期限作为合同的条款，并在该期限到来时合同生效或者失效的合同。附生效期限的合同，自期限届至时生效。附失效期限的合同，自期限届至时失效。它与附条件的合同的区别在于，条件是不确定的事实，但期限是确定的事实。

在合同附有生效条件、期限这两种情况下，合同依法成立后还不能生效。当约定的生效条件成就或约定的生效期限届至时，合同才生效。

三、无效合同

(一) 无效合同的概念

无效合同是指已经成立的合同因违反法律、行政法规的强制性规定，或者其内容损害了社会公共利益而被认定为不具有法律约束力的合同。

(二) 无效合同的类型

有下列情形之一的，合同无效：

(1) 一方以欺诈、胁迫的手段订立的合同。

(2) 损害国家利益的合同。

(3) 恶意串通，损害国家、集体或者第三人利益的合同。

(4) 以合法形式掩盖非法目的的合同。

(5) 损害社会公共利益的合同。

(6) 违反法律、行政法规的强制性规定的合同。

此外，对于造成对方人身伤害或者因故意或重大过失造成对方财产损失免责的合同条款，以及提供格式条款一方免除责任、加重对方责任、排除对方主要权利的条款一概无效。

四、可变更和可撤销合同

(一) 可变更和可撤销合同的概念

可变更和可撤销合同是指因存在法定事由，合同一方当事人可请求人民法院或者仲裁机构撤销或者变更的合同。

（二）可变更和可撤销合同的法定事由

出现下列情形之一，当事人一方有权请求人民法院或者仲裁机构撤销或者变更合同：

（1）因重大误解订立的。所谓重大误解，是指当事人对合同的性质、对方当事人、标的物的种类、质量、数量等涉及合同后果的重要事项存在错误认识，违背其真实意思表示订立合同，并因此可能受到较大损失的行为。

（2）在订立合同时显失公平的。显失公平是指一方当事人利用优势或者对方没有经验，在订立合同时致使双方的权利与义务明显违反公平、等价有偿原则的行为。

一方以欺诈、胁迫的手段或者乘人之危，使对方在违背真实意思的情况下订立的合同，受损害方有权请求人民法院或者仲裁机构变更或者撤销。需要注意的是：因一方欺诈、胁迫而订立的合同，如损害国家利益，则不再属于可撤销或可变更的合同，而是无效合同。

（三）合同撤销权的消灭

可撤销合同最终是否被撤销，取决于享有撤销权的人在撤销期限内是否行使撤销权。撤销权是一种权利，权利人可以选择行使，也可以选择放弃。

有下列情形之一的，撤销权消灭：

（1）具有撤销权的当事人自知道或者应当知道撤销事由之日起一年内没有行使撤销权。

（2）具有撤销权的当事人知道撤销事由后明确表示或者以自己的行为放弃撤销权。

小贴士

无效合同和可变更、可撤销合同的区别

（1）二者产生的原因不同。可变更、可撤销合同产生的原因主要有重大误解、显失公平及乘人之危、欺诈胁迫且不危害国家利益；而无效合同产生的原因主要有以合法形式掩盖非法目的、损害社会公共利益、违反法律强制性规定等。

（2）认定程序的启动不同。可变更、可撤销合同中，由撤销权人决定是否变更、撤销合同，其他机关、团体、个人都无权干预；而无效合同中，人民法院和仲裁机关有主动干预权。

（3）可变更、可撤销合同并非当然无效，其在未被撤销前是有效的；而无效合同是当然无效，自始无效且不能变更。

（4）对于可变更、可撤销合同，撤销权人行使撤销权必须符合法律规定的期限，超过行使期限，合同有效，不得行使撤销权；而无效合同，不存在期限的限制。

五、效力待定合同

（一）效力待定合同的概念

效力待定合同是指合同虽已成立，但其能否生效处于不确定状态，尚待有追认权的第三人同意或者拒绝来确定的合同。效力待定的合同经过有追认权人的追认，才能化欠缺有效要件为符合有效要件，发生当事人预期的法律效力；有追认权人在一定期间内不予追认，效力待定的合同归于无效。

(二) 效力待定合同的类型

(1) 限制民事行为能力人依法不能独立订立的合同。限制民事行为能力人订立的合同，经法定代理人的追认后，该合同有效，但纯获利益的合同或者与限制民事行为能力人的年龄、智力、精神健康状况相适应而订立的合同不必经法定代理人追认。

(2) 无权代理人以他人的名义订立的合同。行为人没有代理权、超越代理权或者代理权终止后以被代理人名义订立的合同，未经被代理人追认，对被代理人不发生效力，由行为人承担责任。

相对人可以催告被代理人在一个月内予以追认。被代理人未作出表示的，视为拒绝追认。合同被追认之前，善意相对人有撤销的权利。撤销应当以通知的方式作出。

行为人没有代理权、超越代理权或者代理权终止后以被代理人名义订立合同，但相对人有理由相信行为人有代理权的，该代理行为有效，称之为表见代理。表见代理实质上是无权代理，是广义无权代理的一种。若无权代理行为均由被代理人追认决定其效力的话，会给善意第三人造成损害，因此，在表见的情形之下，规定由被代理人承担表见代理行为的法律后果，更有利于保护善意第三人的利益，维护交易安全，并以此加强代理制度的可信度。

想一想

没有收回的空白合同

小王是A公司的业务员，长期负责与B公司的业务。公司为了业务员处理业务的方便，允许他们携带盖有公司合同专用章的空白合同。2014年4月，A公司解除了与小王的劳动合同关系，但并未通知小王负责业务的相关公司，也未收回小王持有的空白合同。小王遂利用空白合同，代表A公司与B公司签订了供销合同，约定A公司向B公司供应某商品，并收取了部分货款。合同履约期满，B公司经催问得知小王已经与A公司解约，遂要求A公司继续履行合同。A公司是否要继续履行合同？

分析提示：根据表见代理分析代理行为的有效性。

(3) 无处分权人订立的处分他人财产的合同。无处分权人处分他人财产，经权利人追认或者无处分权人订立合同后取得处分权的，该合同有效。

小贴士

无效合同与效力待定合同的区别

效力待定合同虽欠缺法律关于合同的生效要件，但经过权利人的追认可以生效，在追认之前，合同的效力处于待定状态。而无效合同因其具有违法性，所以是自始无效的，无须经过任何人的追认。

六、合同被确认无效、被撤销后的法律后果

合同被确认无效、被撤销后，就没有法律约束力，当事人无法通过该合同产生其所期待的法律后果。但是值得注意的是，合同被确认无效、被撤销后仍会产生债的关系，如返还财产、赔偿损失等，这些债的关系不因合同无效、被撤销而消灭。

（一）返还财产

合同已经履行的，应恢复至合同订立前的状态。因该合同取得的财产，应当予以返还；不能返还或者没有必要返还的，应当折价补偿。当事人恶意串通，损害国家、集体或者第三人利益的，因此取得的财产收归国家所有或者返还集体、第三人。

（二）赔偿损失

合同无效或被撤销后，有过错的一方应当赔偿对方因此受到的损失；双方都有过错的，应当各自承担相应的责任。

合同无效、被撤销后，不影响合同中独立存在的有关解决争议方法的条款的效力。

第四节　合同的履行

一、合同履行概述

（一）合同履行的概念

合同的履行，是指债务人全面地、适当地完成其合同义务，债权人的合同债权得以完全实现，如：交付约定的标的物、完成约定的工作并交付工作成果以及提供劳务等。合同的履行是整个合同法的核心。合同的履行是当事人缔约合同的最终目的，对合同的抗辩、保全、变更、转让、担保、违约责任和效力等问题的规定，都是为了保障合同得以顺利履行。

当事人应当按照约定全面履行自己的义务。当事人应当遵循诚实信用原则，根据合同的性质、目的和交易习惯履行通知、协助、保密等义务。合同生效后，当事人就质量、价款或者报酬、履行地点等内容没有约定或者约定不明确的，可以协议补充；不能达成补充协议的，按照合同有关条款或者交易习惯确定。

（二）合同履行的原则

合同履行的原则是指当事人双方在完成合同规定的义务的整个过程中所必须遵循的一般准则。首先，合同履行原则具有抽象性，反映的是法律对合同履行的基本要求及价值评判，它的精神、宗旨是由合同履行的具体条文来实现的。其次，合同履行原则具有指导性，是指导当事人正常完成合同义务的基本法律准则。最后，合同履行原则是对当事人完成合同义务普遍适用的准则。合同履行原则不是仅适用于某一类合同履行的准则，而应是对各类合同履行普遍适用的准则，是各类合同履行都具有的共性要求和反映。

合同履行的原则如下：

（1）适当履行原则。适当履行原则，又称正确履行或者全面履行原则。《合同法》第 60 条第 1 款规定，当事人应当按照约定全面履行自己的义务。这是适当履行原则在法律上的表

述。适当履行原则，要求当事人按合同约定的标的及质量、数量，合同约定的履行期限、履行地点、适当的履行方式，来履行合同。依法成立的合同，在订立合同的当事人间具有相当于法律的效力，因此，合同当事人受合同的约束，履行合同约定的义务应是自明之理。

(2) 协作履行原则。协作履行原则是诚实信用原则在合同履行方面的具体体现。协作履行原则，是指当事人不仅适当履行自己的合同债务，而且基于诚实信用原则要求对方当事人协助其履行债务的履行原则。

(3) 情势变更原则。情势变更原则，是指合同依法成立后，因不可归责于双方当事人的原因发生了不可预见的情势变更，致使合同的基础丧失或动摇，若继续维护合同原有效力显失公平，应允许变更或者解除合同的原则。合同成立之后，如果客观环境发生改变或不复存在了，原来约定的权利、义务与新的客观环境不适用时，若继续坚持履行合同，则不公平合理。此时，只有将合同改变或者解除，才符合适应性原理，符合诚实信用的原则，真正实现法律的实质公平。

二、合同履行的规则

对于依法生效的合同而言，在其履行期限届满以后，合同双方应当根据合同的具体内容和合同履行的基本原则去履行。

(一) 履行主体

合同履行主体不仅包括债务人，也包括债权人。债务人和债权人是最主要的合同履行主体。因为合同全面适当履行的实现，不仅主要依赖于债务人履行债务的行为，同时还要依赖于债权人受领履行的行为。但在某些情况下，合同也可以由第三人代替履行，只要不违反法律的规定或者当事人的约定，不违反合同的性质，第三人也是正确的履行主体。不过，由第三人代替履行，该第三人并不取得合同当事人的地位，第三人仅仅只是居于履行辅助人的地位。

(二) 履行标的

合同的标的是合同债务人必须实施的特定行为，是合同的核心内容，是合同当事人订立合同的目的所在。合同标的不同，合同的类型也就不同。如果当事人不按照合同的标的履行合同，合同利益就无法实现。因此，按照合同标的履行合同，在标的质量和数量上必须严格按照合同的约定进行履行。

如果合同对标的质量没有约定或者约定不明确，当事人可以补充协议；协议不成的，按照合同的条款和交易习惯来确定。如果仍然无法确定的，按照国家标准、行业标准履行；没有国家标准、行业标准的，按照通常标准或者符合合同目的的特定标准履行。在标的数量上，全面履行原则的基本要求便是全部履行，而不应当部分履行。但是在不损害债权人利益的前提下，也允许部分履行。《合同法》第 72 条规定，债权人可以拒绝债务人部分履行债务，但部分履行不损害债权人利益的除外。债务人部分履行债务给债权人增加的费用，由债务人负担。这在一定程度上体现了经济合理原则和诚信原则。

(三) 代物清偿

代物清偿，是指债权人受领他种给付以代原定给付而使合同关系消灭的现象。代物清偿的要件如下：

(1) 必须有原债务存在。

(2) 必须以他种给付代替原定给付，两种给付在价值上可以有差额，但须经双方当事人约定。

(3) 必须有双方当事人关于代物清偿的合意。

(4) 必须是债权人等有受领权的人现实地受领给付。所谓现实地受领给付，是指在其他给付为移转不动产所有权时，仅仅有表示移转的意思还不够，必须办理移转登记手续，完成交付，才算成立代物清偿。

(四) 履行地点

履行地点是债务人履行债务、债权人受领给付的地点，履行地点直接关系到履行的费用和时间。如果合同中明确约定了履行地点，债务人就应当在该地点向债权人履行债务，债权人应当在履行地点接受债务人的履行行为。如果合同约定不明确，依据《合同法》的规定，双方当事人可以协议补充。如果不能达成补充协议的，则按照合同有关条款或者交易习惯确定。如果履行地点仍然无法确定的，则根据标的不同情况确定不同的履行地点。如果合同约定给付货币的，在接受货币一方所在地履行；如果交付不动产的，在不动产所在地履行；其他标的，在履行义务一方所在地履行。

(五) 履行期限

合同履行期限是指债务人履行债务和债权人接受履行的时间。作为合同的主要条款，合同的履行期限一般应当在合同中予以约定，当事人应当在履行期限内履行债务。如果当事人不在履行期限内履行，则可能构成迟延履行而应当承担违约责任。履行期限不明确的，根据《合同法》第 61 条的规定，双方当事人可以另行协议补充，如果协议补充不成的，应当根据合同的有关条款或者交易习惯来确定。如果还无法确定的，债务人可以随时履行，债权人也可以随时要求履行，但应当给对方必要的准备时间。

当出现迟延履行和提前履行这两种情形时，有不同的规定。在履行期限届满后迟延履行，当事人应当承担迟延履行责任，此为违约责任的一种形态；在履行期限届满之前提前履行，不一定构成不适当履行。我国《合同法》第 71 条规定，债权人可以拒绝债务人提前履行债务，但提前履行不损害债权人利益的除外。债务人提前履行债务给债权人增加的费用，由债务人负担。这一条体现了合同履行经济合理原则和诚信原则。

(六) 履行费用

履行费用是指债务人履行合同所支出的费用。如果合同中约定了履行费用，则当事人应当按照合同的约定负担费用。如果合同中没有约定履行费用或者约定不明确，则按照合同的有关条款或者交易习惯确定，如果仍然无法确定的，则由履行义务一方负担。因债权人变更住所或者其他行为而导致履行费用增加时，增加的费用由债权人承担。

(七) 合同约定不明的情况

(1) 价款或者报酬不明确的，依照《合同法》第 61 条规定仍不能确定的，按照订立合同时履行地的市场价格履行；依法应当执行政府定价或者政府指导价的，按照规定履行。

(2) 履行方式不明确的，依照《合同法》第 61 条规定仍不能确定的，按照有利于实现合同目的的方式履行。

三、双务合同履行中的抗辩权

（一）后履行抗辩权

后履行抗辩权，是指在双务合同中先履行的一方未履行债务或者不适当履行债务时，后履行的一方有拒绝履行的权利。

后履行抗辩权的适用条件是：（1）双方互负债务；（2）债务的履行有先后顺序；（3）应当先履行一方的债务已届清偿期；（4）应当先履行的一方不履行债务或者未适当履行债务；（5）应当先履行的债务有履行的可能。

（二）同时履行抗辩权

同时履行抗辩权，是指双务合同的当事人没有先后履行顺序，应当同时履行。一方在对方未履行债务或未适当地履行债务时，相应地有拒绝履行自己债务的权利。

同时履行抗辩权的适用条件是：（1）双方互负债务；（2）双方债务没有先后履行顺序，应当同时履行；（3）双方互负的债务均已届清偿期；（4）对方未履行债务或者未适当地履行债务；（5）对方未履行或者未适当地履行的债务有履行的可能。

（三）不安抗辩权

根据《合同法》第68条、第69条的规定，不安抗辩权又称先履行抗辩权，是指双务合同中先履行债务的一方有证据证明后履行债务的一方不能履行债务，或者有不能履行债务的可能性时，在后履行债务的一方未能恢复履行能力或提供担保前，有中止履行债务的权利。

在双务合同中，当事人履行债务有先后顺序时，如果后履行合同的一方有不能履行债务或者有不能履行债务的可能性时，先履行债务的一方如果先履行，那么其合同权利将难以实现，此时，强迫履行债务有失公平，先履行的一方基于一种不安，可以行使不安抗辩权，中止合同的履行。但行使不安抗辩权的一方应当有充分的证据证明对方不能履行合同或者有不能履行合同的可能性，并且中止合同履行时要及时通知对方，否则要承担违约责任。若对方提供了担保或恢复了履行能力，合同应当继续履行。若对方既未提供担保，也未能恢复自己的履行能力，行使不安抗辩权的一方有权解除合同。

对方不能履行债务，或者有可能不履行债务的情形有：（1）经营状况严重恶化；（2）转移财产、抽逃资金，以逃避债务；（3）丧失商业信誉；（4）有丧失或者可能丧失履行债务能力的其他情形。

不安抗辩权的适用条件是：（1）双方互负债务；（2）债务的履行有先后顺序；（3）应当先履行一方的债务已届清偿期；（4）应当后履行的一方不能履行债务或有不能履行债务的可能；（5）后履行债务的一方未能提供担保或未能恢复自己的履行能力。

想一想

抗辩权的行使

李某与蔡某订立房屋租赁合同，合同中约定，李某将其100平方米的房屋出租给蔡某经营杂货铺，年租金3万元，每年一月底前交清一年期的租金，租期3年，合同签订之日起生效，在承租人蔡某支付第一年租金后10日内出租人李某将房屋交付给蔡某使用。20日后，蔡某要求李某交付房屋，而李某主张蔡某未支付租金不予交付。蔡某遂诉至法院，要求李某承担违约责任。法院是否会支持蔡某的主张？

分析提示：本案例的焦点在于后履行抗辩权的行使。

四、合同的保全

所谓合同的保全，是指法律为防止因债务人的财产不当减少或不增加而给债权人的债权带来损害，允许债权人行使撤销权或代位权，以保护其债权。

合同的保全不同于合同的担保。合同的担保通常必须是在债务人不履行债务的情况下，担保权人才能行使其担保权。但是合同保全的适用并不以债务人不履行债务为前提。

合同保全与民事诉讼中的财产保全是不同的。所谓财产保全，是指人民法院在案件受理前或诉讼过程中，为了保证判决的执行或避免财产遭受损失，而对当事人的财产和争议的标的物采取查封、扣押、冻结等措施，它是程序法所规定的措施，一般需要由当事人提出申请。而合同的保全，是实体法中的制度，它是通过债权人行使代位权、撤销权而实现的。

（一）债权人的代位权

1. 债权人代位权的概念

所谓代位权，是指当债务人怠于行使对第三人的债权，危害到债权人债权的实现时，债权人可以自己的名义代替债务人向第三人行使权利的一种保全权。

2. 债权人代位权的成立条件

（1）债权人与债务人之间的债权、债务关系合法。代位权的存在，必然要求债权人的债权应是合法的权利，非法的权利不受法律保护，更谈不上代位权的存在。

（2）债务人须有有效权利存在。

（3）债务人怠于行使其权利。所谓怠于行使权利，是指债务人在应当行使且能够行使其对第三人的权利的情况下不去行使权利，即债务人客观上处于消极的权利不行使的状态。

（4）权利的怠于行使损害了债权人的债权实现。

（5）债务人已陷于履行迟延。

债权人行使代位权的范围以债权人的债权为限。债权人行使代位权的必要费用，由债务人承担。

想一想

三角债

田某向吴某借款10万元，双方约定2010年6月还款。宋某因购买田某的房屋欠田某20万元，应于2010年5月还款。在借款到期，吴某向田某索要借款时，田某无钱还款，也不向宋某催要欠款。吴某得知后，向法院提起诉讼，请求法院判处宋某代还10万元。宋某称他与吴某之间并无合同关系。本案吴某可否对宋某提起诉讼要求偿还呢？

分析提示：本案的焦点在于债权人的代位权问题。

（二）债权人的撤销权

所谓撤销权，是指债权人对于债务人实施危害债权的处分行为，有请求人民法院予以撤销从而使债权人债权得以实现的权利。撤销权的目的与代位权相同，均在于防止债务人财产不当减少，保障债权实现，维护社会商品交易安全。《合同法》规定，因债务人放弃其到期债权或者无偿转让财产或明显低于合理价钱转让财产以逃避债务，对债权人造成损害的，债权人可以申请人民法院撤销债务人的行为。

撤销权由债权人以自己的名义通过诉讼的形式行使。撤销权的行使发生两个方面的效力：一是被撤销的债务人行为归于消灭，视为自始无效；二是已受领债务人财产的，应负有返还的义务。撤销权的行使范围以债权人的债权为限。债权人行使撤销权的必要费用，由债务人负担。撤销权是自债权人知道或者应当知道撤销事由之日起 1 年内行使。自债务人的行为发生之日起 5 年内没有行使撤销权的，该撤销权消灭。

第五节　合同的担保

一、合同担保概述

合同担保是依照法律规定或者当事人约定而设立的确保合同义务履行和权利实现的法律措施。《中华人民共和国担保法》（以下简称《担保法》）规定合同担保的方式有五种：保证、抵押、质押、留置和定金。

担保的法律特征有以下几项：

（1）从属性。从属性又称依附性，是指合同担保从属于担保的债务所依存的主合同。它以主合同的存在为前提，因主合同的变更而变更，因主合同的消灭而消灭，因主合同的无效而无效。

（2）补充性。补充性是指担保一旦有效成立，就在主债关系的基础上补充某种权利、义务关系。担保对债权人权利的实现仅具有补充作用，一般只有在所担保的债务得不到履行时，才行使担保权利。

（3）选择性。选择性是指就主债是否设立担保、采用何种担保方式，应当由当事人双方根据合同性质和双方实际情况自主选择决定，只有留置例外。

二、保证

（一）保证和保证人

保证是指第三人为债务人的债务作担保，由保证人和债权人约定，当债务人不履行债务时，保证人按照约定履行债务或者承担责任的行为。

根据《担保法》的规定，具有代为清偿债务能力的法人、其他组织或者自然人，可以作保证人。国家机关、学校、幼儿园、医院等以公益为目的的事业单位、社会团体，不得作保证人。企业法人的分支机构、职能部门因其主体资格、清偿能力等方面的原因，也不宜充当保证人。

（二）保证内容和保证方式

保证的内容，应当由保证人与债权人在以书面形式订立的保证合同书中加以确定，具体包括被保证的主债权种类、数额，债务人履行债务的期限，保证的方式，保证担保的范围，保证的期间，以及双方认为需要约定的其他事项。保证合同不完全具备以上规定内容的，可以补正。根据我国《担保法》的规定，保证的基本方式有两种，即一般保证和连带保证。

一般保证是指当事人在保证合同中约定，债务人不能履行债务时，由保证人承担保证责任。一般保证的保证人在主合同纠纷未经审判或者仲裁，并就债务人财产依法强制执行仍不能履行债务前，对债权人可以拒绝承担保证责任。在一般保证中，保证人承担保证责任的前提有两个：一是主债已经审判或者仲裁，换句话说，债权人不能直接要求保证人承担保证责任，而须先通过诉讼途径向主债务人追偿；二是先对主债务人的财产强制执行后仍不足清偿债务的，对于不足部分才能要求保证人承担。

连带保证是指保证人与主债务人对主合同债务承担连带责任的保证。在连带保证中，只要主合同债务人没有按约定履行债务，债权人就可以向债务人或者保证人中任何一个人要求履行债务或者承担债的不履行责任。可见，在连带保证中，保证人的责任要大得多。

（三）保证责任

保证责任是指在担保事项出现时，保证人应当承担的法律责任。保证担保的范围包括主债权及利息、违约金、损害赔偿和实现债权的费用。保证合同另有约定的，按照约定。当事人对保证担保的范围没有约定或者约定不明确的，保证人应当对全部债务承担责任。同一债务有两个以上保证人的，保证人应当按照保证合同约定的保证份额，承担保证责任。没有约定保证份额的，保证人承担连带责任，债权人可以要求任何一个保证人承担全部保证责任，保证人都负有担保全部债权实现的义务。已经承担保证责任的保证人，有权向债务人追偿，或者要求承担连带责任的其他保证人清偿其应当承担的份额。同一债权既有保证又有物的担保的，保证人对物的担保以外的债权承担保证责任。债权人放弃物的担保的，保证人在债权人放弃权利的范围内免除保证责任。

三、抵押

（一）抵押的概念

抵押是指债务人或第三人不转移对抵押财产的占有，将该财产作为债权的担保，当债务人不履行合同时，债权人有权依法将该财产折价或以拍卖、变卖该财产的价款优先受偿的行为。

抵押是一种行为，抵押行为所形成的法律关系是抵押法律关系。因为抵押法律关系是以抵押权为内容的，所以抵押法律关系也就是抵押权法律关系。当债务人不履行合同时，债权人有权依照法律规定，以该财产折价或者以拍卖、变卖该财产的价款优先受偿。该债务人或者第三人为抵押人，债权人为抵押权人，提供担保的财产为抵押物。

（二）抵押财产

抵押人只能以法律规定可以抵押的财产提供担保。根据《担保法》的规定，下列财产可以抵押：（1）建筑物和其他土地附着物，主要是指房屋，具体包括住宅、电影院、体育馆、博物馆等。其他土地附着物是指附着于土地之上的除房屋之外的不动产，如：桥梁、堤坝、道路、隧道等，以及林木、农作物等。(2) 建设用地使用权。我国的土地是专属于国家或者集体的，其流通受到国家法律的严格限制。因此，在我国，土地所有权是不能用作抵押的，只有土地使用权可以用作抵押，并且采取一并抵押的原则，即“房随地走，地随房走”。(3) 以招标、拍卖、公开协商等方式取得的荒地土地承包经营权。(4) 生产设备、原材料、半成品、产品。(5) 正在建造的建筑物、船舶、航空器。(6) 交通运输工具等。

根据《担保法》的规定，下列财产不得抵押：(1) 土地所有权。(2) 耕地、宅基地、自留地、自留山等集体所有的土地使用权（但法律另有规定的除外）。(3) 学校、幼儿园、医院等以公益为目的的事业单位、社会团体的教育设施、医疗卫生设施和其他社会公益设施。(4) 所有权、使用权不明或者有争议的财产。(5) 依法被查封、扣押、监管的财产。(6) 依法不得抵押的其他财产。

(三) 抵押合同和抵押物登记

抵押人和抵押权人应当以书面形式订立抵押合同。抵押合同包括以下内容：被担保的主债权种类、数额，债务人履行债务的期限，抵押物的名称、数量、质量、状况、所在地、所有权权属或者使用权权属，抵押担保的范围，以及当事人认为需要约定的其他事项。抵押合同不完全具备以上规定内容的，可以补正。由于抵押物主要是不动产，为维护交易安全，保障相关当事人的合法权益，对抵押物一般实行登记。根据《中华人民共和国物权法》（以下简称《物权法》）的规定，分为强制登记和自愿登记两种形式。所谓强制登记，是指抵押权必须经登记才发生效力，未经登记不发生任何效力。自愿登记是指是否登记由当事人自主确定，未经登记也可发生法律效力，但不得对抗善意的第三人。在理论上，强制登记采用的是登记生效主义，自愿登记采用的是登记对抗主义。

(四) 抵押的范围和效力

抵押担保的范围包括主债权及利息、违约金、损害赔偿金和实现抵押权的费用。抵押合同另有约定的，按照约定。

抵押期间，抵押人转让已办理登记的抵押物的，应当通知抵押权人并告知受让人转让物已经抵押的情况；抵押人未通知抵押权人或者未告知受让人的，转让行为无效。转让抵押物的价款明显低于其价值的，抵押权人可以要求抵押人提供相应的担保；抵押人不提供的，不得转让抵押物。

抵押权不得与债权分离而单独转让或者作为其他债权的担保。抵押权与其担保的债权同时存在，债权消灭的，抵押权也消灭。

(五) 抵押权的实现

1. 抵押权实现的条件

一般认为，抵押权实现的条件有两个：一是抵押权的有效存在。抵押权的实现是以抵押权的有效存在为前提的。二是债务人不履行到期债务或者发生当事人约定的实现抵押权的情形。债务人不履行到期债务是指债务人拒绝履行、迟延履行和不适当履行。当出现债务人不履行到期债务或者发生当事人约定的实现抵押权的情形时，抵押权人就有权通过一定的方式实现其抵押权。

2. 抵押权实现的方式

根据《物权法》的规定，抵押权实现的方式有两种：(1) 协议受偿。债务人不履行到期债务或者发生当事人约定的实现抵押权的情形，抵押权人可以与抵押人协议以抵押财产折价或者拍卖、变卖该抵押财产所得的价款优先受偿。(2) 请求人民法院拍卖、变卖抵押财产受偿。抵押权人与抵押人未就抵押权实现方式达成协议的，抵押权人可以请求人民法院拍卖、变卖抵押财产受偿。

四、质押

(一) 质押的概念

质押是指债务人或者第三人将动产或者权利交于债权人占有，作为债务履行担保的行为。简言之，就是设定质权担保的行为。质押包括动产质押和权利质押。动产质押是指债务人或者第三人将其动产移交于债权人占有，将该动产作为债权的担保。当债务人不履行债务时，债权人有权依照法律规定，以该动产折价或者以拍卖、变卖该动产的价款优先受偿。该债务人或者第三人为出质人，债权人为质权人，移交的动产为质物。权利质押是指以汇票、支票、本票、债券、存款单、仓单、提单，依法可以转让的股份、股票，依法可以转让的商标专用权、专利权、著作权中的财产权，依法可以质押的其他权利等作为质权标的担保。

(二) 质押合同的内容

出质人和质权人应当以书面形式订立质押合同。质押合同包括以下内容：被担保的主债权种类、数额，债务人履行债务的期限，质物的名称、数量、质量、状况，质押担保的范围，质物移交的时间，以及当事人认为需要约定的其他事项。质押合同不完全具备以上规定内容的可以补正。质押合同自质物移交于质权人占有时生效。以汇票、支票、债券、存款单、仓单、提单出质的，质押合同自权利凭证交付之日起生效。以依法可以转让的股票、商标专用权、专利权、著作权中的财产权出质的，应当向有关部门办理出质登记，质押合同自登记之日起生效。以有限责任公司的股份出质的，适用公司股份转让的有关规定，质押合同自股份出质记载于股东名册之日起生效。

五、留置

留置是指根据《担保法》和其他法律的规定，债权人按照合同约定占有债务人的动产，债务人不按照合同约定的期限履行债务的，债权人有权依照法律规定留置该财产，经过一定的宽限期债权仍得不到实现的，债权人可依法以该财产折价或者以拍卖、变卖该财产的价款优先受偿。

《担保法》规定，债权人与债务人应当在合同中约定，债权人留置财产后，债务人应当在不少于 2 个月的期限内履行债务。债权人与债务人在合同中未约定的，债权人留置债务人财产后，应当确定 2 个月以上的期限，通知债务人在该期限内履行债务。债务人逾期仍不履行的，债权人可以与债务人协议以留置物折价，也可以依法拍卖、变卖留置物。留置物折价或者拍卖、变卖后，其价款超过债权数额的部分归债务人所有，不足部分由债务人清偿。

六、定金

定金是指合同当事人约定一方在合同订立时或者在合同履行前预先付给对方一定数量的金钱，以保障合同债权实现的一种担保方式。定金是一种债权的担保方式，有从属性和实践性的特点。

依照《民法通则》和《合同法》的有关规定，当事人一方在法律规定的范围内可以向对方给付定金。债务人履行债务后，定金应当抵作价款或者收回。给付定金的一方不履行债务的，无权要求返还定金；接受定金的一方不履行债务的，应当双倍返还定金。

当事人在定金合同中应当约定交付定金的期限。定金合同是实践性合同，从实际交付定金之日起生效。定金的数额由当事人约定，但不得超过主合同标的额的20%。

第六节　合同的变更、转让和权利义务终止

一、合同的变更

（一）合同变更的概念

合同变更是指合同成立以后，尚未履行或未完全履行之前，合同当事人保持不变而合同内容发生变化的变更。

合同的变更有广义、狭义之分。广义的合同变更，即合同的变化，包括合同内容的变更与合同主体的变更。狭义的合同变更，即合同内容的变更，是指在不改变合同主体的前提下仅仅改变合同的内容。我国《合同法》规定的合同的变更是狭义的合同内容的变更；至于合同主体的变更，在我国的《合同法》中主要是合同的转让。

（二）合同变更的要件

（1）原已存在有效的合同关系。

（2）合同内容发生变化。内容的变化包括：标的物数量的增减、标的物品质的改变、价款或者酬金的增减、履行期限的变更、履行地点的改变、履行方式的改变、结算方式的改变、所附条件的增加或除去、单纯债权变为选择债权、担保的设定或取消、违约金的变更、利息的变化等。

（3）经当事人协商一致，或依法律规定。合同变更通常是当事人合意的结果。

（4）法律、行政法规规定变更合同应当办理批准、登记等手续的，应遵其规定。

（三）合同变更的效力

合同变更的实质在于使变更后的合同代替原合同。因此，合同变更后，当事人应按变更后的合同内容履行。

合同变更原则上向将来发生效力，未变更的权利义务继续有效，已经履行的债务不因合同的变更而失去法律依据。

合同的变更不影响当事人请求损害赔偿的权利。合同的变更使另一方当事人遭受损失或者在合同变更前因一方的过失致使另一方受到损失，受损失的一方可以向对方要求损害

赔偿。

二、合同的转让

（一）合同转让的概念

合同的转让，即合同主体的变更，是指在不改变合同内容的前提下，当事人将合同的权利和义务全部或者部分转让给第三人。合同的转让分为债权的让与、债务的承担和合同的概括移转。

（二）合同债权的让与

1. 债权让与的概念及条件

债权让与，是指债权人将合同的权利全部或者部分转让给第三人的法律制度。其中债权人是转让人，第三人是受让人。

债权让与须符合以下条件方能有效：（1）需要有效存在的债权。（2）让与人与受让人之间就债权让与达成合意。（3）被让与的债权具有可让与性。

下列情形的债权不得转让：（1）根据合同性质不得转让，主要指基于当事人特定身份而订立的合同，如出版合同、赠与合同、委托合同、雇佣合同等。（2）按照当事人约定不得转让。（3）依照法律规定不得转让。

债权人转让权利的，无须债务人同意，但应当通知债务人。未经通知，该转让对债务人不发生效力。债权人转让权利的通知不得撤销，但经受让人同意的除外。

2. 债权让与的效力

（1）对债权人（让与人）的效力。对债权人而言，如果是全部转让的情形，原债权人脱离债权债务关系，受让人取代债权人的地位。如果是部分转让的情形，原债权人就转让部分丧失债权。

（2）对受让人的效力。对受让人而言，债权人转让权利的，受让人还取得与债权有关的从权利，如抵押权，但该从权利专属于债权人自身的除外。受让人成为合同主体之债权人，得请求债务人向自己履行债务。

（3）对债务人的效力。对债务人而言，债务人应向受让人履行，但债权人权利的转让，不得损害债务人的利益，不应影响债务人的权利。债务人接到债权转让通知后，债务人对让与人的抗辩可以向受让人主张，如提出债权无效、诉讼时效已过等事由的抗辩。债务人接到债权转让通知时，债务人对让与人享有债权的，并且其债权先于转让的债权到期或者同时到期的，债务人可以向受让人主张抵销。

（三）合同债务的承担

1. 债务承担的概念及分类

债务承担是指债务人将合同义务全部或部分转移给第三人的法律制度。债务承担分为免责的债务承担和并存的债务承担。

免责的债务承担是指在债务全部转移的情况下，债务人脱离原来的合同关系而由第三人取代原债务人，原债务人不再承担原合同中的责任。由于新债务人的资信情况和偿还能力须得到债权人的认可，以免债权人的利益受到不利影响，因而免责的债务承担应当经债权人同意。

并存的债务承担是指在债务部分转移的情况下，原债务人并没有脱离债的关系，而第三人加入债的关系，与债务人共同向债权人承担责任。并存的债务承担也需经债权人同意。

2. 债务承担的效力

（1）第三人成为新债务人。在免责的债务承担中，原债务人完全脱离债的关系。在并存的债务承担中，新债务人与原债务人一起对债权人承担连带责任。

（2）抗辩权的转移。新债务人可以主张原债务人对债权人的抗辩。

（3）从债务一并转移。原则上新债务人应当承担与主债务有关的从债务，但债务转移未征得担保人同意的，主债务转移对从债务不发生法律效力。

（四）合同权利义务的概括移转

1. 概念

合同权利义务的概括移转，是指合同一方当事人将自己在合同中的权利义务一并转让给第三人的法律制度。当事人一方经他方当事人同意，可以将自己在合同中的权利义务一并转让给第三人。

2. 分类

概括移转有约定的概括移转和法定的概括移转两种情形。

约定的概括移转除与第三人达成合意外，还应征得对方当事人的同意。

法定的概括移转往往是指由法律直接规定，不需当事人事先约定即可发生的合同转移。合同当事人发生合并或分立时，发生的法定的概括移转是最典型的。《合同法》第90条规定，当事人订立合同后合并的，由合并后的法人或者其他组织行使合同权利，履行合同义务。当事人订立合同后分立的，除债权人和债务人另有约定的以外，由分立的法人或者其他组织对合同的权利和义务享有连带债权，承担连带债务。

三、合同的权利义务终止

（一）合同权利义务终止的概念及情形

合同的权利义务终止，也叫合同的终止，是指合同当事人之间的合同关系在客观上已经不复存在，合同债权和合同债务归于消灭，当事人不再受合同关系的约束。合同终止也消灭了合同的附随关系，如担保关系等。但是基于合同履行的原则而产生的当事人的法定义务通知、协助、保密，尤其是保密义务，并不因合同终止而消灭。

有下列情形之一的，合同的权利义务终止：（1）债务已经按照约定履行；（2）合同解除；（3）债务相互抵销；（4）债务人依法将标的物提存；（5）债权人免除债务；（6）债权债务同归于一人；（7）法律规定或者当事人约定终止的其他情形。

（二）合同解除

合同解除，是指合同有效成立后、履行完毕之前，当事人双方依照法律规定或者合同约定的条件和程序，终止合同效力，结束合同确定的权利义务关系的一种民事法律行为。合同的解除有两种形式：（1）协议解除。协议解除是指当事人通过协商一致解除合同关系。（2）法定解除。法定解除合同的条件可分为两类：一是因客观原因而解除合同，如不可抗力；二是因违约行为而解除合同，如预期违约、迟延履行或有其他违约行为。

合同解除的效力，对当事人来讲，主要体现在两个方面：一是合同解除后，尚未履行的，终止履行；已经履行的，根据履行的情况和合同的性质，当事人可以要求恢复原状、采取其他补救措施，并有权要求赔偿损失。二是合同的权利义务终止，不影响合同中的结算和清理条款的效力。

（三）债务抵销

抵销是指合同的双方当事人相互为债权人和债务人的情况下，各自以其债权冲抵其债务，使双方的债务在等额范围内消灭的法律制度。抵销分为法定抵销和协议抵销。

（1）法定抵销。法定抵销是指法律规定的构成条件具备时，按照当事人一方的意思表示即可发生的抵销。当事人互负到期债务，该债务的标的物种类、品质相同的，任何一方可以将自己的债务与对方的债务抵销，但依照法律规定或者按照合同性质不得抵销的除外。当事人主张抵销的，应当通知对方。通知自到达对方时生效。抵销不得附条件或者期限。

（2）协议抵销。当事人互负债务，标的物种类、品质不相同的，经双方协商一致，也可以抵销。

（四）提存

提存是指由于债权人的原因而致使债务人无法向债权人清偿债务时，债务人将合同的标的物交付给特定的提存机关，而使合同权利义务终止的制度。适于提存的情形有以下几种：

（1）债权人无正当理由拒绝受领。即债权人不配合。例如，仓储合同期满，仓单持有人不提取仓储物，管理人应催告其在合理期限内提取；逾期不提取的，管理人可以提存。

（2）债权人下落不明。即找不到履行对象，其财产也无人代管。

（3）债权人死亡未确定继承人或者丧失行为能力未确定监护人。即债权人的遗产未确定新的所有人，或丧失行为能力的人的财产没有合法的管理人，债务人无法交付。

（4）法律规定的其他情形。标的物不适于提存或者提存费用过高的，债务人依法可以拍卖或者变卖标的物，提存所得的价款。

（五）债务的免除

债务免除是指债权人放弃部分或全部债权，免除债务人部分或者全部债务的一种单方法律行为。债务免除后，债务人不再负担被免除的债务，债权人的债权也不再存在。合同的权利义务部分或者全部终止。

（六）混同

混同是指债权和债务同归于一人，致使合同关系归于消灭的事实。但这种情况涉及第三人利益的，不得终止。

第七节　违约责任

一、违约责任的概念和特征

违约责任是指违反合同的民事责任，即合同当事人一方不履行合同义务或履行合同义务不符合合同约定所应承担的民事责任。

违约责任具有以下特征：

(1) 违约责任是一种民事责任。法律责任有民事责任、行政责任、刑事责任等类型，民事责任是指民事主体在民事活动中，因实施民事违法行为或基于法律的特别规定，依据民法所应承担的民事法律后果。违约责任作为一种民事责任，在目的、构成要件、责任形式等方面均有别于其他法律责任。

(2) 违约责任是违约的当事人一方对另一方承担的责任。合同关系的相对性决定了违约责任的相对性，即违约责任是合同当事人之间的民事责任，合同当事人以外的第三人对当事人之间的合同不承担违约责任。具体而言：1) 违约责任是合同当事人的责任，不是合同当事人的辅助人（如代理人）的责任；2) 合同当事人对于因第三人的原因导致的违约承担责任，应当向对方承担违约责任。当事人一方和第三人之间的纠纷，依照法律规定或者按照双方之间的约定解决。

(3) 违约责任是当事人不履行或不完全履行合同的责任。首先，违约责任是违反有效合同的责任。合同有效是承担违约责任的前提。这一特征使违约责任与合同法上的其他民事责任（如缔约过失责任、无效合同的责任）区别开来。其次，违约责任以当事人不履行或不完全履行合同为条件。能够产生违约责任的违约行为有两种情形：一是一方不履行合同义务，即未按合同约定提供给付；二是履行合同义务不符合约定条件，即其履行存在瑕疵。

(4) 违约责任具有补偿性和一定的任意性。其一，违约责任以补偿守约方因违约行为所受损失为主要目的，以损害赔偿为主要责任形式，故具有补偿性质。其二，违约责任可以由当事人在法律规定的范围内约定，具有一定的任意性。

二、违约责任的归责原则

在我国，对于违约责任的归责原则采用严格责任原则，即只要违约方违反合同，且不具备法定或者约定的免责事由，不管其在主观上是否存在过错，违约方均承担违约责任。

三、违约行为

(一) 违约行为的概念

违约行为，是指当事人一方不履行合同义务或者履行合同义务不符合约定条件的行为。

(二) 违约行为的形态

违约行为一般分为两种形态：实际违约与预期违约。

1. 实际违约

实际违约，即实际发生的违约行为。实际违约的具体形态包括不履行、迟延履行和不完全履行。

(1) 不履行。包括履行不能和拒绝履行。履行不能是指债务人在客观上已经没有履行能力。如在提供劳务的合同中，债务人丧失了劳动能力；在以特定物为标的的合同中，该特定物灭失。拒绝履行是指合同履行期到来后，一方当事人能够履行而故意不履行合同规定的全部义务。

(2) 迟延履行。迟延履行是指合同债务已经到期，债务人能够履行而未履行。

（3）不完全履行。不完全履行是指债务人虽然履行了债务，但其履行不符合合同的约定，包括部分履行和瑕疵履行。

瑕疵履行包括瑕疵给付和加害给付。瑕疵给付是指履行有瑕疵，侵害对方履行利益，如给付数量不完全、给付质量不符合约定、给付时间和地点不当等。加害给付是指因不适当履行造成对方人身或财产的损失，如出售的电热毯不符合质量要求，导致当事人在使用电热毯时触电身亡；出售的压力锅不符合质量标准，导致当事人在使用时发生爆炸致当事人受伤。

2. 预期违约

预期违约也称先期违约，是指在合同履行期限到来之前，一方无正当理由但明确表示其在履行期到来后将不履行合同，或者其行为表明其在履行期到来后将不可能履行合同。预期违约包括两种形态，即明示预期违约（明示毁约）和默示预期违约（默示毁约）。

（1）明示毁约。明示毁约是指一方当事人无正当理由，明确地向对方表示将在履行期届至时不履行合同。其要件为：一方当事人明确、肯定地向对方作出毁约的表示，须表明将不履行合同的主要义务，无正当理由。

（2）默示毁约。默示毁约是指在履行期到来之前，一方以自己的行为表明其将在履行期届至后不履行合同。其特点是债务人虽然没有表示不履行合同，但其行为表明将不履行合同或不能履行合同。

四、违约责任

承担违约责任的形式包括继续履行、采取补救措施（修理、更换、退货、减价等）、赔偿损失、违约金和定金罚则。

（一）继续履行

1. 继续履行的概念

继续履行也称强制履行、强制实际履行，是指违约方根据对方当事人的请求继续履行合同规定的义务的违约责任形式。继续履行是一种违约后的补救措施，是否请求继续履行是守约方的一项权利，守约方可以请求违约方继续履行，也可以放弃继续履行，要求违约方承担其他形式的违约责任。

2. 继续履行的适用

继续履行的适用因债务性质的不同而不同。

（1）金钱债务无条件地适用继续履行。金钱债务只存在迟延履行，不存在履行不能。因此，应无条件适用继续履行的责任形式。

（2）非金钱债务有条件地适用继续履行。对非金钱债务，原则上可以请求继续履行，但下列情形除外：法律上或者事实上不能履行，如标的物为特定物，且已经灭失；债务的标的不适用强制履行或者强制履行费用过高；债权人在合理期限内未请求履行。

继续履行可与违约金并用。也就是说，即使守约方请求违约方继续履行合同，守约方依然还有要求违约方同时支付违约金的权利。

（二）采取补救措施

1. 采取补救措施的含义

采取补救措施作为一种独立的违约责任形式，是指修正合同不适当履行、使履行缺陷得以消除的具体措施，这种责任形式专门适用于一方瑕疵给付的违约行为，与继续履行和赔偿损失具有互补性。

2. 采取补救措施的适用

（1）应以标的物的性质和损失大小为依据，确定与之相适应的补救方式。

（2）受害方对补救措施享有选择权，但选定的方式应当合理。

采取补救措施可与赔偿损失并用。也就是说，即使违约方采取了补救措施，但因此而造成了守约方损失的，守约方依然有要求违约方赔偿损失的权利。

（三）赔偿损失

1. 赔偿损失的概念

赔偿损失，在合同法上也称损害赔偿、损害赔偿金，是指违约方以支付金钱的方式弥补守约方因违约方的违约行为所造成损失的责任形式。

2. 赔偿损失的适用

（1）赔偿损失具有根本救济功能，任何其他责任形式都可以转化为损害赔偿。赔偿损失是最重要也是最常见的违约责任形式。

（2）赔偿损失的范围是因违约所遭受的损失。损失包括两部分：一是实际损失，即现实财产的减少，又称直接损失；二是预期利益的损失，指缔约合同时可以预见到的履行利益，又称可得利益或间接利益。可得利益损失不得超出违约者缔约时预见到或应当预见到的违约可能所致的损失。守约方怠于采取适当措施防止违约损失的，就扩大部分的损失不得主张赔偿。

（3）赔偿损失责任具有一定的任意性。违约赔偿的范围和数额，可由当事人约定。当事人既可以约定违约金的数额，也可以约定损害赔偿的计算方法。

（四）违约金

1. 违约金的概念和性质

违约金是指当事人一方违反合同时应当向对方支付的一定数量的金钱或财物。

关于违约金的性质，一般认为，现行合同法所确立的违约金制度是不具有惩罚性的违约金制度，而属于补偿性违约金制度。即使约定的违约金数额高于实际损失，也不能改变这种基本属性。

2. 违约金的适用

（1）违约金的适用以当事人的约定为前提。

（2）约定的违约金低于造成的损失的，当事人可以请求人民法院或者仲裁机构予以增加；约定的违约金过分高于造成的损失的，当事人可以请求人民法院或者仲裁机构予以适当减少。

（五）定金罚则

当事人一方已向对方给付定金的，债务人履行债务后，定金应当抵作价款或者收回。给付定金的一方不履行债务的，无权要求返还定金；接受定金的一方不履行债务的，应当双倍返还定金。

当事人既约定违约金，又约定定金的，一方违约时，对方只可以选择适用违约金或者定金条款。

五、免责事由

（一）免责事由的概念

免责事由也称免责条件，是指当事人对其违约行为免于承担违约责任的事由。《合同法》上的免责事由可分为两大类，即法定免责事由和约定免责事由。法定免责事由是指由法律直接规定、不需要当事人约定即可援用的免责事由，主要指不可抗力；约定免责事由是指当事人约定的免责条款。

（二）不可抗力

1. 不可抗力的概念

所谓不可抗力，是指不能预见、不能避免并不能克服的客观情况。

2. 不可抗力的范围

不可抗力主要包括以下几种情形：（1）自然灾害，如地震、台风、洪水、冰雹等；（2）政府行为，如征收、征用；（3）社会异常事件，如罢工、骚乱、战争等。

我国《合同法》没有把合同成立后当事人一方由于第三人的原因造成违约定义为不可抗力。当事人一方因第三人原因造成违约的，应当向对方承担违约责任。

3. 不可抗力的免责效力

因不可抗力不能履行合同的，根据不可抗力的影响，违约方可部分或全部免除责任。但应满足以下条件：（1）不可抗力的发生方负有及时通知的义务。（2）不可抗力发生方负有证明责任。（3）不可抗力不是发生在迟延履行之后。（4）不可抗力发生方的履行义务不是金钱债务。

想一想

李先生等17名北京的旅游者报名参加了北京某旅行社组织的“昆明四飞六日游”。按照旅游合同的约定，应于6月3日乘飞机从西双版纳返回昆明。但由于遇到大雾，航班被取消。旅行社为确保旅游者6月4日准时乘上昆明至北京的航班，拟改乘大巴赶往昆明。经与旅游者协商未达成一致意见，旅游者坚决要求按约定乘飞机返回昆明，因此滞留西双版纳4天，直到6月8日旅行社设法买到机票后才返程。李某等旅游者为此起诉该旅行社，要求旅行社承担违约责任，并支付他们滞留西双版纳期间的食宿费用及误工费。请问：

（1）旅行社是否应当承担违约责任？

（2）旅行社是否应当支付李先生等17名旅游者滞留西双版纳期间的食宿费用及误工费？

分析提示：关键看旅行社的行为是否构成违约以及有无法定免责的情形出现。

（三）免责条款

免责条款是指当事人在合同中约定免除将来可能发生的违约责任的条款，其所规定的免责事由即约定免责事由。

免责条款是合同的组成部分，免责条款的提出必须是明示的，不允许以默示的方式作出。

免责条款不能排除当事人的基本义务，合同中的下列免责条款无效：(1) 造成对方人身伤害的；(2) 因故意或重大过失造成对方财产损失的。

实务训练

1. 甲建筑公司向乙、丙两水泥厂各发一函，均称“急需水泥1 000吨，价格 300 元/吨，货到付款”。乙水泥厂收到函后即传真回复“函收到，明日发货”。丙水泥厂收到函后当即组织本厂的车队将1 000吨水泥运到甲处。请问：

(1) 甲与乙、丙之间的合同是否成立？为什么？

(2) 若乙收到甲之函后即回函“函收到，款到交货”，甲收到回函后即将货款 30 万元汇入乙的账户，则甲、乙之间的合同是否成立？乙的回函是什么性质？

(3) 若丙收到甲函后，回函“同意发货，价格为 300.05 元/吨”，则甲、丙之间的合同是否成立？

(4) 若甲在函后加上“若有货，请在 3 月 12 日前答复”，乙收到函后于 3 月 9 日以特快专递发出“有货”。该特快专递 3 月 11 日到达甲处，适逢甲出差在外，3 月 14 日方看到，则甲、乙之间的合同是否成立？何时成立？

(5) 若甲在函后加上“若有货，请在 3 月 12 日前答复”，丙收到函后于 3 月 9 日以特快专递发出“有货”。依特快专递的惯例，3 月 10 日即到，但由于特快专递公司的职员过失，致甲在 3 月 14 日才收到该特快专递，且甲并没有异议。则甲、丙之间的合同是否成立？

点评：

(1) 甲与乙、丙之间的合同均成立。甲向乙、丙发出的函是要约，乙的回函是以通知的方式作出的承诺，丙是以行为的方式作出的承诺。

(2) 甲、乙之间的合同成立。乙的回函是对甲的要约的实质性变更，是一个新要约。甲直接汇款到乙的账户是以行为方式作出承诺。

(3) 甲、丙之间的合同成立。丙的回函虽然对价格条款作出了变更，却是非常细微的变更，一般不视为实质性变更。

(4) 甲、乙之间的合同成立。承诺到达即生效，承诺生效时合同成立，因而甲、乙之间的合同于 3 月 11 日成立。

(5) 甲、丙之间的合同成立。承诺在承诺期内作出，依通常情况可适时到达要约人，但因第三人原因（如邮差、快递公司工作人员）致承诺逾期到达要约人，且甲并没有异议，则该承诺有效，因而甲、丙之间的合同成立。

2. 某信托投资公司与珠江公司于 2013 年 1 月签订了一份借款合同，约定该信托投资公司借款 300 万元给珠江公司，期限自合同订立起至 2013 年 10 月底。直到 2014 年 1 月，珠江公司仍未归还此笔借款。经查账，珠江公司账上资金仅有 80 万元，不足以清偿借款。又获悉，珠江公司曾借款 300 万元给宏发公司，约定 2013 年 7 月还款，宏发公司迟迟未还，也未见珠江公司催讨。某信托投资公司于是向法院起诉，请求以自己的名义行使珠江公司对宏发公司的债权。在法院审理过程中，又有安泰公司主张自己的权利，提出珠江公司欠该公司 100 万元，该 300 万元应由信托投资公司与安泰公司按比例获偿。

点评：

本案例中，信托投资公司诉请法院要求行使珠江公司对宏发公司债权的行为符合债权人代位权的条件，法院应予支持。但安泰公司的主张法院也应予支持，信托投资公司对 300 万元并不享有优先受偿权，该 300 万元应由安泰公司和信托投资公司按比例受偿。

本章小结

- 第三章
  - 合同法律制度概述
    - 合同的概念与特征
    - 合同的分类
    - 合同法概述
  - 合同的成立
    - 合同的订立
    - 合同成立的时间和地点
    - 合同的内容和形式
    - 缔约过失责任
  - 合同的效力
    - 合同效力概述
    - 有效合同
    - 无效合同
    - 可变更和可撤销合同
    - 效力待定合同
    - 合同被确认无效、被撤销后的法律后果
  - 合同的履行
    - 合同履行概述
    - 合同履行的规则
    - 双务合同履行中的抗辩权
    - 合同的保全
  - 合同的担保
    - 合同担保概述
    - 保证
    - 抵押
    - 质押
    - 留置
    - 定金
  - 合同的变更、转让和权利义务终止
    - 合同的变更
    - 合同的转让
    - 合同的权利义务终止
  - 违约责任
    - 违约责任的概念和特征
    - 违约责任的归责原则
    - 违约行为
    - 违约责任
    - 免责事由

知识巩固训练

一、名词解释

1. 合同
2. 要约
3. 承诺
4. 缔约过失责任
5. 不安抗辩权
6. 后履行抗辩权
7. 同时履行抗辩权
8. 代位权
9. 债权人的撤销权
10. 违约责任

二、判断题

1. 合同是平等主体的自然人、法人、其他组织之间设立、变更、终止民事权利义务关系的协议。婚姻、收养、监护等有关身份关系的协议也适用。( )

2. 要约可以撤回。撤回要约的通知应当在要约到达受要约人之前到达受要约人。( )

3. 承诺的内容应当与要约的内容一致。受要约人对要约的内容作出实质性变更的,为新要约。( )

4. 具有撤销权的当事人自知道或者应当知道撤销事由之日起2年内行使撤销权。( )

5. 债务人将合同的义务全部或者部分转移给第三人的,不必经债权人同意。( )

6. 债务人接到债权转让通知时,债务人对让与人享有债权,并且债务人的债权先于转让的债权到期或者同时到期的,债务人可以向受让人主张抵销。( )

7. 无效、可撤销的合同自撤销之日起无效。( )

8. 一般来讲,受要约人对要约沉默或者不作为也可以视为承诺。( )

9. 恶意串通,损害国家、集体或第三人利益的合同无效。( )

10. 代位权是债权人以自己的名义而非以债务人名义行使的权利。( )

三、单项选择题

1.《合同法》规定可撤销合同撤销权的时效期间是具有撤销权的当事人自知道或者应当知道撤销事由之日起( )。

A. 5年内　　B. 3年内　　C. 2年内　　D. 1年内

2. 根据《合同法》的规定,合同保全措施中撤销权应自债权人知道或者应当知道撤销事由之日起1年内行使。但债权人自债务人的行为发生之日起( )内没有行使撤销权的,该撤销权消灭。

A. 1年　　B. 2年　　C. 3年　　D. 5年

3. 受要约人对要约的内容作出实质性变更的,为( )。

A. 承诺　　B. 要约　　C. 新要约　　D. 要约邀请

4. 甲、乙签订一购销合同,甲为供方,乙为需方,合同价款为20 000元。乙支付给甲

1 000元定金，3 000元预付款。后乙违约，导致合同不能履行。对此，下列说法正确的是（ ）。

A. 甲应将1 000元定金、3 000元预付款退给乙

B. 乙有权要回1 000元定金，但无权要回3 000元预付款

C. 甲应退回1 000元定金

D. 乙有权要回3 000元预付款，但无权要回1 000元定金

5. A公司根据合同规定，应向B公司先预付30%的货款，待收到B公司发来的货物后，立即支付余款。A按期预付货款后，发现B公司提供的货物不符合质量要求，则A可以行使（ ）。

A. 同时履行抗辩权　　B. 后履行抗辩权

C. 不安抗辩权　　D. 担保权

6. 甲向乙供货，乙因丙所欠款项不能归还而影响其偿还甲的债务，甲有权请求法院准许甲以自己的名义向丙行使债权，甲的行为属于（ ）。

A. 撤销权　　B. 强制执行权　　C. 代位权　　D. 担保权

7. 根据我国《合同法》的有关规定，要约可以撤销的情形有（ ）。

A. 要约已经到达受要约人，而受要约人尚未作出承诺

B. 要约人确定了承诺期限

C. 要约人明示要约不可撤销

D. 受要约人有理由认为要约是不可撤销的，并已经为履行合同做了准备工作

8. 根据《合同法》的规定，要约与承诺的生效时间分别为（ ）。

A. 要约到达受要约人时，承诺人发出承诺时

B. 要约人发出要约时，承诺人发出承诺时

C. 要约到达受要约人时，承诺到达要约人时

D. 要约人发出要约时，承诺到达要约人时

9. 在要约生效前，要约人可以（ ）要约，以阻止要约发生法律效力。

A. 撤销　　B. 撤回　　C. 收回　　D. 撤销或者撤回

10. 甲公司通过电视发布广告，称其有100辆某型号汽车，每辆价格15万元，广告有效期10天。乙公司看到该则广告后于第3天自带金额为300万元的汇票去甲公司买车，但甲公司的车此时已全部售完，无货可供。依照法律规定，有关本案的正确表述是（ ）。

A. 甲发布广告的行为构成要约，乙的行为构成承诺，甲应承担违约责任

B. 甲发布广告的行为构成要约，乙的行为构成承诺，甲应补偿乙实际支出的费用损失

C. 甲发布广告的行为构成要约，但乙的行为不构成承诺，甲不承担民事责任

D. 甲发布广告的行为不构成要约，乙的行为不构成承诺，甲不承担民事责任

11. 甲将其计算机借给乙使用，乙却将该计算机卖给丙。依据我国《合同法》的规定，下列关于乙、丙之间买卖计算机的合同效力的表述正确的是（ ）。

A. 无效　　B. 有效　　C. 效力待定　　D. 可变更或撤销

12. 甲向首饰店购买钻石戒指两枚，标签标明该钻石为天然钻石，买回后即被人告知

实为人造钻石。甲遂多次与首饰店交涉，历时 1 年零 6 个月，未果。现甲欲以欺诈为由诉请法院撤销该买卖关系，其主张（ ）。

A. 不可以，因已超过行使撤销权的 1 年除斥期间

B. 可以，因首饰店主观上存在欺诈故意

C. 可以，因未过 2 年诉讼时效

D. 可以，因双方系因重大误解订立合同

13. 甲企业因基建需要竹签，与乙厂签订了一份供货合同。合同约定乙供应甲竹签 100 捆，每根竹签单价 1 元，未约定总价。乙如约按惯例供应竹签 100 捆，每捆 100 根。甲企业以自己认为每捆竹签为 10 根，现每捆竹签为 100 根为由，主张变更合同，遭乙反对，双方发生纠纷。对此纠纷应（ ）。

A. 按重大误解处理

B. 按合同解释处理

C. 按无效合同处理或按合同解释处理

D. 按无效合同处理

14. 某手表厂为纪念千禧年特制纪念手表2 000只，每只售价 2 万元。其广告宣传主要内容为：(1) 纪念表为金表；(2) 纪念表镶有进口钻石。后经证实，该纪念表为镀金表；进口钻石为进口人造钻石，每粒价格为 10 元。手表成本约1 000元。为此，购买者与该手表厂发生纠纷。该纠纷应（ ）。

A. 按无效合同处理，理由为欺诈

B. 按可撤销合同处理，理由为欺诈

C. 按可撤销合同处理，理由为重大误解

D. 按有效合同处理

15. 甲与乙订立合同，规定甲应于 2011 年 8 月 1 日交货，乙应于同年 8 月 7 日付款。7 月底，甲发现乙财产状况恶化，无支付货款之能力，并有确切证据，遂提出中止合同，但乙未允。基于上述因素，甲于 8 月 1 日未按约定交货。依据合同法原理，有关该案的正确表述是（ ）。

A. 甲有权不按合同约定交货，除非乙提供了相应的担保

B. 甲无权不按合同约定交货，但可以要求乙提供相应的担保

C. 甲无权不按合同约定交货，但可以仅先交付部分货物

D. 甲应按合同约定交货，如乙不支付货款可追究其违约责任

16. 甲将其收藏的一幅齐白石遗画卖给乙，价金 5 万元。甲将债权转让给丙并通知乙。履行期届至前，甲家发生火灾，该画灭失，则乙（ ）。

A. 得解除合同并拒绝丙的给付请求

B. 得对甲主张解除合同，但不得拒绝丙的给付请求

C. 不得解除合同并不得拒绝丙的给付请求

D. 不得解除合同但得拒绝丙的给付请求

17. 甲公司与乙公司（建筑企业）于 2010 年 4 月签订一份买卖合同，约定 2010 年 8 月 30 日由甲向乙提供建筑用水泥 100 吨。同年 5 月初，甲公司所在地发生洪水灾害，甲公司未将灾情之事通知乙公司。同年 8 月底，乙公司催促交货，甲公司未

交。同年9月30日，甲公司发货，同时致函乙公司，表明因受水灾而致迟延交货事实。乙公司因延期收到水泥而影响工程进度，被发包方扣罚工程款1万元。有关该案的正确表述是（ ）。

A. 甲公司因不可抗力而迟延交货，对乙公司被扣罚的1万元损失不承担赔偿责任

B. 甲公司因不可抗力而迟延交货，对乙公司被扣罚的1万元只承担部分赔偿责任

C. 甲公司在取得主管机关灾情的证明后，免予承担赔偿乙公司1万元损失的责任

D. 由于甲公司未能及时通知乙公司不能按时交货，故应向乙公司承担1万元损失的赔偿责任

四、多项选择题

1. 下列选项中属于导致承诺不生效的事由是（ ）。

A. 受要约人改变了要约中的价格条款

B. 受要约人改变了要约人要求承诺的特定形式

C. 承诺在要约有效期限内作出，但在期限届满后到达要约人

D. 撤回承诺的通知先于承诺到达要约人

2. 受要约人变更（ ），被视为对要约的实质性变更，该受要约人的承诺通知为新要约。

A. 合同标的、数量、质量

B. 合同价款或者报酬

C. 合同履行期限、履行地点和方式

D. 违约责任和解决争议方法

3. 根据我国《合同法》的有关规定，下列要约不得撤销的是（ ）。

A. 要约已经到达受要约人

B. 要约人确定了承诺期限

C. 要约人明示要约不可撤销

D. 受要约人有理由认为要约是不可撤销的，并已经为履行合同做了准备工作

4. 甲公司向乙公司订购奶粉一批。乙公司在订立合同时，将国产奶粉谎称为进口奶粉。甲公司事后得知实情，适逢国产奶粉畅销，甲公司有意履行合同，便按照合同的约定支付了价款。后因国产奶粉价格大幅度下跌，甲公司采购的奶粉出现了滞销，现甲公司对乙公司提起诉讼，以受到欺诈为由，要求撤销该合同。关于本案，下列说法正确的是（ ）。

A. 甲公司与乙公司订立的合同在订立时是可撤销合同

B. 甲公司与乙公司订立的合同在甲公司得知实情后仍然支付价款，则该合同已经转变为有效合同

C. 甲公司与乙公司订立的合同为效力待定合同

D. 甲公司与乙公司订立的合同为无效合同

5. 根据《合同法》的规定，不安抗辩权行使的条件包括对方（ ）。

A. 经营状况严重恶化　　B. 丧失商业信誉

C. 提出解除合同　　D. 拒绝履行自己的义务

6. 中国甲公司与加拿大乙公司签订一份圣诞礼品买卖合同，约定2013年11月30日

前由甲公司向乙公司交付货物若干件。依照法律和国际条约，有关该合同的下列表述正确的是（ ）。

A. 设甲方所在地发生重大火灾，致使合同无法履行，则甲有权通知乙解除合同

B. 设甲方所在地发生重大火灾，致使甲须推迟 1 个月交货，则乙有权通知甲解除合同

C. 设甲方所在地发生重大火灾，致使甲只能如期交付 70%的货物，则乙不得解除合同

D. 设甲方所在地发生重大火灾，致使甲无法交货，则乙有权解除合同，但不影响其要求甲赔偿损失

7. 甲因出国留学，将自家一幅名人字画委托好友乙保管。在此期间乙一直将该字画挂在自己家中欣赏，来他家的人也以为这幅字画是乙的。后来乙因做生意急需钱，便将该幅字画以 30 万元价格卖给丙。甲回国后，发现自己的字画在丙家中，询问情况后，向法院起诉。下列有关该纠纷的表述正确的是（ ）。

A. 乙与丙之间的买卖合同属于有效合同

B. 乙与丙之间的买卖合同属于效力未定的合同

C. 甲对该幅字画享有所有权

D. 丙对该幅字画享有所有权

8. 采用格式条款订立合同的，下列情况中该格式条款不生效的有（ ）。

A. 提供格式条款一方未采取合理的方式提请对方注意免除或限制其责任的条款

B. 排除格式条款接受方的主要权利

C. 双方当事人对该格式条款的理解发生争议

D. 免除提供格式条款一方当事人的责任

9. 下列情形中，债权人可以行使撤销权的有（ ）。

A. 债务人放弃其到期债权，给债权人造成损害的

B. 债务人怠于行使其到期债权，给债权人造成损害的

C. 债务人无偿转让财产，给债权人造成损害的

D. 债务人以明显不合理的低价转让财产，给债权人造成损害的

10. 甲公司欠乙公司 100 万元，同时甲公司对丙公司享有 150 万元到期债权。甲欠乙的债务已至清偿期但无力还债，却又不积极向丙追索债权。对此，下列表述错误的是（ ）。

A. 乙可以要求丙向自己偿还 100 万元

B. 乙可以自己名义要求丙向甲偿还 150 万元

C. 乙可以自己名义诉请人民法院要求丙向甲偿还 100 万元

D. 乙可以自己名义诉请人民法院要求丙向甲偿还 150 万元

五、简答题

1. 简述合同的成立与生效。
2. 简述无效合同、可撤销合同的条件及法律后果。
3. 简述行使合同不安抗辩权的条件。
4. 简述债权人代位权的成立要件。

5. 简述合同的撤销权及债权人的撤销权的主要区别。

6. 简述缔约过失责任的主要内容。

7. 简述债务承担的有效条件。

8. 简述合同当事人可以解除合同的情形。

9. 简述预期违约与不安抗辩权的主要区别。

综合实务训练

1. 长江学院为改善办学条件，欲采购计算机一批，于是分别向三家计算机供应商发出函件："本校欲采购联想昭阳E290便携式计算机200台，你公司若有货，请在10日内向我校报价。"三家计算机公司分别向长江学院报价，甲公司回复的函件称"有现货联想昭阳E290便携式计算机150台，价格可优惠至4 500元"。乙、丙两公司的报价均在5 000元以上，学院决定购买甲公司的计算机，对乙、丙公司的报价不予理睬。于是向甲公司发出函件称"愿意购买你公司计算机150台，价格以你公司的报价为准，但须签订书面合同"。在双方未签订书面合同的情况下，甲公司便将其中100台计算机先行运输至长江学院，长江学院支付了该批计算机的价款。后因厂家突然大幅度提高该批计算机的价格，甲公司拒绝交付剩下的50台计算机，并以双方未签订书面合同为由要求增加前面100台计算机的价款或者退货。

问题：

(1) 分别说明长江学院向三家计算机供应商发出函件、甲公司的报价、长江学院对甲公司的回复的法律性质。

(2) 长江学院对乙、丙两公司的报价不予理睬的行为是否合法？请说明理由。

(3) 甲公司以双方未签订书面合同为由要求增加价款或者退货的请求能否成立？请说明理由。

2. 甲公司于2013年11月与乙公司签订了购买进口原装便携式计算机10台的合同，10天后提货。乙公司在收到供货厂家发来的便携式计算机时，发现该货为进口元件国内组装。但因第二天即是甲公司提货的时间，乙公司已无时间重新进货，于是在未告知甲公司实情的情况下，让甲公司把货提走。半年后，甲公司在正常使用中出现硬件故障，经专修店检验发现为组装机。甲公司与乙公司交涉未果，遂向法院起诉要求撤销合同。

问题：

(1) 该合同效力如何？为什么？

(2) 该纠纷应如何处理？

3. 甲为一蔬菜种植公司，乙为蔬菜销售商，丙为某大学食堂。乙、丙于12月1日订立合同，约定乙于12月30日前交付萝卜5 000千克，每千克1.6元；一方违约，承担违约金300元。甲、乙于12月2日订立合同，约定甲于12月25日之前交付萝卜5 000千克，每千克1.2元。甲、乙缔约时，乙曾出示乙、丙合同给甲看。甲延迟至12月底仍未交付萝卜，后甲告知乙不能交付。由于甲不交付，致使乙亦不能履行其与丙的合同，对丙支付违约金300元。另外，乙举证自己在12月25日前后为准备履行与甲的合同，花去各项费用75元。

问题：

乙可要求甲赔偿多少钱？

第四章

知识产权法律制度及实务

学习目标

1. 掌握知识产权的概念和特征。
2. 了解著作权、商标权和专利权的主体资格。
3. 了解著作权、商标权和专利权保护的客体及申请条件。
4. 掌握知识产权的相关法律保护知识。

实训目标

1. 熟悉专利申请和商标注册的程序。
2. 能正确判断商标权、专利权、著作权的侵权行为。
3. 能利用知识产权法律知识，为企业进行品牌、专利等知识产权战略策划。

案例导学

2011 年 5 月 9 日，BrandZ 全球最具价值品牌 100 强排行榜第六次全球发榜，苹果以1 532.85亿美元的品牌价值，跃居百强首位，其品牌价值与 2010 年相比，上涨了 84%。谷歌以1 114.89亿美元的品牌价值位列第二，比 2010 年下降了 2%。IBM 以1 008.49亿美元的品牌价值位列第三，与 2010 年相比上涨了 17%。之后是品牌价值为 810.16 亿美元的麦当劳，782.43 亿美元的微软。

中国公司在此次榜单中表现抢眼，12 家中国公司登上了百强榜单。其中，中国移动品牌价值达 573.26 亿美元，排名第九。其余 11 家上榜中国公司分别为：工商银行、建设银行、百度、中国人寿、中国银行、农业银行、腾讯、中国石油、平安保险、中国电信和招商银行。12 家中国品牌总价值达2 590亿美元，占百强总价值的 11%。

通过上述案例，谈谈你对知识产权及其价值的了解与认识。

分析：

如果说农业社会的最大资源是土地、工业社会的最大资源是有形资本，那么，随着知识经济的到来，当今社会的最大资源就是知识产权这一无形资产。为了更好地维护世界科技与经济强国的地位，美国等经济发达国家不仅在国内建立和完善了一整套知识产权法律保护体系，而且极力推动世界范围内的知识产权保护。在当前我国多层次、全方位发展的经济活动过程中，无疑会产生、激化大量的有关保护知识产权及开展知识产权战略的问题。

第一节 知识产权制度概述

一、知识产权概述

（一）知识产权的概念

知识产权（intellectual property），其本义是智力财产权。我国台湾地区称之为“智慧财产权”，我国香港地区称之为“智力产权”，我国曾长期采用“智力成果权”的说法。1967 年《建立世界知识产权组织公约》签订后，“知识产权”这一概念在世界范围内被接受。我国在 1986 年颁布《中华人民共和国民法通则》（以下简称《民法通则》）后，开始正式通行“知识产权”的称谓。

迄今为止，无论是国际公约还是各国立法，都没有给知识产权下过明确的定义。一般认为，知识产权是人们对于自己的智力活动创造的成果和经营活动中的标记、信誉依法享有的专有权利。其含义有三：（1）知识产权是产生于精神领域的非物质化的财产权；（2）从权利的来源看，知识产权主要产生于智力创造活动和工商业经营活动；（3）知识产权是法定之权，其产生一般需经法律认可，并非所有的知识产品都可以称为知识产权的客体。

（二）知识产权的范围

人类进行的智力活动创作自古就有，我国的四大发明就是古代人类智慧的结晶，但古今中外并没有也不可能对所有的智力创造成果都加以保护，因而，知识产权的保护是有一定范围的，而且世界各国对于本国知识产权保护的范围不尽相同。

一般而言，知识产权有广义和狭义之分。广义的知识产权包括“创造性成果权利”，如著作权及邻接权（或版权及邻接权）、专利权、植物新品种权、集成电路布图设计等，以及“识别性标记权利”，如商标权、商号权、地理标记权等。

狭义的知识产权，即传统意义上的知识产权，包括著作权及邻接权、专利权、商标权三个主要组成部分。其中，商标权和专利权合称为工业产权。具体如图 4—1 所示。迄今为止，这三种权利仍是知识产权的核心组成部分。

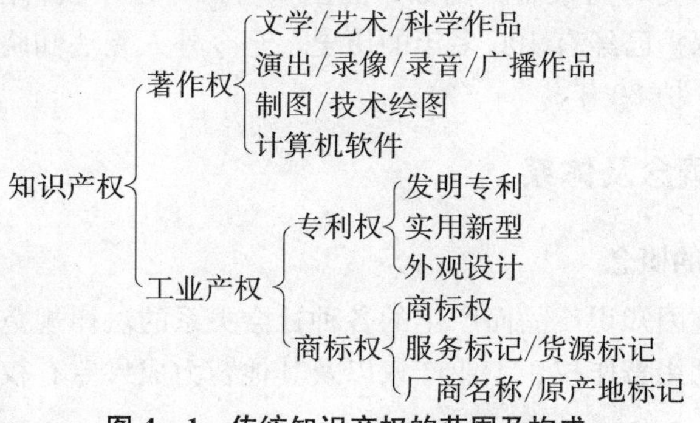

图 4—1 传统知识产权的范围及构成

（三）知识产权的特征

知识产权的基本特征可概括为“无形性”、“专有性”、“地域性”和“时间性”。这些特征的描述，是与其他财产权利特别是所有权相对而言的，并非所有知识产权所独有的。

1. 无形性

知识产权的无形性表现为知识产权作为一种权利可以和权利的载体相分离，从而区别于其他任何财产权。一般而言，财产权随着财产的转移而转移，随着财产的消失而消失，但是知识产权可以和它的载体分离。例如，作者拥有一本书的著作权并不体现为他拥有这本书本身，这本书任何人都可以拥有，并且作者对这本书的著作权不会随着书的出售而转移，买到这本书的人也不会因此拥有这本书的著作权。同样，我们日常买到的大多数商品都有商标，买到商品的人不会因此而拥有该商标的权利。

2. 专有性

事实上，任何财产都有“专有性”，即权利人可以排他地行使自己的权利，任何人不经同意不得使用该财产或行使该财产权利。但知识产权作为精神领域的成果，其专有性有着独特的法律表现：(1) 权利人依法享有对智力成果独占性支配的权利，他人未经许可不得行使权利人的权利，但知识产权的独占性是相对的，这种独占往往受到权能方面的限制。例如，著作权的合理使用、商标权中先用权人使用等。(2) 同一项智力成果不允许有两个以上的相同类的知识产权并存。例如，有两个相同的发明物，但根据法律程序只能将专利权授予其中一个，而以后的发明与已有技术相比，如无实质性特点和显著的进步，就不能取得相应的权利。

3. 地域性

知识产权作为一种专有权在空间上的效力并不是无限的，而要受到地域限制。通常来说，知识产权的地域性是指知识产权的法律效力原则上只及于特定国家和地区的地域范围。例如，一项在中国申请并被授予专利权的专利，只在中国领域内受到保护，其他国家则不予保护。再如，我国公民、法人完成的发明创造和设计的商标要想在外国受到保护，则必须在外国申请。

4. 时间性

知识产权的时间性表明，知识产权仅在法律规定的期限内受到保护，一旦超过法律规定的有效期限，这一权利就自行消灭。但是，知识产权的时间性是针对大多数的知识而言的，少数知识产权并不受时间限制。例如，美国“可口可乐”饮料配方通过“商业秘密”的知识产权形式予以保护已经有 100 多年的历史，至今外人无法知晓其内容。如果通过专利法保护，最多只能保护 20 年。

二、知识产权法的概念及体系

(一) 知识产权法的概念

知识产权法是调整因知识产品而产生的各种社会关系的法律规范的总和，它是国际上通行的确认、保护和利用著作权、工业产权以及其他智力成果专有权利的一种专门的法律制度。

(二) 保护知识产权的国内法律体系

保护知识产权的国内法律体系，既包括知识产权的实体法，也包括与知识产权保护有关的程序法，但主要是关于知识产权保护的实体法。各国对知识产权进行保护的立法都有一个特点，那就是针对知识产权保护的不同客体，制定专门的法律予以保护。

根据我国现行立法，参照国外有益经验和国际通行做法，知识产权的法律体系主要包括以下几种专门的法律制度：

(1) 著作权法律制度。以保护文学、艺术、科学作品的创作者和传播者的专有权利为宗旨，其客体除一般意义上的作品外，还包括技术制图和计算机软件。我国全国人大常委会于 1990 年 9 月 7 日审议通过了《中华人民共和国著作权法》(分别于 2001 年、2010 年修订，以下简称《著作权法》)。

(2) 专利权法律制度。以工业技术领域的发明创造成果为保护对象，其专有权利包括发明专利权、实用新型专利权和外观设计专利权。我国全国人大常委会于 1984 年 3 月 12 日审议通过了《中华人民共和国专利法》(分别于 1992 年、2000 年、2008 年修订，以下简称《专利法》)。

(3) 商标权法律制度。一种主要的工业产权法律制度，其保护的对象包括商品的商标和服务商标。我国全国人大常委会于 1982 年 8 月 23 日审议通过了《中华人民共和国商标法》(分别于 1993 年、2001 年、2013 修订，以下简称《商标法》)。

除以上三个专门性法律外，我国知识产权法律体系还包括：(1) 其他法律中关于知识产权的规定，如《民法通则》在“民事权利”中对知识产权的规定；(2) 行政法规和规章中关于知识产权的规定，如《中华人民共和国专利法实施条例》、《中华人民共和国商标法实施条例》、《中华人民共和国著作权法实施条例》等；(3) 关于知识产权法律适用的司法解释。

(三) 保护知识产权的国际法律体系

知识产权的国际保护主要通过双边条约、多边条约，包括地区性的国际公约及世界性的国际公约来实现。其中，知识产权国际保护的世界性国际公约已经形成了相对完整的体系，在现今知识产权的国际保护中发挥了主要的作用。

目前，知识产权国际保护的世界性公约体系以《建立世界知识产权组织公约》为基础，包括由世界知识产权组织 (the World Intellectual Property Organization，WIPO) 所管理的一系列国际公约，主要有《保护工业产权巴黎公约》、《保护文学和艺术作品伯尔尼公约》、《商标国际注册马德里协定》、《专利合作条约》、《保护表演者、录音制品作者和广播组织的国际公约》及《保护录音制品录制及防止未经授权复制其制品公约》等。此外，还有一些不是由 WIPO 管理的有关知识产权保护的国际公约，主要包括《世界版权公约》、《与贸易有关的知识产权协议》等。其中，世界贸易组织 (the World Trade Organization，WTO) 系列贸易协定中的《与贸易有关的知识产权协议》是知识产权国际保护领域最重要的国际公约，也是适用范围最广的国际公约。

我国现今已经参加的有：《建立世界知识产权组织公约》、《保护工业产权巴黎公约》、《保护文学和艺术作品伯尔尼公约》、《商标国际注册马德里协定》、《专利合作条约》、《保护录音制品录制及防止未经授权复制其制品公约》、《世界版权公约》、《国际专利分类协定》(斯特拉斯堡协定)、《国际承认用于专利程序的微生物保存布达佩斯条约》、《建立工业品外观设计国际分类协定》(洛迦诺协定)、《商标注册用商品与服务国际分类协定》(尼斯协定)，以及《与贸易有关的知识产权协议》等。

第二节 著 作 权

一、著作权和著作权法的基本概念

（一）著作权的基本概念

著作权（copyright）即版权，是指自然人、法人或其他组织对文学、艺术和科学作品依法享有的财产权利和人身权利的总称。

（二）著作权法的基本概念

著作权法是指调整人们之间因著作权以及与著作权有关的利益而产生的财产关系和人身关系的法律规范的总和。

1990 年 9 月 7 日，第七届全国人民代表大会常务委员会第十五次会议审议并通过的《著作权法》是新中国成立后的第一部著作权法，于 1991 年 6 月 1 日起正式实施，经 2001 年、2010 年两次修订。该法包括总则、著作权、著作权许可使用和转让合同等内容，体现了我国经济和文化的发展状况以及健全社会主义法制的实际需要。

二、著作权的客体、主体和内容

（一）著作权的客体

著作权的客体，即著作权的保护对象。从法律上说，著作权保护的对象称为作品。

1. 作品的概念

作品是指文学、艺术或科学领域内具有独创性并能以某种有形形式复制的智力成果。从学理上讲，作品应当是自然人运用其智慧，将文字、数字、符号、色彩、光线、音符、图形等作品构成要素按照一定的规则和顺序有机组合起来，以表达其思想、情感、观点、立场、方法等综合理念的形式。例如，“诗”是作品，其构成要素是文字，综合理念是作者对情、景、人、物等所表达出来的情感、观点等。

（1）作品的构成条件。

通常来说，可以成为著作权法律关系客体的作品应具备一定的条件：1）作品具有独创性。独创性是作品的重要特征，它是指作品是作者独立创造出来的，不是或者基本不是对现有作品的复制、抄袭、剽窃或模仿。2）作品有客观的表现形式。它是指受保护的作品必须以一定的客观形式表现出来或固定下来，以便人们能够直接通过辅助工具看到、听到或触摸到，或者能够使用它（如计算机软件）。3）作品具有可复制性。它是指作品可以被人们直接或者借助机械或设备感知，并以某种有形物质载体复制。

（2）作品的种类。

在理论上，作品作为著作权的客体，可以根据不同的标准进行分类。例如，按作品存在形态的不同，可将作品分为平面作品（如书籍、乐谱、绘画、照片、电影等）、音像作品（如唱片、录音录像、广播电视节目等）、立体作品（如雕塑、工艺美术、建筑模型等）、形体作品（如舞蹈、哑剧等）。也可按作品的来源不同，将作品划分为原始作品和邻接作品。还可根据作品与作者的关系不同，将作品划分为原始作品和演绎作品。

我国的著作权采用列举的方式来规定著作权法所保护的作品范围。根据我国《著作权法》第3条的规定，受我国著作权法保护的作品包括文学、艺术和自然科学、社会科学、工程技术等作品，具体形式有：1）文字作品；2）口述作品；3）音乐、戏剧、曲艺、舞蹈、杂技艺术作品；4）美术、建筑作品；5）摄影作品；6）电影作品和以类似摄制电影的方法创作的作品；7）工程设计图、产品设计图、地图、示意图等图形作品和模型作品；8）计算机软件；9）法律、行政法规规定的其他作品。

由此规定可知，我国《著作权法》所称的作品有8种类型，另外还有1个弹性条款。因为随着时代的发展和科学技术的进步，人们创造出的作品也会不断丰富。例如，随着电影技术的发明而诞生了电影作品。因此，《著作权法》第3条第9款的弹性规定，正是为了适应这种与时俱进的需要而设立的。

2. 不适用著作权法的作品

所谓不适用著作权法的作品，主要是指某些因其创作目的和用途的特殊性而被排除在著作权法保护范围之外的作品。

根据我国《著作权法》第5条的规定，这类情形有：(1) 法律、法规，国家机关的决议、决定、命令和其他具有立法、行政、司法性质的文件，及其官方正式译文。这类文件虽然也是智力成果，是作品的一种表现形式，但创作这类作品就是为了使其广泛传播，让人知晓，以便人们及时地了解和执行。(2) 时事新闻。它是指通过报纸、期刊、广播电台、电视台、网络等媒体报告的单纯事实消息。当然，如果媒体报道事实中融入了有关人员的评论或观点，则不能简单地作为时事新闻来对待。(3) 历法（如我国通行的阴历和阳历等）、通用数表（如元素周期表、三角函数）、通用表格（如商业通用发票、会计账册表格等）和公式（如三角形面积计算公式等）。这类作品是人们经常用到的，如果用著作权予以保护，将妨碍人们的日常工作、学习和生活。

（二）著作权的主体

著作权主体，也称著作权人，是对文学、艺术或者科学作品依法享有权利和承担义务的人。

1. 著作权的原始主体

根据我国《著作权法》第9条的规定，著作权的原始主体包括：(1) 作者；(2) 其他依照本法享有著作权的公民、法人或者其他组织。

作者，是指文学、艺术和科学作品的创作人。作者是著作权最原始、最基本的主体，而作者主要是指公民。从法律上说，所谓公民，是指具有某国国籍的自然人。事实上创作作品的人，只能是自然人。

尽管如此，法人和其他组织虽没有思维，不能创作作品，但它们在一定的情形下，也可享有著作权。根据我国《著作权法》的规定，具体情形如下：(1) 对法人作品享有原始著作权；(2) 对特殊职务作品享有原始著作权；(3) 作为委托作品的委托方，根据委托创作合同约定而享有原始著作权。

2. 著作权的继受主体

著作权的继受主体，是指除作者以外，其他依法享有著作权的公民、法人、非法人单位或国家。继受主体取得著作权的方式主要包括继承、遗赠、合同。

课堂讨论

淮北市××高级中学在其学校网站未署名登载了《红处方》（作者毕淑敏）供网络用户阅读和下载。本案原告毕淑敏认为该实验中学的行为严重侵犯了其合法权利，给其造成了一定的损失，应对侵权行为承担法律责任。该案被告淮北市××高级中学则认为，其一，学校网站在对应页面上一直有“校内资源”字样；其二，学校图书馆在正常情况下需输入用户名和密码才能进入，且只有在登录后才能阅读、下载，所以涉案作品是提供给本校师生教研、学习使用的资料。

请问：该校使用著作权人的作品，是否可以不经著作权人许可，不向其支付报酬？是否构成侵犯涉案作者的著作权？

3. 著作权的归属

著作权属于作者，是著作权归属的一般原则，为世界上大多数国家所接受。我国《著作权法》第11条规定，著作权属于作者，本法另有规定的除外。此外，我国《著作权法》分别对职务作品、演绎作品、合作作品、汇编作品、电影作品和以类似摄制电影的方法创作的作品、委托作品、匿名作品等的著作权归属问题进行了规定。

（三）著作权的内容

1. 著作人身权

著作人身权，又称作者人格权或精神权，是指作者或者著作权的原始主体基于作品创作所享有的各种与人身联系的非财产性权利。

根据我国《著作权法》第10条的规定，著作人身权主要包括以下几个方面：

（1）发表权，是指作者享有决定自己的作品是否公之于众，以及在什么时间、什么地点、以什么方式公之于众的权利。

（2）署名权，是指表明作者身份，在作品上署名的权利，署名权包括作者在作品上署名或不署名的权利，作者在作品上署名的，可以署自己的姓名、笔名、艺名、别名、化名。

（3）修改权，是指作者享有修改或者授权他人修改作品的权利。

（4）保护作品完整权，是指作者享有保护自己创作的作品不受歪曲、篡改的权利。

2. 著作财产权

著作财产权，又称著作经济权，是指著作权人依法享有的使用或者许可他人使用其作品并获得报酬的权利。

根据我国《著作权法》第10条和第12条的规定，著作权人依法享有复制、发行、广播、摄制等权利。根据这些权利的性质，可以将其分为以下三类：

第一类，复制作品的权利。复制，是指以印刷、复印、拓印、录音、录像、翻录、翻拍等方式将作品制作一份或者多份的行为。

第二类，传播作品的权利。它是指著作权人通过一定的途径、手段或方法，将其创作的作品传播给社会公众的权利。作者依法享有的传播作品的权利主要包括：（1）发行权，是指通过出售或赠与方式向公众提供一定数量的作品复制件。(2)出租权，是指著作权人有偿许可他人临时使用电影作品、以类似摄制电影的方法创作的作品和计算机软件的权利。(3)展览权，是指公开陈列美术作品、摄影作品的原件或者复印件的权利。(4)表演权，是指以声音、表情、动作公开再现作品的权利。(5)放映权，是指通过放映机、幻灯机等各种技术设备和手段公开再现、播送美术、摄影、电影和以类似摄制电影的方法创作的作品的权利。(6)广播权，是指以无线方式公开广播或者传播作品，以有线传播或者转播的方式向公众传播广播的作品，以及通过扩音器或者其他传送符号、声音、图像的类似工具向公众传播广播的作品的权利。(7)信息网络传播权，是指以有线或者无线方式向公众提供作品，使公众可以在其个人选定的时间和地点获得作品的权利。

第三类，演绎作品的权利。演绎权，是指著作权人所享有的，以其作品为蓝本进行再创作的权利。演绎权主要包括：(1)摄制权，是指著作权人享有的将其作品摄制成电影、电视、录像等影视作品的权利。(2)改编权，是指在原有作品的基础上通过改变作品的表现形式或用途，创造出具有独创性的新作品的权利。(3)翻译权，是指将作品从一种语言文字转化为另一种语言文字的权利。(4)汇编权，是指根据特定要求，选择若干作品或者作品片段汇集成一部作品的权利。(5)注释权，是指对文字作品的字、词、句进行解释的权利。(6)整理权，是指对内容零乱、层次不清的已有文字作品或者材料进行条理化、系统化的权利。

三、著作权的取得、保护期限和限制

(一)著作权的取得

国际上通行的著作权的取得方式为自动取得。自动取得，是指著作权的取得无须履行任何手续，也不需要在作品上作出任何特别的著作权标示，只要作品创作完成就自然获得了著作权。

我国《著作权法》第2条第1款规定，中国公民、法人或者非法人单位的作品，不论是否发表，依照本法享有著作权。这说明我国著作权的取得采用自动取得的方式。

(二)著作权的保护期限

根据著作权主体、作品性质的不同，作品的保护期限不同。我国《著作权法》对作品的保护期限，主要有以下几种情况：(1)自然人的著作权的保护期限，为作者有生之年加死后50年。(2)法人作品和职务作品的保护期限为50年，自作品首次发表时起算，但作品自创作完成后50年内未发表，不再保护。(3)电影作品和以类似摄制电影的方法创作的作品、摄影作品的保护期限为50年，但作品自创作完成后50年内未发表，不再保护。

(三)著作权的限制

著作权的限制，是指对作者享有的著作权的形式，从法律上给予一定的约束。现代各国著作权法确认的著作权限制的原则主要有：(1)合理使用。我国《著作权法》第22条第1款以列举的方式规定了合理使用的范围，主要包括为个人学习、研究或者欣赏，使用他人已经发表的作品；为介绍、评论某一作品或者说明某一问题，在作品中适当引用他人已经发表的作品；为了学校课堂教学或者教研的需要等12类情形。(2)法定许可。我国

《著作权法》以及《中华人民共和国著作权法实施条例》对此作出了相关规定。(3)强制许可。我国现行《著作权法》并未规定著作权的强制许可制度。

四、著作权的侵权行为及其法律责任

著作权的侵权行为，是指未经著作权人的同意，且无正当法律依据擅自使用享有著作权的作品，损害著作权人的财产权和人身权等权利的行为。

构成著作权的侵权行为应当具备以下条件：(1)行为人使用的作品，必须是享有著作权的作品；(2)行为人使用他人作品无法律上的根据。

(一)著作权侵权行为的主要表现形式

根据我国《著作权法》第47条和第48条的规定，侵犯著作权的行为主要有：(1)擅自发表他人作品；(2)侵占他人作品；(3)强行在他人作品上署名；(4)歪曲、篡改他人作品；(5)剽窃他人作品；(6)擅自使用他人作品；(7)拒付报酬；(8)侵犯版式设计权和专有出版权；(9)侵犯邻接权；(10)制作、出售假冒他人署名作品等。

(二)著作权侵权行为的法律责任

根据我国《著作权法》第47条和第48条的规定，著作权侵权行为依法应承担的民事责任主要有：(1)停止侵害；(2)消除影响；(3)赔礼道歉；(4)赔偿损失。

我国《著作权法》、《刑法》同时对某些严重的著作权侵权行为设定了相应的行政法律责任和刑事法律责任。

五、邻接权

邻接权，是指与著作权相邻的权利。具体而言，它是指作品的传播者在传播作品的过程中，对其所付出的创造性劳动成果，依法应享有的专有权利的统称。我国《著作权法》对邻接权作出了规定。邻接权主要有以下几种情形：(1)出版者的权利，是指图书、报刊的出版者与著作权人通过合同约定，在一定期限内对其所出版的作品享有的专有使用权；(2)表演者的权利，是指表演者对其文学、音乐、戏剧、舞蹈、曲艺等作品的艺术表演依法享有的权利；(3)录音录像制作者的权利，是指录音录像制作者对其制作的录音制品所享有的许可他人复制、发行并获得报酬的权利；(4)广播组织者的权利，又称广播电视节目制作者权。

实务训练

詹某是风尚时装公司的服装设计师，她编制了计算机辅助服装设计程序，并向有关部门登记。风尚时装公司主张，该软件是詹某在承担公司指派的工作任务的过程中完成的，应属职务作品，著作权属时装公司。

请问：詹某对该程序应否独立享有著作权？

点评：

如该程序确为时装公司指派的工作任务，且主要利用公司的物质技术条件完成程序设计，则詹某对该程序不应独立享有著作权，该程序属于职务作品。反之，如该程序非为时装公司指派的工作任务，且詹某未利用公司提供的物质技术条件，而是在工作之余，利用自己服装设计的经验完成了程序设计，则詹某对该程序独立享有著作权。

第三节 专 利 权

一、专利权的基本概念

（一）专利与专利权

专利（patent），在法律意义上，即是指专利权，它是国家专利主管机关依法授予发明创造者（或其合法继受人），对其符合法律规定的发明创造在一定期间内独占性实施的权利。

专利具有公开和垄断两大基本特征。所谓垄断，就是法律授予发明创造者在一定期间内享有独占使用的权利。所谓公开，是指发明创造者作为法律授予独占使用权的回报，必须将自己的技术公之于众。现代专利制度无不体现“垄断”与“公开”的合一思想。

（二）专利法

专利法是调整发明创造的产生、利用与保护等发生的各种社会关系的法律规范的总和。

我国是世界上建立专利制度比较晚的国家，1984 年 3 月 12 日，中华人民共和国第六届全国人民代表大会常务委员会审议并通过的《专利法》，是新中国成立后的第一部专利法，该法经 1992 年、2000 年、2008 年三次修订，标志着我国专利制度的日趋成熟与完善。

二、专利权的客体、主体和内容

（一）专利权的客体

授予技术发明以专利权，首先要明确专利保护对象，通常也称之为专利权的客体。

依照我国《专利法》第 2 条的规定，我国专利法保护发明、实用新型和外观设计，并依法授予发明专利、实用新型专利和外观设计专利。

1. 发明

根据我国《专利法》第 2 条第 2 款的规定，发明是指对产品、方法或者其改进所提出的新的技术方案。发明应当具备两个条件：一是发明必须是利用自然规律的结果。换言之，它不能是人的纯智力活动所产生的东西或人为规定的东西。二是发明是新的、具体的技术方案。技术方案是指运用自然规律解决人类生产、生活中某一特定的技术问题的具体构思，是利用自然规律使之产生一定效果的方案。

依据以上发明的定义，发明可以是产品发明，也可以是方法发明。产品发明包括一切有形的物体发明，即对机器、设备、部件、仪器、装置、用具或组合物、化合物等作出的发明。根据现行《专利法》，方法发明不包括经营方法。

此外，发明可以是首创发明，也可以是改进发明、组合发明、应用发明等。

2. 实用新型

根据我国《专利法》第2条第3款的规定，实用新型是指对产品的形状、构造或者其结合所提出的适于实用的新的技术方案。实用新型专利在技术水平上略低于发明专利，所以人们又称之为“小发明”或“小专利”。

根据实用新型的定义，它应具备以下两个特征：一是它必须是一种产品，该产品应当是经过工业方法制造的、占据一定空间的实体；二是它必须是具有一定形状和构造的产品。在实践中，我国专利局发布的第27号公告，明确规定了不属于实用新型保护的范围，例如，各种方法和产品的用途、无确定形状的产品、不可移动的建筑物等。

3. 外观设计

根据我国《专利法》第2条第4款的规定，外观设计是指对产品的形状、图案或者其结合，以及色彩与形状、图案的结合所作出的富有美感并适于工业应用的新设计。

根据外观设计的定义，它应该具备以下特征：（1）与产品结合；（2）能在工业上应用；（3）富于美感。

4. 不能成为专利权客体的对象

根据专利法的宗旨，对发明创造授予专利权必须有利于其推广应用，有利于促进科学技术的进步与发展。因此，我国《专利法》第5条规定，对违反国家法律、社会公德或者妨害社会公共利益的发明创造，不授予专利权。例如，用于赌博的设备，使盗窃者双目失明或造成其他伤残的防盗装置等。

（二）专利权的主体

专利权的主体，是指具体参加特定的专利权法律关系并享有专利权的人。此处的“人”包括自然人、法人和其他组织。

依据我国《专利法》的规定，发明人或设计人、发明人或设计人所属的单位、外国企业、其他组织和个人都可以成为专利权的主体。专利权可以为一个自然人或单位所有，也可以为两个或两个以上的自然人或单位所共有。

1. 发明人、设计人

我国《专利法》所称的发明人或者设计人，是指对发明创造的实质性特点作出了创造性贡献从而完成发明创造的人。

2. 职务发明人及单位

职务发明创造，是指发明人、设计人在执行本单位任务，或者主要是利用本单位的物质技术条件所完成的发明创造。我国《专利法》第6条和《专利法实施条例》第12条明确规定了职务发明的标准。

3. 合同约定的单位和个人

根据我国《专利法》第8条的规定，两个以上单位或者个人合作完成的发明创造、一个单位或者个人接受其他单位或者个人委托所完成的发明创造，除另有协议的以外，申请专利的权利属于完成或者共同完成的单位或者个人，申请被批准后，申请的单位或者个人为专利权人。

课堂讨论

2002年8月5日，雷某入职某民营企业。雷某在该民营企业工作期间，其作为发明人发明了一项名称为一种大功率LED灯支架的实用新型专利，该专利申请日为2007年7月10日，授权公告日为2008年5月28日，专利号为200720121425.3，专利权人为该民营公司。2009年8月26日，雷某从该民营企业离职。2011年6月28日，雷某以该民营企业未支付职务发明创造发明人、设计人奖励、报酬为由，向法院提起诉讼。该民营企业主张，该企业为民营企业，而非国有企事业单位，并无支付奖金和报酬的义务。

请问：本案中实用新型专利是否属于职务发明？该民营企业是否应当向雷某支付职务发明创造发明人、设计人奖励、报酬？

（三）专利权的内容与限制

1. 专利权的内容

由于发明、实用新型专利权与外观设计专利权的属性有所不同，所以权利类型也有所不同。我国《专利法》第11条对不同类型的权利也加以了区别规定。

对于发明和实用新型，如果属于“产品专利”，专利权人享有制造权、使用权、许诺销售权、销售权、进口权；如果是“方法专利”，则专利权人的权利不仅及于对该方法的使用，还包括使用、许诺销售、销售、进口依照该专利方法直接获得的产品。

对于外观设计专利，专利权人享有制造权、许诺销售权、销售权和进口权。

除以上不同类型的专利权外，根据我国《专利法》的有关规定，专利权人还具体享有以下权利：（1）禁止权；（2）许可权；（3）转让权；（4）表明发明人身份的权利；（5）标记权等。

2. 专利权的限制

专利权人对其发明创造享有独占权，其他任何人实施该项专利必须征得专利权人的同意。但是，从维护社会公众利益、促进社会发展方面考虑，需要对专利权人的权利进行一定的限制。

我国《专利法》对此也作出了若干规定，主要有：（1）专利的计划许可；（2）专利的强制许可。例如，在国家出现紧急状态或非常情况时，或者为了公共利益目的的强制许可，以及为了公共健康目的的限制许可。

三、授予专利权的实质条件

申请专利的实质条件通常也称为专利性，是指申请人为了取得专利权，必须使自己作出的发明创造符合一定的发明创造水平，即满足发明创造的实质条件。

（一）授予发明和实用新型专利的实质条件

我国《专利法》第22条第1款规定，授予专利权的发明和实用新型，应当具备新颖性、创造性和实用性。缺少这三个条件中的任何一个，都不能获得申请。所谓新颖性，是指申请的发明或实用新型是现有技术中前所未有的，尚未被公知公用的。所谓创造性，在国外的专利法中也称为"非显而易见性"，是指与现有技术相比，该发明或实用新型具有突出的实质性特点和显著进步。所谓实用性，是指发明或实用新型能够制造或者实用，并且能够产生积极效果。

尽管各国对专利法的新颖性作了比较严格的规定，但对新颖性的要求也有一些例外规定。我国《专利法》规定，申请专利的发明创造在申请日以前 6 个月内，有下列情形的，不丧失新颖性：(1) 在中国政府主办或者承办的国际展览会上首次展出的；(2) 在规定的学术会议上或者技术会议上首次发表的；(3) 他人未经申请人同意而泄露其内容的。

(二) 授予外观设计的实质条件

我国《专利法》第 23 条规定，授予专利权的外观设计，应当不属于现有设计；也没有任何单位或者个人就同样的外观设计在申请日以前向国务院专利行政部门提出过申请，并记载在申请日以后公告的专利文件中。授予专利权的外观设计与现有设计或者现有设计特征的组合相比，应当具有明显区别。授予专利权的外观设计不得与他人在申请日以前已经取得的合法权利相冲突。

课堂讨论

李工程师完成了一项技术革新任务，在兴奋和激动之余，将该项革新任务的主要技术内容以论文的形式公开发表了。事后经专家提醒，才想到应该将该项技术成果申报专利。

请问：自己将发明的主要技术方案以论文形式公开发表后再申请专利的，还能被授予专利权吗？

四、专利权的取得

一项发明创造为取得专利权，除必须符合实质条件外，还必须按照一定的程序提出申请，并符合对专利申请文件的格式要求，履行各种申请手续，这就是通常所说的授予专利权的形式条件。

(一) 专利申请原则

(1) 先申请原则。我国《专利法》第 9 条规定，两个以上的申请人分别就同样的发明创造申请专利的，专利权授予最先申请的人。

(2) 单一性原则，也称一申请一发明原则。我国《专利法》第 31 条规定，一件发明或者实用新型专利申请应当限于一项发明或者实用新型，属于一个总的发明构思的两项以上的发明或者实用新型，可以作为一件申请提出。一件外观设计专利申请应当限于一项外观设计。同一产品两项以上的相似外观设计，或者用于同一类别并且成套出售或者使用的产品的两项以上的外观设计，可以作为一件申请提出。

(3) 国际优先权原则。我国《专利法》第 29 条规定，申请人自发明或者实用新型在外国第一次提出申请专利之日起 12 个月内，或者自外观设计在外国第一次提出申请之日起 6 个月内，又在中国就相同主题提出专利申请的，依照该外国同中国签订的协议或者共同参加的国际条约，或者依据相互承认优先权的原则，可以享有优先权。即有权以其第一次提出申请的日期作为后来提出申请的申请日。

（二）专利权的申请

专利权不能自动取得，申请人必须履行我国《专利法》所规定的专利申请手续，向国务院专利行政部门提交必要的申请文件，办理专利申请的各种手续都必须采用书面形式。

1. 专利申请的提出

申请人可以是：发明人或设计人，发明创造的合法受让人，职务发明创造的单位。

中国人申请专利可以委托专利代理机构代理，外国人申请专利应当委托专利代理机构代理。中国单位或者个人将其在国内完成的发明创造向外国申请专利的，应当先向国务院专利行政部门申请专利，委托其指定的代理机构办理。

2. 申请专利应提交的文件

申请发明专利或者实用新型专利的，应提交以下文件：（1）请求书，是申请人向专利局表示请求授予专利权愿望的一种书面文件；（2）说明书，它应当将发明创造的内容清楚、完整地公开，使所属技术领域的普通技术人员能够实施该项发明；（3）权利要求书，记载申请人请求权利保护的范围；（4）附图；（5）摘要。

申请外观设计专利的，应提交请求书、该外观设计的图片或者照片以及对该外观设计的简要说明等文件。

五、专利权的保护、侵权行为与责任

（一）专利权的保护范围

对不同类型的专利来说，确定其专利权保护范围的依据也不同。发明和实用新型专利权，保护范围以其权利要求的内容为准；外观设计专利权，保护范围以表示在其图片或者照片中的该外观设计专利产品为准。

（二）专利权的保护期限

为专利权规定保护期限，既是一种平衡专利权人和公众利益的手段，也是新旧更替的技术发展规律的要求。我国《专利法》第 42 条规定，发明专利权的期限为 20 年，实用新型专利权和外观设计专利权的期限为 10 年，均自申请日起计算。

（三）专利权的侵权行为

专利权的侵权行为可分为直接侵权和间接侵权。

直接侵权，是指未经专利权人的许可，为生产经营目的制造、使用、许诺销售、销售、进口其专利产品，或者使用其专利方法以及使用、许诺销售、销售、进口依照该专利方法直接获得的产品的行为。

间接侵权，是指行为人本身并不直接侵犯专利权，但却诱使或实质性帮助他人非法实施专利权人的专利。

（四）专利权的侵权责任

我国《专利法》对专利权侵权行为规定了包括停止侵害、消除影响、赔偿损失等在内的民事责任。我国《专利法》、《刑法》同时对某些严重的专利侵权行为设定了相应的行政法律责任和刑事法律责任。

实务训练

某临床医生根据自己多年的临床经验，发明了一种医疗器械。现该医生决定申请专利，但该医生所在单位认为该发明应当属于职务发明。因此对于这种医疗器械的专利申请权的归属产生纠纷。

请问：此发明是否属于职务发明？

点评：

不是。对于这种医疗器械的专利申请权的归属，就涉及“本职工作”的认定。对于该医生而言，其本职工作应当是为病人看病，而非从事医疗器械的发明创造。在没有其他因素的情况下，如单位交付发明任务或者主要利用本单位物质条件等情形的存在，此发明创造应当属于非职务发明。

第四节　商　标　法

一、商标的基本概念

（一）商标

商标（trademark），俗称“品牌”或“牌子”，它是指生产者、经营者为使自己的商品或服务与他人的商品或服务相区别，而使用在商品及其包装上或服务标记上的由文字、图形、字母、数字、三维标志、颜色组合和声音等，以及上述要素的组合所构成的一种视听性标志。

商标作为一种标记，其特征主要表现为：（1）商标具有显著性；（2）商标与特定的商品或者服务紧密联系在一起；（3）商标是一种具有价值的无形资产。

（二）商标的分类

商标从不同角度，根据不同标准，可以有不同分类。

（1）根据商标使用的对象，商标可分为商品商标和服务商标。

（2）根据商标的形态，商标可分为文字商标、图形商标、字母商标、数字商标、三维标志商标、颜色组合商标和声音组合商标。

（3）按商标是否注册，商标可分为注册商标和非注册商标。

（4）按商标是否为公众熟知，商标可分为驰名商标（是指由商标局认定的在市场上享有较高声誉并为相关公众所熟知的商标）、著名商标（是指由省级工商行政管理部门认可的，在该行政区划范围内具有较高声誉和市场知名度的商标）、知名商标（是指由市级工商行政管理部门认可的，在该行政区划范围内具有较高声誉和市场知名度的商标）。

（5）按商标的特殊性质，商标可分为联合商标（是指同一商标所有人在相同或者类似商品上使用的若干个近似商标）、防御商标（是指同一个商标所有人在不同类别的商品上注册使用同一个商标）、证明商标（是指由某种商品或者服务具有监督能力的组织所控制，而由该组织以外的单位或者个人使用于其商品或服务，用以证明该商标或者服务的原产地、原料、制造方法、质量或者其他特定品质的标志）。

（三）商标法

商标法是调整商标注册、商标使用、商标管理和商标保护过程中产生的各种社会关系的法律规范的总和。

我国现行《商标法》于 1982 年 8 月 23 日由第五届全国人民代表大会常务委员会第 24 次会议通过，使我国的商标活动有法可依。该法经 1993 年、2001 年、2013 年三次修订，使商标管理呈现制度化和法律化。

二、商标的注册

（一）注册

关于商标是否必须注册的问题，各国商标法的规定有所不同，我国对大多数商品采用自愿注册，但对人用药品和烟草制品规定强制注册。

1. 注册的概念

商标注册，是商标申请人为了取得商标专用权，将其使用或准备使用的商标，依照法律规定的条件、原则和程序，向商标局提出注册申请，经商标局审核，予以注册的法律制度。在我国，商标注册是确定商标专用权的法律依据。

2. 注册的申请人

按照我国《商标法》的规定，商标注册申请人可以是自然人、法人或者其他组织，外国人、外国企业根据我国法律或者有关国际协议及条约也可成为商标注册申请人。

（二）注册的原则

（1）申请在先。申请在先原则，是指以申请日为根据，受理在先申请人的商标注册申请，驳回在后申请人的注册申请。我国《商标法》第 31 条规定，两个或两个以上的商标注册申请人，在同一种商品或者类似商品上，以相同或者近似的商标申请注册的，初步审定并公告申请在先的商标。我国《商标法实施条例》第 18 条规定，商标注册的申请日期以商标局收到申请文件的日期为准。

（2）同日申请，使用在先取得商标注册。此原则是指两个或者两个以上的商标注册申请人，在同一种商品或者类似商品上，分别以相同或者近似商标申请注册，若是在同一天申请的，则使用在先者取得商标注册。我国《商标法》第 31 条、《商标法实施条例》第 19 条对此原则作出了相关规定。

（3）一标多类。此原则是指商标注册申请人可以通过一份申请就多个类别的商品申请注册同一商标。一标多类申请原则是我国 2014 年《商标法》修订与国际接轨的一次重大变革，设置这一制度的出发点在于方便申请人，尤其是规模较大、跨类经营较多及注重保护性注册的企业申请人针对同一商标在多个类别的注册申请。

（4）优先权。该原则是指商标局在确定注册商标申请的申请日时，不以商标局收到符合形式要求的申请文件的实际日期为准，而是按照某种标准确定一个先前的日期为准。我国《商标法》第 25 条和第 26 条分别规定了两种优先权的情况：一是商标注册申请人自其商标在外国第一次提出商标注册申请之日起 6 个月内，又在中国就相同商品以同一商标提出商标注册申请的，依照该外国同中国签订的协议或者共同参加的国际条约，或者按照相互承认优先权的原则，可以享有优先权。二是商标在中国政府主办的或者承认的国际展览会展出的商品上首次使用的，自该商品展出之日起6个月内，该商标的注册申请人可以享有优先权。

(5) 诚实信用原则。2014年修订的《商标法》第7条新增，“申请注册和使用商标，应当遵循诚实信用原则”。将民事活动应遵循的基本原则明确写入《商标法》，目的在于倡导市场主体从事有关商标的活动时应诚实守信，同时对当前日益猖獗的商标抢注行为予以规制。可以预见的是，该条款将在日后的商标确权及维权案件中作为兜底条款大量使用。

课堂讨论

A汽车配件厂在其生产的汽车变速器上使用“长城”作为商标已近两年，并已经获准注册，且在当地与一家汽车厂配套使用。B汽车配件厂也在自己的变速器上使用“长城”作为商标。

请问：B的行为是否合法？

(三) 注册的程序

1. 提交商标注册的申请文件

我国《商标法实施条例》第13条至第15条，对此作出了详细的规定，申请文件主要包括：商标注册申请书、商标图样、身份证明材料，申请注册集体商标、证明商标的还应提交主体资格证明材料等。

2. 受理与审查

商标注册申请由商标局受理并进行审查，审查的内容主要包括两个方面：(1) 形式审查，审查申请手续是否完备，填报项目是否符合要求等；(2) 实质审查，是指商标审查机关依照法律规定，对形式审查合格的商标注册申请所进行的检索、分析、对比、调查研究，并决定给予初步审定或驳回申请的一系列活动。在我国，商标注册申请的实质审查，主要从以下三个方面着手：一是审查商标是否具有显著性；二是审查注册商标有无违反《商标法》的禁用条款；三是商标相同、近似的审查。

3. 公告

经审查认为申请人有资格取得商标注册的，即将该项申请在《官方商标公报》上予以公布，让公众进行审查，时间一般为1～3个月。

4. 异议

在公告期内，任何人如果认为该商标不符合法律的要求或者与已注册的商标相同或类似，可向商标主管部门或者有管辖权的法院提出异议。经审查，异议属实的，将不予以核准注册。

5. 复审

如果商标注册申请遭到主管部门的拒绝，申请人可以向有关部门或有管辖权的法院提起诉讼。

6. 核准

对初审的商标，在一定期限内如无人提出异议，或虽有人提出异议但裁定异议不能成立，商标主管机关就核准注册，发给申请人商标注册证，并再次公告。

经核准注册的商标，应在商标上或者包装上以及说明书、附着物上标明注册标记®，在我国还可标“注册商标”。

三、商标权及其保护

（一）商标权的概念

商标权是商标所有人依法对其使用的商标所享有的权利。商标权是商标法律制度的核心，也是商标法保护的重点。

（二）商标权的主体

在我国《商标法》中，商标权是商标注册人对其所注册的商标享有的权利。因此，在我国法律意义上，商标权主体或商标权人，即注册商标所有人。它既可以是原始主体，也可以是继受主体；它既可以是自然人，也可以是法人或其他组织。

（三）商标权的客体

商标权的客体，也就是商标；或者依据我国的《商标法》，即注册商标。

除法律规定的情形外，商标可以不经注册使用，但这种标注作为商标使用必须符合一定的条件，否则不得作为商标使用。我国《商标法》对不得作为商标使用的标志和不得作为商标注册的标志分别进行了规定。

我国《商标法》第10条规定，下列标志不得作为商标使用：（1）同中华人民共和国的国家名称、国旗、国徽、军旗、勋章等相同或者近似的，以及同中央国家机关所在地特定地点的名称或者标志性建筑物的名称、图形相同的；（2）同外国的国家名称、国旗、国徽、军旗等相同或者近似的，但该国政府同意的除外；（3）同政府间国际组织的名称、旗帜、徽记等相同或者近似的，但经该组织同意或者不易误导公众的除外；（4）与表明实施控制、予以保证的官方标志、检验印记相同或者近似的，但经授权的除外；（5）同“红十字”、“红新月”的名称、标志相同或者近似的；（6）带有民族歧视性的；（7）带有欺骗性的，容易使公众对商品的质量等特点或者产地产生误认的；（8）有害于社会主义道德风尚或者有其他不良影响的；（9）县级以上行政区划的地名或者公众知晓的外国地名等。但由于历史原因，现实中有不少不符合上述条件，并且已经被核准注册使用的商标，如“青岛”啤酒等。

我国《商标法》第11条对“不得作为商标注册的标志”作了详细的规定，主要包括：（1）仅有本商品通用名称、图形、型号的；（2）仅直接表示商品的质量、主要原料、功能、用途、重量、数量及其他特点的；（3）其他缺乏显著特征的。

（四）商标权的内容

商标权人的权利是指商标权人对核准注册的商标所拥有的权利，其具体内容包括以下几个方面：

（1）专有使用权，是指商标权人在核定使用的商品或者服务项目上使用其商标的权利。注册商标的专用权，以核准注册的商标和核定使用的商品为限。此外，使用注册商标也是商标权人的义务，商标权人不能长期将注册商标闲置不用。《商标法》规定，商标权人如果连续三年停止使用其注册商标，就会导致该注册商标被撤销的后果。

(2) 禁止权，是指商标权人禁止他人未经许可擅自使用其注册商标的权利。

(3) 转让权，是指商标权人在注册商标的有效期内，依法将因注册商标而产生的商标专用权转让给他人，原商标权人不再享有该注册商标的专用权，受让人成为该注册商标的商标权人，享有该注册商标的专用权。

(4) 许可权，是指商标权人将其注册商标的使用权许可他人在约定的时间、地域和以约定方式行使，注册商标的所有权不发生转移。商标权使用的许可形式可以是独占使用许可、排他使用许可以及普通使用许可。

(5) 续展权，是指通过法定程序，延续原注册商标的有效期限，使商标权人继续保持对其注册商标的专用权。

(五) 商标权的期限与续展

(1) 商标权的有效期限，也称注册商标的有效期限，是指注册商标受法律保护的有效期限。我国《商标法》第 39 条规定，注册商标的有效期为 10 年，自核准注册之日起计算。

(2) 我国《商标法》第 40 条规定，注册商标有效期满，需要继续使用的，应当在期满前 6 个月内申请续展注册；在此期间未能提出申请的，可以给予 6 个月的宽展期。宽展期满仍未提出申请的，注销其注册商标。每次续展注册的有效期为 10 年。

(六) 商标权的侵权与法律责任

1. 侵犯注册商标权专用权的行为

根据我国《商标法》第 57 条的规定，有下列行为之一的，均属侵犯注册商标专用权：(1) 未经商标注册人的许可，在同一种商品上使用与其注册商标相同的商标的；(2) 未经商标注册人的许可，在同一种商品上使用与其商标近似的商标，或者在类似商品上使用与其注册商标相同或近似的商标，容易导致混淆的；(3) 销售侵犯注册商标专用权的商品的；(4) 伪造、擅自制造他人注册商标标识或者销售伪造、擅自制造的注册商标标识的；(5) 未经商标注册人同意，更换其注册商标并将该更换商标的商品又投入市场的；(6) 故意为侵犯他人商标专用权行为提供便利条件，帮助他人实施侵犯商标专用权行为的；(7) 给他人的注册商标专用权造成其他损害的。

2. 侵犯商标权的法律责任

根据《民法通则》，侵犯商标权行为承担民事责任的方式主要有以下几种：停止侵害、消除影响、赔偿损失。我国《商标法》、《刑法》同时对某些严重的专利侵权行为设定了相应的行政法律责任和刑事法律责任。

实务训练

甲卷烟厂使用注册商标生产“白云”牌香烟，乙卷烟厂在其后未经商标注册也生产销售“白云”牌香烟，其香烟质量较甲厂低。甲厂认为乙厂的行为严重损害了自己的商品信誉，侵犯了自己的注册商标专用权，属于商标侵权行为。甲厂向当地工商行政管理部门要求处理并要求乙厂赔偿损失。

根据案情回答下列问题：

(1) 乙厂的行为属于何种性质？违反了我国《商标法》的哪些规定？

（2）工商行政管理部门应当如何处理？

点评：

（1）乙厂的行为具有违反商标注册管理和商标侵权双重性质。乙厂的行为违反了我国《商标法》中产销烟草制品者必须使用注册商标，否则不得在市场上销售的强制性注册规定。对于乙厂的此种违法行为，工商管理部门依法可责令其限期注册，并可加处罚款。

（2）乙厂的行为侵犯了甲厂的注册商标专用权。根据我国《商标法》的规定，未经注册的商标权人许可，在同种商品上使用与其注册商标相同或近似商标的，构成商标侵权。工商行政管理部门或人民法院可以根据甲厂的请求责令乙厂停止侵权，赔偿损失，并加处罚款。

本章小结

- 第四章
  - 知识产权制度概述
    - 知识产权概述
    - 知识产权法的概念及体系
  - 著作权
    - 著作权和著作权法的基本概念
    - 著作权的客体、主体和内容
    - 著作权的取得、保护期限和限制
    - 著作权的侵权行为及其法律责任
    - 邻接权
  - 专利权
    - 专利权的基本概念
    - 专利权的客体、主体和内容
    - 授予专利权的实质条件
    - 专利权的取得
    - 专利权的保护、侵权行为与责任
  - 商标法
    - 商标的基本概念
    - 商标的注册
    - 商标权及其保护

知识巩固训练

一、名词解释

1. 知识产权
2. 著作权
3. 邻接权
4. 专利权
5. 商标权

二、判断题

1. 作者必须在其作品上署名，不管是署真名还是假名，不允许不署名。（ ）
2. 法院的判决书属于我国著作权作品保护的范围。（ ）
3. 我国《商标法》和《专利法》一样，只保护财产权，不保护人身权。（ ）

4. 某公司拟在其生产的雨伞上申请注册"防御"牌商标，该商标将获准注册。( )

5. 优先权只存在于专利申请中，商标注册申请不存在优先权。( )

6. 任何能够将自然人、法人或者其他组织的商品与他人的商品区别开的可视性标志，包括文字、图形、字母、数字、三维标志和颜色组合，以及上述要素的组合，均可以作为商标申请注册。( )

三、单项选择题

1. 某单位的技术人员在不影响本职工作的条件下，在其他单位兼职并利用那个单位的物质技术条件研制出一项发明创造，对该发明创造申请专利的权利属于( )。
   A. 原单位　B. 兼职单位　C. 双方共有　D. 该技术人员

2. 甲公司指派其研究人员乙和丙共同研究开发一项技术，该技术开发完成后，甲公司决定就该项技术申请专利。在填写专利申请文件时，"发明人"一栏应当填写( )。
   A. 甲公司的名称　B. 乙或者丙的姓名
   C. 甲公司的名称和乙与丙的姓名　D. 乙和丙的姓名

3. 画家王大发将其创作的一幅油画以5万元价格卖给某公司，某公司因此取得( )。
   A. 绘画原件所有权和著作权　B. 绘画的著作财产权
   C. 绘画的著作人身权　D. 绘画原件所有权和展览权

4. 甲中学为了迎接建校100周年庆典，特委托乙工艺美术院设计校徽，双方约定校徽著作权归甲中学所有。乙工艺美术院在接受委托后组织实施中，因自己的设计人员设计不尽如人意，遂又委托在某广告公司工作的丙设计校徽，但未约定著作权的权属。后乙工艺美术院将丙的作品交给甲中学，甲中学十分满意，将其确定为校徽。但是各方对著作权的归属发生了争议。本案中著作权应归属于( )。
   A. 甲中学　B. 乙工艺美术院　C. 丙　D. 三方共有

5. 我国《著作权法》对公民作品的发表权的保护期限是( )。
   A. 作者有生之年加死后50年　B. 作品完成后50年
   C. 没有限制　D. 作者有生之年

6. 某建筑设计公司工程师张某接受公司指派的任务，为该公司承揽设计的某住宅楼绘制了工程设计图。按照著作权法的规定，下列有关该工程设计图著作权的表述中，正确的是( )。
   A. 张某享有工程设计图的署名权，该公司享有著作权的其他权利
   B. 张某享有工程设计图的发表权、署名权、修改权和保护作品完整权，该公司享有著作权的其他权利
   C. 张某享有工程设计图的所有权利，但该公司在其业务范围内可以优先使用
   D. 该公司有工程设计图著作权的所有权利，但应当给予张某相应的奖励

7. 两个以上的申请人分别就同样的发明创造申请专利的，专利权应授予( )。
   A. 最先发明的人　B. 最先申请的人
   C. 所有申请的人　D. 协商后申请的人

8. 甲委托乙开发一种新产品，未明确约定该产品的专利申请权的归属。当该产品被开发完成后，在我国，其专利申请权应当归属于( )。

A. 甲　　B. 甲与乙共有　　C. 乙　　D. 国家

9. 外观设计专利的保护范围应当根据（　）确定。
   A. 说明书　　B. 图片或照片上表示的产品
   C. 实物模型或样品　　D. 说明书加图片或照片

10. 某地工商局在审查某皮革制品厂拟使用在其生产的皮制品上的商标时，发现其中有不符合法律规定的商标，该商标是（　）。
   A. “千里”牌商标　　B. “七匹狼”牌商标
   C. “羊皮”牌商标　　D. “耐斯”牌商标

11. 下列商品中必须使用注册商标的有（　）。
   A. 羊胎素护肤用品　　B. 电磁治疗仪　　C. 雪茄烟　　D. 儿童补钙糖果

12. 下列标志中，可以作为商标申请注册的是（　）。
   A. 五星红旗　　B. 中国　　C. 人民大会堂　　D. 黄河

13. 下列标志中，可以作为商标申请注册的是（　）。
   A. 苹果，使用的商品为苹果酱
   B. 725 标号，使用的商品为水泥
   C. 两面针，使用的商品为含有“两面针”中药的牙膏
   D. 二锅头，使用的商品为白酒

14. 下列说法中，正确的是（　）。
   A. 商标的显著特征是指商标特别引人注目
   B. 构成商标的图形越复杂，商标越具有显著特征
   C. 构成商标的图形越简单，商标越具有显著特征
   D. 将“苹果”二字作为服装上的商标使用，该商标具有显著特征；将“苹果”二字作为苹果酱上的商标使用，该商标缺乏显著性

四、多项选择题

1. 申请注册的商标，应当满足下列要求：（　）。
   A. 具有显著特征
   B. 便于识别
   C. 不得与他人在先取得的合法权利相冲突
   D. 具有创造性

2. 下列标志中，不得作为商标使用的有（　）。
   A. 同“红十字”、“红新月”的名称、标志相同或者近似的
   B. 带有民族歧视性的
   C. 带有欺骗性的
   D. 有害于社会主义道德风尚或者有其他不良影响的

3. 依照商标法的规定，下列行为属于侵犯注册商标专用权的行为是：（　）。
   A. 某电子公司未经商标注册人的许可，在同一种商品或者类似商品上使用与其注册商标相同或者近似的商标
   B. 某商场销售侵犯注册商标专用权的商品
   C. 某印刷厂销售伪造、擅自制造的注册商标标志

D. 甲商场未经商标注册人乙同意，将乙的商品更换注册商标并将该更换商标的商品又投入市场

4. 工程师赵某发明了一种制造饼干的方法并获得专利权，下列行为中，侵害了工程师赵某的专利权的有（ ）。

A. 某企业未经允许，为了经营，以该方法制造饼干

B. 某企业未经允许，为了经营，销售以该方法制造的饼干

C. 某企业未经允许，为了经营，出口以该方法制造的饼干

D. 某研究所为了试验，使用该方法制造少量饼干

5. 依据《专利法》的有关规定，下列不授予专利权的情况为（ ）。

A. 甲发明了仿真伪钞机

B. 乙发明了对糖尿病特有的治疗方法

C. 丙发现了某植物新品种

D. 丁发明了某植物新品种的生产方法

6. 专利权人的主要权利有（ ）。

A. 独占权　　B. 转让权　　C. 投资权　　D. 标记权

E. 放弃专利权的权利

7. 下列各选项中，所列内容均属于《专利法》保护的智力成果的为（ ）。

A. 关于一种新化学元素的发明、一种新型高分子材料的聚合

B. 一种速算方法、一种演示新计算方法的教学用具

C. 一种减肥新药、一种新型减肥食品

D. 一种诊断早期肝癌的新方法、一种新的放射疗法

8. 著作权所称的作品不包括（ ）。

A. 以口头语言即兴创作的诗歌　　B. 小说、散文

C. 新闻评论　　D. 通用计算公式

9. 我国《著作权法》规定，著作权的取得采用（ ）原则。

A. 自动取得　　B. 登记取得　　C. 注册取得　　D. 发表取得

10. 根据我国《专利法》的规定，授予专利权的外观设计，必须具有显著特征，能适用于工业产品上，并且符合（ ）的要求。

A. 新颖性　　B. 创造性　　C. 实用性　　D. 显著性

11. 甲的下列行为中，构成专利侵权的为（ ）。

A. 甲受专利实施许可合同的被许可人乙的委托，加工专利产品的部件

B. 甲在乙的指导下，生产了乙发明的新产品，后来乙取得该产品专利权

C. 甲本人从事发明创造，其发明覆盖了乙的专利的主要技术特征，甲在未与乙协商的情况下实施了自己的专利

D. 甲未经乙的许可，实施乙的专利

五、简答题

1. 什么是著作权？其内容有哪些？
2. 著作权的保护范围包括哪些？
3. 简述专利的种类和保护期限。

4. 如何保护专利权？

5. 什么样的行为是侵犯专利权的行为？

6. 简述授予发明、实用新型、外观设计专利权的实质条件。

7. 什么是商标？其作用有哪些？

8. 什么样的行为是侵犯专利权的行为？

9. 商标侵权行为有哪些类型？

综合实务训练

1. 甲公司原是一家主要生产油炸土豆片、锅巴等小食品的乡镇企业，自开业就将“香脆”二字作为商标使用于土豆片、锅巴产品的包装上。几年来，其产品销售量稳步增长，销售地区不断扩大。甲公司遂决定将“香脆”商标向中国商标局申请注册，使用的商品仍为土豆片、锅巴等。

问题：

(1)“香脆”二字用作油炸土豆片商标是否具有显著特征？为什么？

(2) 如果商标局驳回该商标注册申请，应在何时向谁提出复审请求？

(3) 如果商标复审机构维持商标局驳回申请的决定，甲公司仍不服，是否可以向人民法院起诉？如果可以，应在什么期限内？

(4) 如果商标局对“香脆”商标予以核准注册，该商标专用权的效力范围如何？

2. 全某与边某签订了著作权转让合同，约定边某将其享有的18集动画片的著作权所有权利在中国大陆以及香港、台湾地区范围内永久性转让给全某。该转让报经国家版权局备案，并颁发了著作权转让证书。

问题：

(1) 动画片的原始著作权人是谁？

(2) 全某能否通过继受方式永久取得该动画片的全部著作权？

3. 陶某从部队转业后到北京某城市建设总公司构件厂任厂长。1984年4月，他根据自己多年从事地基工程的经验，提出了“钻孔压浆成桩法”技术方案，并将其完整汇集在自己几十年来专门记载技术资料的笔记本上。1984年9月，构件厂在施工中遇到困难，陶某提出试行该技术方案，被采纳。为此，使用了构件厂的设备、人力、资金等，打试验桩，效果良好。1986年1月，陶某将该方法申请了专利，并获得授权。构件厂不服，向北京专利局提起行政处理请求，要求确认该专利为职务发明专利。

问题：

(1)“钻孔压浆成桩法”是否属于职务发明专利？

(2)“钻孔压浆成桩法”的完成时间是什么时候？

第五章

市场行为规制法律制度及实务

学习目标

1. 了解反垄断法，掌握反垄断法的适用范围和除外情况；掌握垄断协议、滥用市场支配地位、经营者集中、行政性垄断的法律规制；熟悉反垄断法执法机关和执法过程，以及违反反垄断法的责任。

2. 了解反不正当竞争法的概念、特征；理解不正当竞争行为的主要类型；掌握违反反不正当竞争法的法律责任。

3. 了解产品、产品质量和产品质量法的概念，以及产品质量法的调整范围；理解产品质量的监督与管理；掌握生产者、销售者的产品质量责任与义务及产品质量责任。

4. 了解消费者及消费者权益保护法的概念；理解消费者的权利和经营者的义务；掌握争议的解决办法和法律责任的确定。

实训目标

1. 熟悉垄断协议的形式与豁免；熟悉滥用市场支配地位的认定方法和程序；熟悉经营者集中的认定方法和程序。

2. 会识别不正当竞争行为；能运用反不正当竞争法来保护自己，追究责任者。

3. 能辨别产品质量法调整的产品范围；能区分生产者、销售者的产品质量责任与义务；能正确分析产品责任的归属及应承担的法律责任。

4. 能辨别消费者权益保护法的适用对象；能明辨侵犯消费者权益的行为；能通过有效的途径解决消费争议。

案例导学

2009 年唐山市人人信息服务有限公司（以下简称唐山人人公司）因被告北京百度网讯科技有限公司（以下简称百度公司）由于其降低了对百度搜索竞价排名的投入，即对全民医药网（http：//www.qmyyw.com）在自然排名结果中进行了全面屏蔽，从而导致全民医药网访问量大幅度降低，构成滥用市场支配地位，强迫原告进行竞价排名交易的行为提起反垄断诉讼，认为被告利用中国搜索引擎市场的支配地位对原告的网站进行屏蔽的行为，违反了《中华人民共和国反垄断法》（以下简称《反垄断法》）的规定。

如何界定本案的相关市场？你认为百度公司是否具有市场支配地位？其是否滥用了市场支配地位？

分析：

本案是《反垄断法》正式实施后北京法院作出判决的第一起案件。本案的裁判不仅给出了“相关市场”和“市场支配地位”的界定方法，而且对如何认定“滥用市场支配地位的行为”进行了有益探索，判决没有认定百度公司滥用市场支配地位，驳回原告唐山人人公司的诉讼请求。

“相关市场”是《反垄断法》中最基础和重要的一个概念，是指经营者在一定时期内就特定商品或者服务进行竞争的商品范围和地域。相关服务市场是根据服务的特性、用途及价格等因素，由需求者认为具有较为紧密替代关系的一组或一类服务所构成的市场。相关地域市场，是指需求者获取具有较为紧密替代关系的服务的地理区域，这些区域表现出较强的竞争关系，作为经营者进行竞争的地域范围。原告在本案中主张的相关市场是“中国搜索引擎服务市场”。搜索引擎服务本身可以构成一个独立的相关市场。考虑到文化背景、语言习惯等因素，中国的网络用户选择并可以获取的具有较为紧密替代关系的搜索引擎服务一般来源于中国境内，即中国境内相关服务的提供者会表现出较强的竞争关系。由此可见，“中国搜索引擎服务市场”是本案中《反垄断法》意义上的“相关市场”。被告以是否付费为标准衡量是否存在“相关市场”的观点是站不住脚的。

关于被告是否具有“中国搜索引擎服务市场”中的支配地位的问题，《反垄断法》第19条规定，在涉及一个经营者时，如其市场份额在相关市场当中达到二分之一时，可以推定其具有市场支配地位。原告认为：被告所占市场份额已经远远超过了二分之一，足以证明其具有市场支配地位。但是，它没有提供所依据的相关市场范围的大小与市场份额、计算方法，及有关基础性数据证据，未能使法院确信该市场份额的确定源于科学、客观的分析。原告所提供的证据不足以证明被告确实已经占据二分之一以上的市场份额，所以不足以证明被告获得了市场支配地位。关于被告是否有“滥用市场支配地位”的行为问题，无支配地位即无所谓的滥用问题。由于原告既未能证明被告具有市场支配地位，也未能证明被告存在滥用市场支配地位的行为，所以法院最终驳回了原告全部的诉讼请求。

资料来源：http：//tech. qq. com/a/20091218/000361. htm。

第一节　反垄断法

一、垄断概述

（一）垄断的概念

根据我国《反垄断法》，垄断的基本概念是指垄断主体在市场经济运行过程中进行的排他性控制或对市场竞争进行实质性限制，妨碍公平竞争秩序的行为或状态。法律意义上的垄断具有两个显著的特征，即违法性和危害性。垄断行为一定是违反各国法律明文禁止的规定，并同时对市场竞争构成实质危害的行为或状态。有些限制竞争行为，虽然也对市场竞争构成一定的威胁，但是得到法律的豁免；或者有些企业处于市场优势地位，但是尚未滥用这种优势，则不能列入《反垄断法》规制的范围。

（二）垄断的分类

1. 根据垄断者占有市场的情况，可分为独占垄断、寡头垄断和联合垄断

（1）独占垄断，是指一家企业对整个行业的生产、销售和价格有完全的排他性的控制能力，即在该企业所在的行业内，不存在任何竞争。这是典型意义上的垄断，也为各国法律所严格规制。

（2）寡头垄断，是指市场上只有为数不多的企业生产、销售某种特定的产品或者服务的状况。每个企业都在市场上占有一定的份额，对产品或服务的价格实施了排他性的控制，但它们之间又存在一定的竞争。

（3）联合垄断，是指多个相互间有竞争关系并有相当经济实力的企业，通过一定的形式（如垄断协议等），联合控制某一产业的市场或销售的状态。

2. 依据垄断产生的原因，可分为经济性垄断、国家垄断、行政性垄断和自然垄断

（1）经济性垄断，又称市场垄断，是指市场主体通过自身的力量设置市场进入障碍而形成的垄断。资本主义国家的垄断大多是经济性垄断。

（2）国家垄断是由国家对某一产业的生产、销售等进行直接控制，不允许其他市场主体进入该市场领域的情况。实行计划经济体制的国家的国民经济绝大部分是国家垄断。

（3）行政性垄断是指由政府行政机构设置的市场进入障碍而形成的垄断。在计划经济向市场经济转轨过程中，地方和部门保护主义就是典型的行政性垄断。

（4）自然垄断是由于市场的自然条件方面的原因而产生的垄断经营，这些部门如果竞争经营，则可能导致社会资源的浪费或市场秩序的混乱。如公用企业绝大多数是自然垄断企业。

其他因素形成的各种垄断，如知识产权垄断，其市场进入障碍既非由垄断者自身的力量形成，也不是由行政力量形成，而是由法律赋予的。

（三）反垄断法的概念

反垄断法是现代经济法的重要组成部分，是旨在规制市场中一系列独占市场、限制竞争、破坏市场竞争机制、损害社会公平利益行为的法律。

世界上最早的反垄断立法是美国1890年颁布的《抵制非法限制与垄断保护贸易及商业法》（简称《谢尔曼法》）。反垄断法在不同国家有不同的称谓。在美国，反垄断法以反托拉斯为主要内容，称为“反托拉斯法”；在德国，反垄断法以规制企业联合组织（卡特尔）之间的协议为主，称为“卡特尔法”（也称“反对限制竞争法”）；日本则以反对私人垄断和限制竞争作为反垄断法的内容，称为“禁止私人垄断及确保公平交易的法律”。

反垄断法与反不正当竞争法同属于市场竞争规制的法律范畴，各国在处理二者之间的关系上，采取分立式立法或者合并式立法。反垄断与反不正当竞争分别立法的模式以德国、韩国等国家为代表。将反垄断与反不正当竞争合并在一个法律的模式以俄罗斯、匈牙

利等国家为代表。我国1993年《中华人民共和国反不正当竞争法》（以下简称《反不正当竞争法》）制定之际，曾围绕对反垄断与反不正当竞争是分别立法还是合并立法进行过讨论。囿于当时的经济环境，一些西方国家反垄断法中典型的经济性垄断行为在我国尚不突出，单独进行反垄断立法的条件并不成熟。因此，我国采取了在重点规制反不正当竞争行为的同时，对部分垄断行为予以规制的做法，一度形成了我国混合式竞争立法的局面。随着我国经济体制改革的持续深入和对外开放的不断扩大，我国原有法律法规中一些防止和制止垄断行为的有关规定，已经不能完全适应发展社会主义市场经济和参与国际竞争的需要。因此，我国于2007年8月30日制定了一部系统、全面的《反垄断法》，并于2008年8月1日起正式实施。

（四）反垄断法的立法宗旨

（1）预防和制止垄断行为。垄断行为通常会排除、限制市场竞争，造成整体经济效率低下，破坏社会生产力的发展。反垄断法规定了垄断行为的种类、识别垄断行为的界限和标准，明确了对经营者违反反垄断法的行为所应承担的法律责任，以期达到预防和制止垄断行为的目的。

（2）保护市场公平竞争，提高经济运行效率。公平的市场竞争可以激励经营者提高生产效率，促进市场资源得到更有效的配置，从而提高社会整体经济效率，使全社会所有成员财富总量最大化。反垄断法通过禁止反垄断行为，维护公平竞争环境，使社会资源得到最优化的配置，以提高整体经济效率，造福于全社会所有成员。

（3）维护消费者利益。反垄断法通过保护竞争机制，遏制垄断行为，迫使经营者以最低的成本生产高质量的商品，使消费者可以购买到质优价廉的商品，提高了消费者的福利。

（4）维护社会公共利益，促进社会主义市场经济健康发展。提高市场经济效率是反垄断法的主要目的，它必须与其他社会公共利益取得平衡。反垄断法所涉及的社会公共利益目标，包括促进国民经济发展、提高国内企业的国际竞争力、保护对外贸易等国家利益、社会就业、环境与资源保护等。

（五）我国反垄断法的适用范围

（1）我国境内经济活动中经营者的经济性垄断行为。

（2）行政机关滥用行政权力，排除、限制竞争的行政性垄断行为。

（3）在中国境外发生的，对国内市场竞争产生排除、限制影响的垄断行为。例如，在外贸活动中，外国进口商在国外达成垄断协议，向我国国内进口产品，损害国内进口企业利益，影响国内市场价格的垄断行为。为了防止和制止境外发生的垄断行为对国内市场竞争产生不利影响，我国反垄断法规定了反垄断法的域外适用效力。

此外，我国反垄断法还规定了两种适用除外的类型。

（1）经营者依照有关知识产权的法律、行政法规行使知识产权的行为，不适用反垄断法。知识产权具有专有性的特点，行使知识产权会对竞争造成一定的限制。因此，因知识产权而形成的垄断地位以及因知识产权的行使而对竞争的限制，是基于法律的授权，是合法的。

（2）农业生产者及农村经济组织在农产品生产、加工、销售、运输、储存等经营活动中实施的联合或者协同行为不适用反垄断法。这里所说的农业，既包括农产品种植业，也包括林业、畜牧业和渔业。农业属于不适合过度竞争的产业，世界上很多国家和国际组织不仅允许农业生产者订立限制竞争的协议，还规定最低保护价格，或由国家给予补贴，或由国家直接参与购销活动，以体现对农业的保护。

二、垄断行为

垄断行为分为经济性垄断行为和行政性垄断行为。经济性垄断行为包括以下三种行为：

（1）经营者达成垄断协议的行为。

（2）经营者滥用市场支配地位的行为。

（3）具有或者可能具有排除、限制竞争效果的经营者集中。

所谓经营者，是指从事商品生产、经营或者提供服务的自然人、法人和其他组织。行业协会不直接从事商品生产、经营或者提供服务，不属于反垄断法意义上的经营者。但是，由于行业协会具有影响经营者的能力，可能引导企业从事垄断行为，应当有所规制。因此，我国明确将行业协会纳入反垄断法的规制范围之内。

针对行政性垄断，我国反垄断法对行政机关和法律、法规授权的具有管理公共事务职能的组织滥用行政权力，排除、限制竞争的行为进行了规制。

（一）垄断协议

垄断协议，是指排除、限制竞争的协议、决定或者其他协同行为。协议是指两个或两个以上的经营者通过书面协议或者口头协议的形式，就排除、限制竞争的行为达成一致意见；决议是指企业集团或者其他形式的企业联合体以决议的形式实施的要求其成员企业共同实施的排除、限制竞争的行为；其他协同行为是指企业之间虽然没有达成书面或口头协议、决议，但相互进行了沟通，心照不宣地实施了协调的、共同的排除、限制竞争的行为。

垄断协议分为横向垄断协议与纵向垄断协议，其中，横向垄断协议是指具有竞争关系的经营者之间达成的协议，纵向垄断协议是指经营者与交易相对人之间达成的协议。

1. 横向垄断协议的表现形式

（1）固定或者变更商品价格。在这种情况下，企业不是独立地自行决定商品的价格，而是与其他同类商品的竞争者联合制定或者共同维持或变更商品的销售或购买价格。这是最为严重的限制竞争行为。

（2）限制商品的生产数量或者销售数量。如国际石油输出国组织签署的协议便是典型的限制生产协议，它规定了一个统一的原油年开采量，各个成员国都不得随意提高产量，以此来维护国际石油输出国组织各成员国的利益。

（3）分割销售市场或者原材料采购市场，包括划分交易地区和交易对象。前者是指两个或者两个以上的经营者，为避免竞争而达成划定彼此交易区域或者对交易数量分配限额的协议。后者则是指根据交易对象的不同来决定市场的分配方式，如甲选择大型客户作为销售对象，乙把其他客户作为自己的销售对象。市场划分协议限制了同类商品经营者之间的正常竞争，往往造成商品的单调和价格不合理，严重侵害了广大消费者和客户的合法权益。对这种划分市场的协议，各国法律原则上是禁止的。

(4) 限制购买新技术、新设备或者限制开发新技术、新产品。

(5) 联合抵制交易，又称集体拒绝交易，包括设置第三人进入市场障碍协议和排挤竞争对手协议。前者是指市场内的老企业为了阻止其他经营者进入市场参与竞争，通过一系列的手段设置市场进入障碍，如与客户签订长期独家购销协议。后者是指一些共谋者出于一定的目的或可预见的后果，联合拒绝同市场上具有直接竞争关系的企业进行交易，以将该企业驱逐出市场。

(6) 国务院反垄断执法机构认定的其他垄断协议。如具有竞争关系的企业联合限制购买新技术或新设备、保证不竞争的承诺以及履行共同职能的行为等。

2. 纵向垄断协议的表现形式

(1) 固定向第三人转售商品的价格。如生产企业向批发商、零售商提供商品时，要求其必须按照自己所定的价格来销售商品。这种行为实际上剥夺了下游企业本应享有的定价权，使其无法根据各自所面临的竞争状态和成本结构合理确定商品的销售价格。这种行为造成的后果是使同一商品的不同经销商之间的价格竞争减弱，具有明显的限制竞争的效果。

(2) 限定向第三人转售商品的最低价格。

(3) 国务院反垄断执法机构认定的其他垄断协议。

3. 垄断协议的界定

反垄断执法实践中形成了两种认定原则，即本身违法原则和合理分析原则。经营者之间的协议、决议或者其他协同行为，是否构成反垄断法所禁止的垄断协议，应当以该协议是否排除、限制竞争为标准。依据本身违法原则认定的垄断协议、决议或者其他协同行为，只要被证实存在排除、限制了市场竞争行为，即构成垄断协议，大多都是横向垄断协议。除适用本身违法原则的协议外，依据合理分析原则对协议是否会排除、限制竞争进行分析，综合考虑协议所涉及的市场具体情况、协议实施前后的市场变化情况以及协议的性质和后果等因素后，确认该协议确实排除、限制了市场竞争，才能认定为垄断协议。

4. 垄断协议的豁免

垄断协议的豁免，是指经营者之间的协议、决议或者其他协同行为，虽然排除、限制了竞争，构成了垄断协议，但该类协议在其他方面所带来的好处要大于其对于竞争秩序的损害。因此，法律规定对其豁免，即排除适用反垄断法的规定。豁免制度是利益衡量的结果，即从经济效果和对限制竞争的影响进行利益对比，在“利大于弊”时，对该垄断协议排除适用反垄断法。

我国反垄断法对垄断协议的豁免，采取的是规定豁免类型的方式。根据《反垄断法》第 15 条的规定，以下垄断协议予以豁免：

(1) 为改进技术、研究开发新产品的。

(2) 为提高产品质量、降低成本、增进效率，统一产品规格、标准或者实行专业化分工的。

(3) 为提高中小经营者经营效率，增强中小经营者竞争力的。

(4) 为实现节约能源、保护环境、救灾救助等社会公共利益的。

(5) 因经济不景气，为缓解销售量严重下降或者生产明显过剩的。

(6) 为保障对外贸易和对外经济合作中的正当利益的。

(7) 法律和国务院规定的其他情形。

对于上述第1项至第5项情形予以豁免的，经营者要承担相应的举证责任，证明其所达成的协议不会严重限制相关市场的竞争，并且能够使消费者分享由此产生的利益。

5. 垄断协议的申报与批准

垄断协议的申报是对属于法律规定的可以豁免的垄断协议，向反垄断主管机构进行报告，请求批准的制度。日本是世界上最早在反垄断法上采用申报制度的国家。我国反垄断法对垄断协议的豁免未规定申报制度，完全由经营者自行判断其协议是否符合法律规定的豁免条件。如果反垄断执法机构在监管过程中发现经营者达成的垄断协议不属于反垄断法规定的豁免情形，经营者将承担达成垄断协议的法律后果。

(二) 滥用市场支配地位的垄断行为

1. 滥用市场支配地位的概念

滥用市场支配地位是指居于支配地位的企业维持或者增强其市场支配地位而实施的反竞争行为。如利用支配地位任意提高价格、缩减产量或确定不公平的交易条件等。所谓市场支配地位，是指经营者在相关市场内具有控制商品价格、数量或者其他交易条件，或者能够阻碍、影响其他经营者进入相关市场的能力的市场地位。

判断经营者的市场行为是否构成垄断，关键在于合理界定"相关市场"。相关市场是指经营者在一定时期内就特定商品或服务进行竞争的商品范围和地域。对相关市场的界定，需要考虑它的商品、地域和时间三个因素。商品因素需要根据商品的性能、用途及价格，从消费者的角度考虑两个或两个以上的商品或者服务是否可以相互交换或者相互替代。例如，在一些国家和地区的案例中，作为消暑食品的雪糕和冰淇淋曾被认定为属于同一个商品市场；从维生素的特殊性能和不同用途出发，七种维生素曾被认为属于七个不同的商品市场。此外，若相同用途的商品价格相差悬殊时，也可能被认定为属于不同的商品市场。例如，一般市场上出售的便宜香水与高级化妆品店出售的高级香水，一般被认定为属于不同的商品市场。相关市场中的地域因素，则需要综合考虑由于政治、经济、文化等原因造成的地区之间的差异、消费者的特殊偏好以及商品的运输费用等。例如，在商品销往全国并且运输成本不高的情况下，多数国家在其审判实践中将整个国家界定为一个地理市场，对于食品业、零售业等倾向于以区域性市场作为地理市场，而对于一些技术密集型的产业则可能将全球作为一个地理市场。有些产品可长期保存，适合长途运输，或运输成本相对于产品价值来说微不足道，市场的范围就可以扩大到全国，如药品、汽车、音响设备、电器等。相反，有些产品原本就以地域市场为销售目标，如地方报纸；有些产品不适合长途运送，如鲜活、季节性产品；有些产品如果长途运送则运费占产品价格的比例太高，如水泥等。"一定时期"强调只有在足以对市场竞争状况造成影响的一定时期内持续存在的行为才可能构成垄断行为。

2. 滥用市场支配地位行为的表现形式

(1) 以不公平的高价销售商品或者以不公平的低价购买商品。具有支配地位的经营者违背平等互利原则，在交易活动中以不公平的价格销售或购买商品，损害交易对方利益的行为。

（2）掠夺性定价行为。处于市场支配地位的企业以排挤竞争对手为目的，持续地以低于成本的价格销售商品。销售鲜活商品，处理即将到有效期的商品或其他积压的商品，季节性降价，因清偿债务、破产、转产、歇业降价销售商品不属于限制竞争行为。

（3）拒绝交易行为。无正当理由，拒绝与交易相对人进行交易。例如，制造商无正当理由拒绝向批发商或零售商销售商品，以此强迫批发商或零售商按照其规定的价格条件销售商品。

（4）独家交易行为。处于市场支配地位的企业采取利诱、胁迫或其他不正当的方法，迫使其交易相对人违背自己的意愿只能与其进行交易或者只能与其指定的经营者进行交易。例如，某跨国企业在销售旺季要求独占超市的推广权，要求超市禁止销售其竞争对手的产品，否则将停止交易。独家交易既包括经销商只向制造商独买，也包括制造商只向经销商独卖。

（5）搭售和附加不合理交易条件。它是指在商品交易过程中，拥有某种经济优势的一方利用自己的优势地位，在提供商品或服务时，强行搭配销售购买方不要或不愿意要的另一种商品或服务或者附加其他不合理条件的行为。

（6）歧视待遇行为。它是指处于市场支配地位的企业没有正当理由，对条件相同的交易对象提供不同的交易条件，致使有的交易对象处于不利的竞争地位。歧视待遇行为限制了交易对象之间的竞争。这里的“交易条件”包含价格、配件供给、交货速度、担保以及其他交易条件。其中，价格歧视是歧视待遇中最常见的一种形式。

（7）国务院反垄断执法机构认定的其他滥用市场支配地位的行为。

3. 市场支配地位的认定

市场支配地位是指经营者在相关市场上没有竞争者，或者相对于其他竞争者具有明显的或突出的优势，从而有能力在相关市场上控制商品的价格、数量或者阻碍其他经营者进入市场。认定市场支配地位，应当依据以下因素：

（1）该经营者在相关市场的市场份额，以及相关市场的竞争状况。市场份额是指特定企业的总产量、销售量或者生产能力在相关市场中所占的比例，又称市场占有率。市场份额是判定一个企业是否具有市场支配地位的一个重要因素。

（2）该经营者控制销售市场或者原材料采购市场的能力。如经营者控制销售市场的价格、数量或者其他交易条件的能力等。

（3）该经营者的财力和技术条件。

（4）其他经营者对该经营者在交易上的依赖程度。例如，其他经营者是否只依靠该经营者提供原材料。

（5）其他经营者进入相关市场的难易程度。

（6）与认定该经营者市场支配地位有关的其他因素。

有下列情况的，可以推定经营者具有市场支配能力：

（1）一个经营者在相关市场的份额达到二分之一。

（2）两个经营者在相关市场的份额达到三分之二。

（3）三个经营者在相关市场的份额达到四分之三。

以上第 2 项和第 3 项规定的情形，其中有的经营者市场份额不足十分之一的，不应当推定该经营者具有市场支配地位。被推定具有市场支配地位的经营者，有证据证明不具有市场支配地位的，不应当认定其具有市场支配地位。

（三）经营者集中的反垄断法规制

1. 经营者集中的概念

经营者集中，又称企业合并、企业集中，是指两个或两个以上的相互独立的企业合并为一个企业，或者企业之间通过取得股权或资产，或者通过合同等方式，使一个企业能够直接或间接地控制另一企业。

经济力量过度集中造成市场竞争主体数量减少，市场结构发生变化，使这些企业有可能利用市场的优势控制市场，对市场竞争产生不利影响。

2. 经营者集中的形式

（1）经营者合并。经营者合并是指两个或两个以上的企业通过订立合并协议，根据相关法律合并为一家企业的法律行为。经营者合并其实就是公司法意义上的企业合并。

经营者合并又可以分为横向合并、纵向合并和混合合并。

1）横向合并是指相同产品的生产者和生产者之间的合并。例如，啤酒厂与啤酒厂、纺织厂与纺织厂之间的合并。横向合并的显著经济效果是由于市场经营规模扩大而带来的规模经济，它提高了合并企业的市场占有率，市场集中度也因此提高。横向合并被认为最有可能引起垄断和破坏市场竞争，一直是各国反垄断法管制较严格的企业竞争行为。

2）纵向合并是指处于不同生产或销售环节的企业之间的合并，如生产商和销售商的合并。纵向合并实质上是将市场供销关系变成企业内部管理关系，即以企业管理代替市场交易。纵向合并一般对市场竞争和消费者福利并无太大的影响。只有在对市场上的其他生产者或销售者进入市场构成障碍，使未参与或者未完全参与联合的企业处于不利的竞争地位时，才视为严重损害竞争的违法行为。

3）混合合并是指分属不同产业领域的企业的合并。混合合并一般来说对市场竞争并不产生直接的消极影响，因而也不成为反垄断法规制的重点。

（2）经营者通过取得股权或取得资产的方式取得对其他经营者的控制权。股权控制是指一个企业通过购买、置换等方式取得竞争企业的股份，该企业成为其他企业的控股股东并进而取得对其他经营者的控制权。反垄断法对于持有对方多少股份可以达到股权控制的程度未予以规定，可以参照《公司法》对控股股东、实际控制人的界定予以理解。取得资产的方式是指企业通过购买、置换、抵押等方式取得其他企业的全部或主要部分的资产，并从而取得这些企业的控制权，实现经营者集中。

（3）经营者通过合同等方式，取得对其他经营者的控制权或者能够对其他经营者施加决定性影响。在委托经营中，委托公司将全部营业交由受托公司管理，受托公司以委托公司的名义并为委托公司的利益而进行事业运营，营业的损益由委托公司承担。委托公司具有某些重大事宜的最终决策权，可对经营者加以监督，委托公司有报酬给付的义务。联营则是指数家企业以联营合同为基础，联营各方共同出资，损益共担，各联营企业均须服从统一的指挥，以求达到经济上的一体化的经营形式。此外，企业还可以通过董事互任或干部兼任等形式，实现一企业对其他企业的人事控制，从而对该受控企业产生具有决定性作用的影响，在实际上达到经营者合并的效果，最终限制竞争。

3. 经营者集中的申报与审查

(1) 经营者集中申报制度及申报豁免。

为了对经营者集中实行有效控制，限制一些规模大、妨碍市场竞争的集中，法律规定了集中主体的申报义务。

经营者集中的申报制度有两种情况：一种是集中前的申报，另一种是集中后的申报。

我国反垄断法规定，经营者集中达到国务院规定的申报标准的，经营者应当事先向国务院反垄断执法机构申报，未申报的不得实施集中。

在以下两种情况下，经营者集中即使达到申报标准，也可以不向国务院反垄断执法机构申报：1) 参与集中的一个经营者拥有其他每个经营者百分之五十以上有表决权的股份或者资产；2) 参与集中的每个经营者百分之五十以上有表决权的股份或者资产被同一个未参与集中的经营者拥有。上述两种情况通常是母子公司、集团公司内部以母公司或集团公司牵头进行的股份或资产的一种重新组合，其所在的市场竞争状况并没有发生质的变化，不会对市场竞争状况产生重大影响或实质性影响，因此，无须进行申报。

(2) 经营者集中的审查程序。

经营者集中的审查程序如下：

1) 初步审查。国务院反垄断执法机构应当自收到经营者提交的符合反垄断法规定的文件、资料之日起 30 日内，对申报的经营者集中进行初步审查，作出是否实施进一步审查的决定，并书面通知经营者。决定做出前，经营者不得实施集中。作出不实施进一步审查的决定或者逾期未作出决定的，经营者可以实施集中。

2) 进一步审查。国务院反垄断执法机构决定实施进一步审查的，应当自决定之日起 90 日内审查完毕，作出是否禁止经营者集中的决定，并书面通知经营者。作出禁止经营者集中的决定，应当说明理由。审查期间，经营者不得实施集中。

有下列情形之一的，国务院反垄断执法机构经书面通知经营者，可以延长上述规定的审查期限，但最长不得超过 60 日：一是经营者同意延长审查期限的；二是经营者提交的文件、资料不准确，需要进一步核实的；三是经营者申报后有关情况发生重大变化的。

反垄断执法机构逾期未作出决定的，经营者可以实施集中。反垄断执法机构应当将禁止经营者集中的决定或者对经营者集中附加限制性条件的决定，及时向社会公布。

(3) 经营者集中的审查标准。

实质性标准主要有两个：一个是"实质性减少"，如美国的《克莱顿法》规定，禁止实质上减少竞争或旨在形成垄断的合并；另一个是"支配地位"，即以企业的市场份额大小，或是否形成市场支配地位为判断标准。如德国《反对限制竞争法》规定，如能预见合并将产生或加强市场支配地位，联邦卡特尔局应禁止合并。我国反垄断法规定审查经营者集中应考虑的因素有：1) 参与集中的经营者在相关市场的市场份额及其对市场的控制力；2) 相关市场的市场集中度；3) 经营者集中对市场进入、技术进步的影响；4) 经营者集中对消费者和其他有关经营者的影响；5) 经营者集中对国民经济发展的影响；6) 国务院反垄断执法机构认为应当考虑的影响市场竞争的其他因素。

4. 不予禁止的经营者集中

我国《反垄断法》第 28 条列举了对经营者集中不予禁止的两种情形：一种是集中对

竞争产生的有利影响明显大于不利影响，另一种是集中符合社会公共利益。例如，集中有利于关系国家经济命脉和国家安全的行业的发展、促进就业、推动技术进步、增强国际竞争力等。同时，为了提高反垄断执法机构的审查效率，充分发挥经营者的积极性，反垄断法规定由经营者对上述情形予以举证。但是，应该看到，上述不予禁止的经营者集中，仍然会对竞争产生或多或少的不利影响。为了使集中对竞争的不利影响降到最低限度，充分保护和促进市场竞争，我国《反垄断法》第 29 条规定，对不予禁止的经营者集中，国务院反垄断执法机构可以决定附加减少集中对竞争产生不利影响的限制性条件。最主要的限制性条件是资产剥离，此外，比较常用的限制性条件还包括要求集中后的经营者允许竞争者有偿使用其重要设施或知识产权、采取措施保障竞争者的独立性、退出部分经营的领域等。

5. 经营者集中的国家安全审查

对外资并购境内企业或者以其他方式参与经营者集中，涉及国家安全的，除依照反垄断法的规定进行经营者集中审查外，还应当按照国家有关规定进行国家安全审查。我国已经初步建立并正在进一步完善对外资并购的国家安全审查制度。国务院制定的《指导外商投资方向规定》以及商务部等六部门 2006 年 8 月联合发布的《关于外国投资者并购境内企业的规定》是目前审查外资并购国家安全的主要法律依据。

（四）行政性垄断的法律规制

1. 行政性垄断的概念与特征

行政性垄断是行政机关或法律、法规授权的具有管理公共事务职能的组织滥用行政权力限制竞争的行为。我国正处于经济体制的转轨过程中，留存着旧体制的痕迹，大量的行政性垄断的出现，给市场经济体制的确立以及统一市场的形成带来了极大的障碍。因此，对行政性垄断进行规制是我国反垄断立法中应有的重要内容。

行政性垄断具有如下特征：（1）行政性垄断是地方政府或中央政府的行业主管部门利用行政权力形成的；（2）行政性垄断的目的是保护地方经济利益或部门经济利益；（3）行政性垄断的形式主要是指定交易和限制资源自由流通；（4）行政性垄断的后果是导致统一市场的人为分割及市场壁垒。

2. 我国行政性垄断的主要表现

行政机关、法律法规授权的具有管理公共事务职能的组织滥用行政权力，实施地区封锁的限制竞争行为，具体表现为以下几个方面：

（1）滥用行政权力，妨碍商品在地区之间的自由流通。包括以下行为：对外地商品设定歧视性收费项目、实行歧视性收费标准，或者规定歧视性价格；对外地商品规定与本地同类商品不同的技术要求、检验标准，或者对外地商品采取重复检验、重复认证等歧视性技术措施，限制外地商品进入本地市场；采取专门针对外地商品的行政许可，限制外地商品进入本地市场；设置关卡或者采取其他手段，阻碍外地商品进入或者本地商品运出；妨碍商品在地区之间自由流通的其他行为。

（2）滥用行政权力，设定歧视性资质要求、评审标准，或者不依法发布信息，或者限制外地经营者参加本地的招标投标活动。例如，有的地方行政机关直接要求本地区的采购单位只能将采购项目交给属于本地区的单位，本地区以外的单位不能参与本地区采购项目的投标。

(3) 滥用行政权力，采用本地经营和不平等待遇等方式，排斥或者限制外地经营者在本地投资或者设立分支机构。例如，禁止或者限制外地企业对本地企业的收购，提高外地企业注册资本的标准，增加对外地企业资金来源及运用的审查次数等。

(4) 行政机关、法律法规授权的具有管理公共事务职能的组织滥用行政权力，限定或者变相限定单位或者个人经营、购买、使用其指定的经营者提供的商品。

(5) 行政机关和法律、法规授权的具有管理公共事务职能的组织滥用行政权力，强制经营者从事反垄断法规定的垄断行为。

(6) 行政机关滥用行政权力，制定含有排除、限制竞争内容的规定。例如，地方政府及其所属部门以文件、会议纪要、规定或联合发文的形式，排除、限制竞争，阻碍商品在全国自由流通或阻碍企业的自由设立。

三、反垄断执法机构及职权

国务院反垄断委员会是反垄断主管机构，负责组织、协调、指导反垄断执法工作。根据反垄断法的规定，国务院反垄断委员会履行下列职责：

(1) 研究拟订有关竞争政策；

(2) 组织调查、评估市场总体竞争状况，发布评估报告；

(3) 制定、发布反垄断指南；

(4) 协调反垄断行政执法工作。

国务院反垄断委员会的组成和工作规则由国务院规定。根据工作需要，反垄断委员会可以授权省、自治区、直辖市人民政府相应的机构，依照《反垄断法》的规定负责有关反垄断执法工作。

反垄断执法机构调查涉嫌垄断行为时，可享有的职权如下：

(1) 有权进入被调查的经营者的营业场所或者其他有关场所进行检查。

(2) 有权询问被调查的经营者、利害关系人或者其他有关单位或者个人，要求其说明有关情况。

(3) 有权查阅、复制被调查的经营者、利害关系人或者其他有关单位或者个人的有关单证、协议、会计账簿、业务函电、电子数据等文件、资料。

(4) 有权查封、扣押相关证据。

(5) 有权查询经营者的银行账户。

采取上述规定的措施，应当向反垄断执法机构主要负责人书面报告，并经批准。

四、违反反垄断法的法律责任

(一) 经营者的违法责任

(1) 垄断协议的法律责任。经营者达成并实施垄断协议的，由反垄断执法机构责令停止违法行为，没收违法所得，并处上一年度销售额1%以上10%以下的罚款；尚未实施所达成的垄断协议的，可以处50万元以下的罚款。经营者主动向反垄断执法机构报告达成垄断协议的有关情况并提供重要证据的，反垄断执法机构可以酌情减轻或者免除对该经营者的处罚。

(2) 滥用市场支配地位的法律责任。经营者滥用市场支配地位的，由反垄断执法机构责令停止违法行为，没收违法所得，并处上一年度销售额1%以上10%以下的罚款。

(3) 经营者集中的法律责任。经营者实施集中的，由国务院反垄断执法机构责令停止实施集中、限期处分股份或者资产、限期转让营业以及采取其他必要措施恢复到集中前的状态，可以处50万元以下的罚款。经营者实施经济性垄断行为给他人造成损失的，依法承担民事责任。

(二) 行业协会的法律责任

行业协会组织本行业的经营者达成垄断协议的，反垄断执法机构可以处50万元以下的罚款；情节严重的，社会团体登记管理机关可以依法撤销登记。

(三) 对滥用行政权力的行政主体的处罚

行政机关和公共组织滥用行政权力，实施排除、限制竞争行为的，由上级机关责令改正；对直接负责的主管人员和其他直接责任人员依法给予处分。反垄断执法机构可以向有关上级机关提出依法处理的建议。法律、行政法规对行政机关和公共组织滥用行政权力实施排除、限制竞争行为的处理另有规定的，依照其规定。

(四) 对有关主体违反配合义务行为的处罚

对反垄断执法机构依法实施的审查和调查，拒绝提供有关材料、信息，或者提供虚假材料、信息，或者隐匿、销毁、转移证据，或者有其他拒绝、阻碍调查行为的，由反垄断执法机构责令改正，对个人可以处2万元以下的罚款，对单位可以处20万元以下的罚款；情节严重的，对个人处2万元以上10万元以下的罚款，对单位处20万元以上100万元以下的罚款；构成犯罪的，依法追究刑事责任。

(五) 对反垄断执法机构工作人员的处分

反垄断执法机构工作人员滥用职权、玩忽职守、徇私舞弊或者泄露执法过程中知悉的商业秘密，构成犯罪的，依法追究刑事责任；尚不构成犯罪的，依法给予处分。

实务训练

360安全卫士软件及服务的提供商奇虎360公司诉腾讯垄断案是广东高院受理的首例反垄断纠纷案件，源于腾讯公司及深圳腾讯计算机公司迫使很多QQ软件用户选择QQ而放弃或卸载360软件之事件，经广东省高院作出一审判决，驳回奇虎360公司诉讼标的高达1.5亿元的全部诉讼请求。原告奇虎360公司诉称，其经过多年潜心经营，奇虎在互联网安全软件领域已是中国领先，而被告腾讯公司作为QQ软件的著作权人，腾讯计算机公司为QQ的实际运营人，在即时通信软件领域取得支配地位，本应维护健康市场竞争环境，但却滥用市场支配地位，排除、阻碍竞争对手在该领域的竞争和发展，致使其遭受巨额损失，应赔偿1.5亿元的损失。同时，腾讯公司还曾大肆散播原告奇虎360公司"违反道德底线"等言论，使其社会评价明显下降。

你认为腾讯QQ的行为是否构成滥用市场支配地位的垄断？

点评：

很多两个软件的使用者对于这两家公司不顾消费者的利益，强迫在二者之间择一使用的行为不满，对QQ是否构成垄断、限制竞争对手的行为判断不一。就本案的审理过程看，原告将本案相关商品市场界定为即时通信软件及服务市场，将本案相关地域市场界定为中国大陆市场，因举证不足，未得到法院的认同。腾讯公司对此辩称除了QQ外，还有其他多家有竞争实力的公司经营即时通信业务，市场上还存在其他大量的即时通信工具，且QQ的用户群并不局限于中国大陆，两被告在即时通信领域并未具有市场支配地位，不存在滥用支配地位、排挤竞争对手和限制交易的行为，最终被法院接受。所以广东省高院最终判决：在全球范围内即时通信与微博、社交网络等构成了强竞争和替代关系，原告所提供的证据不足以证明被告在相关产品市场上具有垄断地位，因此对其诉求不予支持。

第二节 反不正当竞争法

一、反不正当竞争法概述

（一）反不正当竞争法的概念

反不正当竞争法是调整在维护公平竞争、制止生产经营活动中产生的不正当竞争的法律规范的总称。1993年通过并于同年12月1日开始实施的《反不正当竞争法》是我国第一部规制竞争行为的法律。我国《反不正当竞争法》对违背市场交易的基本准则（即“自愿、平等、公平、诚实信用的原则”及“公认的商业道德”），破坏竞争秩序的不正当竞争行为，以及部分限制竞争行为进行规范。具体分为不正当竞争行为、行政性垄断及限制竞争行为。

（二）不正当竞争行为的特征

不正当竞争行为是指经营者为了争夺市场竞争优势，违反公认的商业习俗和道德，采用欺诈、混淆等经营手段排挤或破坏竞争，扰乱市场经济秩序，并损害其他经营者和消费者利益的竞争行为。

不正当竞争行为的特征如下：

（1）不正当竞争行为是一种竞争行为。

（2）不正当竞争行为的主体为实施违法竞争行为的经营者。经营者是指从事商品经营和营利性服务的法人、其他经济组织和个人。

（3）不正当竞争行为具有违法性。认定不正当竞争行为，一方面比照反不正当竞争法所列举的具体的行为方式，另一方面以违反商业道德为一般判断依据。

（4）不正当竞争行为具有社会危害性。不正当竞争行为不仅损害了守法经营者的合法权益，也损害了潜在经营者的利益，还会损害消费者的利益。

二、不正当竞争行为的主要类型

（一）假冒混同行为

假冒混同行为是指经营者采取欺骗手段从事交易，使自己的商品或服务与特定竞争对手的商品或服务混淆，造成或足以造成购买者误认、误购的不正当竞争行为。假冒混同行为包括以下几项：

（1）假冒他人注册商标的行为。

（2）仿冒知名商品的名称、包装、装潢的行为。“知名商品”是指在市场上具有一定知名度、为相关公众所知悉的商品。认定知名商品，应当考虑该商品的销售时间、销售区域、销售额和销售对象，宣传的持续时间、程度和地域范围，作为知名商品受保护的情况等因素。经营者营业场所的装饰、营业用具的式样、营业人员的服饰等构成的具有独特风格的整体营业形象，可以认定为反不正当竞争法规定的“装潢”。

（3）假冒他人的企业名称和他人姓名的行为。

（4）假冒标示行为。伪造或冒用认证标志、名优标志，伪造产地，对商品质量作出引人误解的虚假标示。

（二）虚假宣传行为

虚假宣传行为，是指经营者利用报刊、影视等宣传媒体或其他方法，对商品的质量、性能、用途、价格等或对服务的质量、方式等作出与事实不符合的宣传，造成公众误解的行为。

引人误解的虚假宣传行为有以下几项：

（1）对商品作片面的宣传或者对比。

（2）将科学上未定论的观点、现象等当做定论用于商品宣传。

（3）以歧义性语言或者其他引人误解的方式进行商品宣传。

（4）变相广告行为。即通过一些欺骗性的启示、声明、担保以及有关权威组织的推荐、见证、验证等来达到广告宣传的目的。

（三）商业贿赂行为

商业贿赂是指经营者在市场交易活动中，通过收买交易对象或竞争对手以获取交易机会和竞争优势，包括行贿和受贿行为。行贿是借用商业贿赂手段促成交易或在交易中排挤同业竞争者，取得竞争优势。表现为秘密给付单位或单位的有关人员财物或其他利益，通常采用不入账或伪造会计账册的形式进行，账外暗中的回扣是商业贿赂的典型形式。但是正常的折扣和佣金不属于商业贿赂。

（四）侵犯商业秘密行为

1. 商业秘密的概念

商业秘密是指不为公众所知悉，能为权利人带来经济效益，具有实用性并经权利人采取保密措施的技术信息和经营信息。

2. 商业秘密的特征

（1）秘密性又称非公开性，是指该种信息不为公众所知悉，处于保密状态，一般人不易通过正当途径获得或探明，这是商业秘密最核心的特征。当然，商业秘密的非公开性只是相对的，不能要求商业秘密处于绝对的、完全的保密状态下。如果有关信息不为其所属领域的相关人员普遍知悉和容易获得，应当认定为“不为公众所知悉”。

（2）权利人采取了合理的保密措施。只要权利人采取的保密措施与商业秘密的商业价值等具体情况相适应，应当认定为权利人采取了“合理的保密措施”。应当根据所涉信息载体的特性、权利人保密的意愿、保密措施的可识别程度、他人通过正当方式获得的难易程度等因素，认定权利人是否采取了保密措施。例如：限定涉密信息的知悉范围，只对必须知悉的相关人员告知其内容；对于涉密信息载体采取加锁等防范措施；在涉密信息的载体上标有保密标志；对于涉密信息采用密码或者代码等；签订保密协议；对于涉密的机器、厂房、车间等场所限制来访者或者提出保密要求；确保信息秘密的其他合理措施。

(3) 具有经济实用性。这是指商业秘密的使用可以为权利人带来经济上的利益，使权利人拥有比不知晓或不使用该商业秘密的同行业竞争者更有利的地位和竞争优势，从而能在竞争中取胜。商业秘密的经济性包括现实的经济利益和潜在的经济利益。

3. 侵犯商业秘密的行为表现

侵犯商业秘密的行为主要表现为：以盗窃、利诱、胁迫或其他不正当手段获取权利人的商业秘密；或者披露、使用或允许他人使用以不正当手段获取的商业秘密；或者违反约定或违反权利人有关保守商业秘密的要求，披露、使用或允许他人使用其所掌握的商业秘密。第三人知道或应该知道该商业秘密的来源不正当，但仍然获取、使用或者披露这种商业秘密的也构成侵权。

（五）商业诽谤行为

1. 商业诽谤行为的概念

商业诽谤行为是指经营者通过捏造、散布虚假事实等不正当手段，对竞争对手的商业信誉、商品信誉进行恶意诋毁、贬损，以削弱其市场竞争能力，并为自己赚取不正当利益的行为。

2. 商业诽谤行为的构成要件

(1) 诽谤行为的主体必须是具有竞争关系的经营者。

(2) 诽谤行为的对象为竞争对手的商业信誉或商品声誉。

(3) 诽谤行为的目的是削弱竞争对手的市场竞争力，并谋求自己的市场竞争优势。

(4) 利用商品的说明书，吹嘘本产品质量上乘，贬低同业竞争对手生产销售的同类产品。

(5) 唆使他人在公众中造谣并传播、散布竞争对手所售商品质量有问题，使公众对该商品失去信赖。

(6) 组织人员以消费者的名义，向有关经济监督管理部门作关于竞争对手产品质量低劣、服务质量差、侵害消费者权益等情况的虚假投诉，从而达到贬损其商业信誉的目的。

(7) 诋毁性对比广告。诋毁性对比广告是指在广告宣传中采用比较的手法，打击其他竞争对手。

课堂讨论

2010 年 9 月，奇虎 360 推出一款专门针对 QQ 即时通信工具的“隐私保护器”，称腾讯 QQ 查看的文件包括了用户个人的银行信息、Office 文档信息等个人隐私。该软件刚一推出便有用户发现，即使将 360 的相关安装文件或者 Word 文件重命名为“QQ. exe”，“隐私保护器”都会提示这些文件存在偷窥用户隐私的可能性。腾讯公司称，QQ检查开机启动项以及桌面快捷方式等位置的可执行文件，是完成安全检查，目的是修补用户电脑中的软件漏洞和查杀用户电脑中的盗号木马。如果不是可执行文件，QQ安全检查模块不会对其进行任何操作。检查可执行文件是业界所有杀毒软件的通用技术，绝不涉及用户隐私。2010年10月14日，北京腾讯科技有限公司（以下简称腾讯公司）诉“360隐私保护器”侵权。腾讯公司诉称，“360隐私保护器”通过监测腾讯QQ聊天软件的运行，利用虚假宣传手段，误导和欺骗用户，诬蔑原告和原告的产品“窥视”用户的隐私，给原告及原告的产品和服务的声誉造成极大损害。

资料来源：http：//tech.qq.com/a/20110427/000420.htm。

请问：你如何评价奇虎360“隐私保护器”的行为？奇虎360是否构成商业诋毁？

（六）降价排挤行为

降价排挤行为是指以低于成本的价格出售商品来排挤其他竞争对手，以牺牲自身的暂时经济利益为代价，达到最终损害竞争对手和消费者的利益的目的。一旦其他竞争对手实力不敌而被挤出市场时，便可获得独占的市场地位。

但有下列情形之一的，不属于不正当竞争行为：销售鲜活商品；处理即将到有效期的商品或者其他积压商品；季节性降价；因清偿债务、转产、歇业降价销售商品。

（七）附条件交易及搭售商品行为

附条件交易及搭售商品行为是经营者利用其经济优势，违背交易相对人的意愿，在提供商品或服务时搭配出售其他商品或就商品和服务的价格、技术标准、销售对象、地区、使用范围等进行不合理限制的行为。

附条件交易及搭售商品行为的表现形式很多，如搭售商品、捆绑销售、在销售商品中附加不合理的条件、在技术转让中搭售商品或附加其他不合理的限制条件等。这种行为违反了市场公平交易、平等自愿的原则，限制了自由竞争，损害了消费者的利益，对经济发展会起到破坏作用，构成了不正当竞争行为。《反不正当竞争法》第12条规定：经营者销售商品，不得违背购买者的意愿搭售商品或者附加其他不合理的条件。

（八）违反规定的有奖销售行为

有奖销售是指经营者以提供奖品或奖金的手段进行推销的行为，主要包括附赠式有奖销售和抽奖式有奖销售两种形式。有奖销售作为促销手段对市场竞争秩序有着双重的影响：符合公认的商业道德的有奖销售可以起到活跃市场、促进公平竞争的积极作用；违反公认的商业道德，采取不正当竞争手段的有奖销售，不仅会损害其他经营者的合法权益，损害消费者的权益，而且会扰乱社会经济秩序。为防止有奖销售可能出现的负面影响，《反不正当竞争法》第13条对三种被禁止的有奖销售行为作了规定：

（1）采用谎称有奖或者故意让内定人员中奖的欺骗方式进行有奖销售。

（2）利用有奖销售的手段推销质次价高的商品。

（3）抽奖式的有奖销售，最高奖的金额超过5 000元。

（九）诋毁竞争对手商业信誉的行为

诋毁竞争对手商业信誉的行为是指从事生产经营活动的市场主体，为了竞争的目的，故意制造和散布有损同行的商业信誉的虚假信息，使其无法参与正常的市场交易活动，削弱其市场竞争能力，从而使自己在竞争中取得优势的行为。

商业信誉主要体现在商业道德、服务质量、厂商资信情况等方面。商业信誉是从商业角度对经营者的能力和品德、商品品质等作出的积极的社会评价，通过经营者参与市场竞争的连续性活动逐渐形成，是经营者名誉权的一部分。损害竞争对手的商业信誉，会给竞争对手的正常经营活动造成不利影响，削弱其应有的市场竞争优势地位，甚至导致严重的经济损失。

（十）串通招、投标行为

所谓招标，就是买方通过公告或寄招标单的形式，说明交易条件，邀请供货人或承包人前来承卖或承包工程。投标是卖方（供货人或承包人）按招标人的要求报出竞标条件，争取达成交易的行为。招标、投标是常见的竞争方式，其特点就是要求投标者和招标者在投标、招标的过程中必须开展公平、合理的竞争。

在投标、招标中存在两种典型的不正当竞争行为：（1）投标者串通投标，抬高标价或压低标价的行为；（2）投标者和招标者之间相互勾结，排挤竞争对手的行为。

三、不正当竞争行为的法律责任

经营者违反《反不正当竞争法》，在法律上应当承担相应的责任。其责任形式有三种，即民事责任、行政责任和刑事责任。

（一）民事责任

（1）停止侵害。经营者正在实施不法侵害的不正当竞争行为，一经查处，先责令停止侵害。

（2）消除影响。经营者利用广告或其他方法，对商品作引人误解的虚假宣传，或实施假冒商标的不正当竞争行为，损害了他人的商誉，以及用其他方法进行不正当竞争，损害他人的商誉，应该承担消除影响的法律责任。

（3）赔偿损失。经营者实施不正当竞争行为，给被侵害的经营者造成损失的，应当承担赔偿责任。被侵害的经营者的损失难以计算的，赔偿额为其侵权期间因侵权所获得的利润，并应当承担被侵害的经营者因调查该经营者侵害其合法权益的不正当竞争行为所支付的合理费用。

（二）行政责任

（1）宣布不正当竞争行为无效。经营者采取的不正当竞争行为在法律上被宣布无效，该行为所产生的法律后果也被宣布无效。

（2）责令停止违法行为。监督检查部门对不正当竞争行为宣布为非法后，首先责令停止违法行为。

（3）没收违法所得。经营者实施不正当竞争行为，监督检查部门可以对其作出没收违法所得的处罚。

（4）罚款。经营者实施不正当竞争行为，监督检查部门可以对其作出罚款的处罚。

（5）行政处分。政府及其所属部门实施不正当竞争行为，可向同级或上级机关对直接责任人给予行政处分。

(6) 吊销营业执照。经营者擅自使用知名商品特有的名称、包装、装潢，使购买者误认为是该知名商品的不正当竞争行为，情节严重的，有关部门可对其作出吊销营业执照的处罚。

(三) 刑事责任

经营者实施商标侵权的不正当竞争行为、商业贿赂的不正当竞争行为，以及监督检查不正当竞争行为的国家机关工作人员滥用职权、玩忽职守，构成犯罪的，依法追究刑事责任。监督检查不正当竞争行为的国家机关工作人员徇私舞弊，对明知有违法行为构成犯罪的经营者故意包庇不使其受追诉的，依法追究刑事责任。

实务训练

2010 年 10 月和君创业公司对外发布一封致美国苹果公司的公开信，指责苹果公司公然侵犯唯冠科技（深圳）公司 2001 年注册的 iPad 电脑的商标权，从而拉开了长达两年的 iPad 中国商标案的序幕。案件最后以和解告终，广东省高级人民法院公布，苹果公司已与深圳唯冠公司达成和解，苹果公司向深圳唯冠公司支付6 000万美元，iPad 商标归苹果公司所有。苹果公司还曾向汉王科技支付 365 万美元的和解金，以获得汉王科技“iPhone” 相关商标。

点评：

上述案例告诉我们，知名品牌和商标更容易遭到抢注，尤其在跨国经销时，要做到商标注册先行、产品营销在后，在法律权属上不能存侥幸心理，应充分考虑各国执法环境的差异带来的风险。

第三节　产品质量法

一、产品质量法概述

(一) 产品与产品质量

广义上的产品，是指自然物以外的一切劳动生产物。《中华人民共和国产品质量法》(以下简称《产品质量法》) 第 2 条规定，《产品质量法》所指产品是指经过加工、制作，用于销售的产品。建设工程不适用《产品质量法》；但是，建设工程使用的建筑材料、建筑构配件和设备，属于前款规定的产品范围的，适用《产品质量法》。可见，我国《产品质量法》所确定的“产品”，是指经过加工、制作，用于销售的动产，不包括不动产。但是工程建设所使用的建筑材料，如钢材、水泥、玻璃、门窗、电器等，在未与不动产混合之前，仍属于产品。

产品质量是指国家的有关法规、质量标准以及合同规定对产品使用、安全和其他特性的要求。产品质量问题大体上说也可分为两类：产品不适用和产品不安全。前者多由于产品瑕疵而造成，后者则由于产品缺陷而发生。

(二) 产品质量法的概念与调整范围

1. 产品质量法的概念

广义的产品质量法，是指调整在生产、流通与消费过程中因产品质量所发生的经济关系的法律规范的总称。狭义的产品质量法特指1993年2月22日第七届全国人大常委会第三十次会议通过的《中华人民共和国产品质量法》，该法根据2000年7月8日第九届全国人民代表大会常务委员会第十六次会议《关于修改〈中华人民共和国产品质量法〉的决定》第一次修正，根据2009年中华人民共和国第十一届全国人民代表大会常务委员会第十次会议《全国人民代表大会常务委员会关于修改部分法律的决定》第二次修正。

2. 产品质量法的调整范围

《产品质量法》的调整范围主要包括以下两个方面：

(1) 国家与生产者、销售者之间的关系。

国家与生产者、销售者之间的关系，即管理与被管理的关系。在这方面，《产品质量法》主要规定了国家对产品质量监督管理的体制和制度，以及生产者和销售者关于产品质量的义务和责任。

(2) 生产者、销售者与消费者之间的关系。

生产者、销售者与消费者之间的关系是一种权利与义务的关系，《产品质量法》主要规定了生产者、销售者的产品质量义务和法律责任，规定了消费者的权利。

从上述分析可以看出，在产品质量法律关系中，国家是管理者（管理主体），消费者是权利主体，而生产者、销售者则具有双重身份，既是被管理者又是义务主体。

二、产品质量的监督与管理

(一) 产品质量管理体制

产品质量管理体制是指产品质量监督机构的设置及职权划分制度的总称。我国《产品质量法》第8条对产品质量监督实行专门部门与政府其他职能部门分工负责的体制作出了具体规定：国务院产品质量监督部门主管全国产品质量监督工作；国务院有关部门在各自的职责范围内负责产品质量监督工作；县级以上地方产品质量监督部门主管本行政区域内的产品质量监督工作；县级以上地方人民政府有关部门在各自的职责范围内负责产品质量监督工作。“国务院产品质量监督部门”是指国家质量技术监督局。“县级以上地方产品质量监督部门”是指省级质量技术监督局、省级以下地方政府设置的质量技术监督局或负责产品质量监督工作的其他专门部门。“国务院和县级以上地方人民政府有关部门”是指负责维护市场秩序的工商行政管理部门及主管特殊产品质量监督的职能部门。

(二) 产品质量监督管理制度

1. 企业质量体系认证制度

企业质量体系认证制度是国际通行的企业质量保证能力的评价制度。我国《产品质量法》第14条规定，国家根据国际通用的质量管理标准，推行企业质量体系认证制度。企业根据自愿原则可以向国务院产品质量监督部门认可的或者国务院产品质量监督部门授权的部门认可的认证机构申请企业质量体系认证。经认证合格的，由认证机构颁发企业质量体系认证证书。企业质量体系认证以企业质量保障体系为认证对象，其目的在于证明企业的产品质量保证能力符合相应的要求。企业质量体系认证的依据是国际通用的“质量管理和质量保证”系列标准，即国际标准化组织（International Organization for Standardization，ISO）于1987年3月正式发布的ISO 9000系列标准。它已为大多数国家所接受，具有世界公认的通向国际市场的“通行证”性质。

2. 产品质量认证制度

产品质量认证制度是国际通行的另一项关于产品质量的制度。我国《产品质量法》第14条规定，国家参照国际先进的产品标准和技术要求，推行产品质量认证制度。企业根据自愿原则可以向国务院产品质量监督部门认可的或者国务院产品质量监督部门授权的部门认可的认证机构申请产品质量认证。经认证合格的，由认证机构颁发产品质量认证证书，准许企业在产品或者其包装上使用产品质量认证标志。产品质量认证以企业生产的产品为认证对象，其目的在于证明企业生产的特定产品符合相应的质量标准和技术要求。产品质量认证的依据是国际先进的产品标准和技术要求。

3. 产品质量标准制度

产品质量标准分四个等级，即国家标准、行业标准、地方标准和企业标准。我国《产品质量法》第6条规定，国家鼓励推行科学的质量管理方法，采用先进的科学技术，鼓励企业产品质量达到并且超过行业标准、国家标准和国际标准。对产品质量管理先进和产品质量达到国际先进水平、成绩显著的单位和个人，给予奖励。我国《产品质量法》第13条规定，可能危及人体健康和人身、财产安全的工业产品，必须符合保障人体健康和人身、财产安全的国家标准、行业标准；未制定国家标准、行业标准的，必须符合保障人体健康和人身、财产安全的要求。禁止生产、销售不符合保障人体健康和人身、财产安全的标准和要求的工业产品。具体管理办法由国务院规定。

4. 产品质量监督检查制度

产品质量监督检查是国家、社会对产品质量进行检查和监督的一种制度，它包括抽查、检验和监督三个方面的内容。我国《产品质量法》第15条规定，国家对产品质量实行以抽查为主要方式的监督检查制度，对可能危及人体健康和人身、财产安全的产品，影响国计民生的重要工业产品以及消费者、有关组织反映有质量问题的产品进行抽查。根据监督抽查的需要，可以对产品进行检验。第22条规定，消费者有权就产品质量问题，向产品的生产者、销售者查询；向产品质量监督部门、工商行政管理部门及有关部门申诉，接受申诉的部门应当负责处理。

三、生产者、销售者的产品质量责任和义务

（一）生产者的产品质量责任和义务

1. 生产者应当对其生产的产品质量负责

我国《产品质量法》第26条规定，生产者应当对其生产的产品质量负责。产品质量应当符合下列要求：

（1）不存在危及人身、财产安全的不合理的危险，有保障人体健康和人身、财产安全的国家标准、行业标准的，应当符合该标准。

（2）具备产品应当具备的使用性能，但是，对产品存在使用性能的瑕疵作出说明的除外。

（3）符合在产品或者其包装上注明采用的产品标准，符合以产品说明、实物样品等方

式表明的质量状况。

以上三项是法律对生产者产品质量的要求，属法定要求。三项义务必须同时做到，不可或缺。

2. 产品或者其包装上的标识必须真实

我国《产品质量法》第27条规定，产品或者其包装上的标识必须真实，并符合下列要求：

（1）有产品质量检验合格证明。

（2）有中文标明的产品名称、生产厂厂名和厂址。

（3）根据产品的特点和使用要求，需要标明产品规格、等级、所含主要成分的名称和含量的，用中文相应予以标明；需要事先让消费者知晓的，应当在外包装上标明，或者预先向消费者提供有关资料。

（4）限期使用的产品，应当在显著位置清晰地标明生产日期和安全使用期或者失效日期。

（5）使用不当，容易造成产品本身损坏或者可能危及人身、财产安全的产品，应当有警示标志或者中文警示说明。

裸装的食品和其他根据产品的特点难以附加标识的裸装产品，可以不附加产品标识。

另外，我国《产品质量法》第28条规定，易碎、易燃、易爆、有毒、有腐蚀性、有放射性等危险物品以及储运中不能倒置和其他有特殊要求的产品，其包装质量必须符合相应要求，依照国家有关规定作出警示标志或者中文警示说明，标明储运注意事项。

3. 不得违反《产品质量法》的禁止性规定

（1）生产者不得生产国家明令淘汰的产品。

（2）生产者不得伪造产地，不得伪造或冒用他人的厂名、厂址。

（3）生产者不得伪造或者冒用认证标志等质量标志。

（4）生产者生产产品，不得掺杂、掺假，不得以假充真、以次充好，不得以不合格产品冒充合格产品。

上述第（2）～（4）项，均属经济欺诈行为。

（二）销售者的产品质量责任和义务

1. 销售者必须实施的行为

（1）销售者应当建立并执行进货检查验收制度，验明产品合格证明和其他标识。

（2）销售者应当采取措施，保持销售产品的质量。

（3）销售者销售的产品的标识应当符合《产品质量法》第27条的规定。

2. 销售者不得实施的行为

（1）销售者不得销售国家明令淘汰并停止销售的产品和失效、变质的产品。

（2）销售者不得伪造产地，不得伪造或者冒用他人的厂名、厂址。

（3）销售者不得伪造或者冒用认证标志等质量标志。

（4）销售者销售产品，不得掺杂、掺假，不得以假充真、以次充好，不得以不合格产品冒充合格产品。

四、违反产品质量法的法律责任

（一）产品质量民事责任

产品经营者应当承担的民事责任包括违约责任和侵权责任。

1. 违约责任

违约责任是指产品的生产者、销售者违反法律规定或合同约定的质量要求所应承担的瑕疵担保责任。根据我国《产品质量法》第 40 条的规定，售出的产品有下列情形之一的，销售者应当负责修理、更换、退货；给购买产品的消费者造成损失的，销售者应当赔偿损失：

（1）不具备产品应当具备的使用性能而事先未作说明的。

（2）不符合在产品或者其包装上注明采用的产品标准的。

（3）不符合以产品说明、实物样品等方式表明的质量状况的。

销售者负责修理、更换、退货、赔偿损失后，属于生产者的责任或者属于向销售者提供产品的其他销售者的责任的，销售者有权向生产者、供货者追偿。销售者未给予修理、更换、退货或者赔偿损失的，由产品质量监督部门或者工商行政管理部门责令改正。生产者之间、销售者之间、生产者与销售者之间订立的买卖合同、承揽合同有不同约定的，合同当事人按照合同约定执行。

2. 侵权责任

侵权责任是指产品的生产者、销售者因产品存在缺陷，造成他人人身、财产损害时应当承担的赔偿责任。我国《产品质量法》第 44 条规定，因产品存在缺陷造成受害人人身伤害的，侵害人应当赔偿医疗费、治疗期间的护理费、因误工减少的收入等费用；造成残疾的，还应当支付残疾者生活自助具费、生活补助费、残疾赔偿金以及由其扶养的人所必需的生活费等费用；造成受害人死亡的，并应当支付丧葬费、死亡赔偿金以及由死者生前扶养的人所必需的生活费等费用。因产品存在缺陷造成受害人财产损失的，侵害人应当恢复原状或者折价赔偿。受害人因此遭受其他重大损失的，侵害人应当赔偿损失。

3. 产品责任的免除

关于产品责任的免除，我国《产品质量法》第 41 条规定，因产品存在缺陷造成人身、缺陷产品以外的其他财产损害的，生产者应当承担赔偿责任。生产者能够证明有下列情形之一的，不承担赔偿责任：

（1）未将产品投入流通的。

（2）产品投入流通时，引起损害的缺陷尚不存在的。

（3）将产品投入流通时的科学技术水平尚不能发现缺陷的存在的。

4. 产品责任时效

（1）诉讼时效。我国《产品质量法》第 45 条规定，因产品存在缺陷造成损害要求赔偿的诉讼时效期间为二年，自当事人知道或者应当知道其权益受到损害时起计算。

（2）请求权时效。我国《产品质量法》第 45 条规定，因产品存在缺陷造成损害要求赔偿的请求权，在造成损害的缺陷产品交付最初消费者满十年丧失；但是，尚未超过明示的安全使用期的除外。

（二）产品质量行政责任

产品质量行政责任是指生产者、销售者因违反产品质量监督管理法律、法规，而应承担的法律后果。产品质量行政责任的“客体”包括瑕疵产品、缺陷产品以及违反产品质量标准和违反产品质量监督管理法律、法规的行为。产品质量行政责任由技术监督部门、工商行政管理部门追究和制裁。

产品质量行政责任只适用过错责任原则。根据我国《产品质量法》第五章罚则的规定，下列行为应当承担行政责任：

（1）生产、销售不符合国家标准、行业标准的产品。

（2）生产、销售伪劣产品。

（3）生产国家明令淘汰的产品。

（4）销售变质、失效的产品。

（5）生产者、销售者伪造产品产地。

（6）产品标识不符合法律规定。

（7）伪造检验数据或结论。

（三）产品质量刑事责任

1. 生产者、销售者的刑事责任条款

根据我国《产品质量法》的规定，生产者、销售者有下列情形之一，情节严重，构成犯罪的，依法追究其刑事责任：

（1）生产、销售不符合保障人体健康和人身、财产安全的国家标准、行业标准的产品。

（2）生产者、销售者在产品中掺杂、掺假，以次充好，或者以不合格产品冒充合格产品。

（3）销售变质、失效的产品。

2. 国家工作人员的刑事责任条款

根据我国《产品质量法》的规定，各级人民政府工作人员和其他国家机关工作人员有下列情形之一，构成犯罪的，依法追究刑事责任：

（1）包庇、放纵产品生产、销售中违反《产品质量法》规定行为的。

（2）向从事违反《产品质量法》规定的生产、销售活动的当事人通风报信，帮助其逃避查处的。

（3）阻挠、干预产品质量监督部门或者工商行政管理部门依法对产品生产、销售中违反《产品质量法》规定的行为进行查处，造成严重后果的。

（4）产品质量监督部门或者工商行政管理部门的工作人员滥用职权、玩忽职守、徇私舞弊，构成犯罪的。

（5）产品质量检验机构、认证机构伪造检验结果或者出具虚假证明的。

另外，根据《产品质量法》第69条的规定，以暴力、威胁方法阻碍产品质量监督部门或者工商行政管理部门的工作人员依法执行职务的，依法追究刑事责任；拒绝、阻碍未使用暴力、威胁方法的，由公安机关依照治安管理处罚条例的规定处罚。

实务训练

1. 赵某从天天超市买来一箱好师傅牌方便面，回家后打开箱子时发现许多方便面里面有黑色杂质，经卫生检验部门鉴定，一箱方便面均属于不合格产品。根据上述内容及《产品质量法》的有关规定，回答下列问题：

(1) 方便面是否属于必须符合国家标准或行业标准的产品？

(2) 对于销售不符合保障人体健康和人身、财产安全标准的产品该如何处理？

点评：

(1) 我国《产品质量法》第13条规定，可能危及人体健康和人身、财产安全的工业产品，必须符合保障人体健康和人身、财产安全的国家标准、行业标准；未制定国家标准、行业标准的，必须符合保障人体健康和人身、财产安全的要求。禁止生产、销售不符合保障人体健康和人身、财产安全的标准和要求的工业产品。本案中，方便面为必须符合国家标准或行业标准生产的产品。

(2) 我国《产品质量法》第49条规定，生产、销售不符合保障人体健康和人身、财产安全的国家标准、行业标准的产品的，责令停止生产、销售，没收违法生产、销售的产品，并处违法生产、销售产品（包括已售出和未售出的产品）货值金额等值以上三倍以下的罚款；有违法所得的，并处没收违法所得；情节严重的，吊销营业执照；构成犯罪的，依法追究刑事责任。本案应依该条款处理。

2. 2009年5月，张某在A电器销售有限公司购买了B企业生产的电压力煲。该电压力煲附随的说明书“安全操作须知”部分列明了17项操作注意事项，并对使用方法作了说明。同年7月3日，张某在使用电压力煲煮粥过程中受伤，经鉴定构成十级伤残。张某提起诉讼，请求判令A电器销售有限公司及B企业共同承担赔偿责任。A电器销售有限公司与B企业均答辩称电压力煲的质量符合产品质量标准，故不接受张某的诉讼主张。

诉讼中，原审法院委托上海市质量检测协会对电压力煲进行了产品质量鉴定。该协会电压力煲质量鉴定专家组出具的《电压力煲质量鉴定报告》指出：“……上海市质量监督检验技术研究院电子电器家用电器质量检验所依据国家标准出具了检验报告，结果为所检项目合格。……专家组查看B企业的使用说明书，其中明示：当锅盖与锅体扣合不到位时，锅内不能上气压。专家组经试验后发现：电压力煲锅盖与锅体扣合不到位时烧煮食物，锅内能上气，产生压力，锅盖能打开，锅内液体会喷出，存在严重安全隐患。如果消费者没有按照使用说明书要求规范操作，锅盖与锅体扣合不严，一旦锅盖受到外力作用，锅盖有可能脱离锅体，造成液体喷出。……”质量鉴定结论为：该型号电压力煲符合国家相关标准要求。该电压力煲没有明显变形、损坏迹象，不能认定其发生过爆炸和非正常炸裂。

资料来源：http：//www.110.com/ziliao/article—327440.html。

问题：张某的损害后果应由谁来承担赔偿责任？

点评：

本案中的电压力煲经鉴定质量符合国家规定的标准，且B企业在使用说明书中已对该产品的使用方法履行了警示说明义务，故B企业就此项内容未违反法律规定。但B企业在为该电压力煲撰写的产品说明书上明示：当锅盖与锅体扣合不到位时，锅内不能上气压。而上海市质量检测协会出具的《电压力煲质量鉴定报告》中载明，“锅盖与锅体扣合不到位时烧煮食物，锅内能上气，产生压力，锅盖能打开，锅内液体会喷出，存在严重安全隐患”。所以，该电压力煲并未达到B企业在说明书中所作出的安全保证承诺而存在缺陷。根据我国《产品质量法》第40条、第41条及第42条的规定，结合本案事实，电压力煲的说明书系B企业所撰写，即造成该电压力煲缺陷的系B企业而非A电器销售有限公司，故应当由B企业依法对张某的损害后果承担赔偿责任。A电器销售有限公司在本案中已明示了缺陷产品的生产者，故该公司无须承担侵权责任。

第四节 消费者权益保护法

一、消费者权益保护法概述

（一）消费者的概念

在经济学范畴内，消费是社会再生产中的一个重要环节，是生产、交换、分配的目的与归宿，它包括生产消费和生活消费两大方面。狭义上的消费仅限于生活消费，广义的消费还包括生产消费。在立法上，各国普遍采取狭义理解。《中华人民共和国消费者权益保护法》规定，消费者是指为生活消费需要而购买、使用商品或接受服务的自然人。

消费者具有以下法律特征：

（1）消费者是进行生活消费的主体。生活消费是指人们为了满足物质和文化生活经验的需要而消费物质产品或劳动服务的行为。消费者作为消费主体，仅指自然人，法人和其他组织不能构成法律上的消费者。

（2）消费者消费的客体是商品和服务。消费客体涵盖的范围很大，涉及人们的衣食住行、医疗、文化、教育、保险等生活消费所需要的各个方面的商品和服务。但法律禁止购买、使用的商品和禁止接受的服务，不属于消费者权益保护法规定的商品和服务。

（3）消费者的消费方式包括购买、使用商品和接受服务。在生活消费过程中，消费者可以是商品的购买者，也可以是该商品的使用者；可以由购买者购买商品，然后供他人使用，也可以自己使用。服务也是如此。因此，消费方式可以有多种情形。

（二）消费者权益保护法的概念

消费者权益保护法是保障消费者合法权益，规制经营者经营活动，调整生活消费关系的法律规范的总称。消费者权益保护法有狭义和广义之分。狭义的消费者权益保护法仅指消费者权益保护的基本法，如《中华人民共和国消费者权益保护法》（该法于1993年10月31日第八届全国人民代表大会常务委员会第四次会议通过，并于2009年、2013年先后修正，以下简称《消费者权益保护法》）。广义的消费者权益保护法则包括狭义的《消费者权益保护法》以及与保护消费者权益相关的法律，如我国的《民法通则》、《产品质量法》、《反不正当竞争法》中有关消费者权益保护的规定。

二、消费者的权利

消费者的权利，是指法律所规定的、消费者在消费领域中所享有的权利。消费者的权利是消费者利益在法律上的体现，是国家对消费者进行保护的前提和基础。消费者权利可以表现为消费者有权自己作出一定的行为，也可以表现为消费者有权要求他人作出一定的行为。

消费者权利作为一项基本人权，是生存权的一个重要组成部分。1962年3月5日，美国总统肯尼迪在向国会提出的保护消费者权益的特别国情咨文中，提出消费者应享有四项权利，即获得商品的安全保障权利、获得正确的商品信息资料的权利、对商品自由选择的权利和提出消费者意见的权利。此后，这一主张逐渐为世界各国所认可，成为各国确立消费者权利的基础。1983 年，国际消费者联盟为了纪念消费者权利的提出，把每年 3 月 15 日定为“国际消费者权益保护日”。

我国《消费者权益保护法》借鉴国外立法的经验，结合我国的实际情况，规定了消费者应当享有的九项权利。

（一）安全保障权

安全保障权是消费者最重要、最基本和最关心的权利。根据我国《消费者权益保护法》第 7 条的规定，消费者在购买、使用商品和接受服务时享有人身、财产安全不受损害的权利。消费者有权要求经营者提供的商品和服务，符合保障人身、财产安全的要求。安全保障权包括人身安全权和财产安全权两项内容。

（二）知悉真情权

知悉真情权又称知情权、了解权。根据我国《消费者权益保护法》第 8 条的规定，消费者享有知悉其购买、使用的商品或者接受的服务的真实情况的权利。消费者有权根据商品或者服务的不同情况，要求经营者提供商品的价格、产地、生产者、用途、性能、规格、等级、主要成分、生产日期、有效期限、检验合格证明、使用方法说明书、售后服务，或者服务的内容、规格、费用等有关情况。知情权是消费者正确选择商品或服务以及正确加以使用的前提。

（三）自主选择权

自主选择权也称选择权。根据我国《消费者权益保护法》第 9 条的规定，消费者享有自主选择商品或者服务的权利。消费者有权自主选择提供商品或者服务的经营者，自主选择商品品种或者服务方式，自主决定购买或者不购买任何一种商品、接受或者不接受任何一项服务。消费者在自主选择商品或者服务时，有权进行比较、鉴别和挑选。

（四）公平交易权

根据我国《消费者权益保护法》第 10 条的规定，消费者在购买商品或者接受服务时，有权获得质量保障、价格合理、计量正确等公平交易条件，有权拒绝经营者的强制交易行为。

在消费法律关系中，消费者与经营者的法律地位平等，当二者进行交易时，都享有公平交易的权利。但从消费者活动的全过程看，消费者购买商品或接受服务往往处于弱势，因而应从法律上给予特别保护。

（五）依法求偿权

依法求偿权即损害赔偿权。根据我国《消费者权益保护法》第 11 条的规定，消费者因购买、使用商品或者接受服务受到人身、财产损害的，享有依法获得赔偿的权利。有权获得赔偿的主体，即受害人，除了商品的购买者、使用者、接受服务者外，还包括受损害的第三人。第三人是除商品的购买者、使用者和服务的接受者之外的，因为偶然原因而在事故现场受到损害的其他人。尽管第三人所受到的损害不是由于本身购买、使用商品或者接受服务而引起的，但《消费者权益保护法》同样赋予其求偿权。

（六）依法结社权

根据我国《消费者权益保护法》第12条的规定，消费者享有依法成立维护自身合法权益的社会团体的权利。消费者与经营者相比，处于弱者的地位，消费者依法行使结社权，可以使消费者从弱小、分散走向强大和集中，从而加强消费者与拥有雄厚实力的经营者相抗衡的力量。目前，我国的消费者社会团体主要是中国消费者协会和地方各级消费者协会。

（七）知识获取权

知识获取权也称受教育权或求教获知权。我国《消费者权益保护法》第13条规定，消费者享有获得有关消费和消费者权益保护方面的知识的权利。消费者应当努力掌握所需商品或者服务的知识和使用技能，正确使用商品，提高自我保护意识。

（八）维护尊严权

维护尊严权又称受尊重权。我国《消费者权益保护法》第14条规定，消费者在购买、使用商品和接受服务时，享有人格尊严、民族风俗习惯得到尊重的权利，享有个人信息依法得到保护的权利。法律规定经营者不得对消费者进行侮辱、诽谤，不得搜查消费者的身体及其携带的物品，不得侵害消费者的人身自由。

（九）监督批评权

监督批评权是指消费者享有的对商品和服务以及保护消费者权益工作进行监督的权利。我国《消费者权益保护法》第15条规定，消费者享有对商品和服务以及保护消费者权益工作进行监督的权利。消费者有权检举、控告侵害消费者权益的行为和国家机关及其工作人员在保护消费者权益工作中的违法失职行为，有权对保护消费者权益工作提出批评、建议。

三、经营者的法定义务

消费者的权利在一定程度上是通过经营者履行义务来实现的。在消费法律关系中，经营者的义务是与消费者的权利相对应的，消费者所享有的权利一般就是经营者应承担的义务。经营者的义务可以表现为消费者要求经营者作出一定的行为，也可以表现为经营者必须抑制一定的行为。

（一）依法或依约履行的义务

根据我国《消费者权益保护法》第16条的规定，经营者向消费者提供商品或者服务，应当依照本法和其他有关法律、法规的规定履行义务。经营者和消费者有约定的，应当按照约定履行义务，但双方的约定不得违背法律、法规的规定。经营者向消费者提供商品或者服务，应当恪守社会公德，诚信经营，保障消费者的合法权益；不得设定不公平、不合理的交易条件，不得强制交易。凡是《消费者权益保护法》为经营者所规定的义务，都是经营者必须履行的法定义务。除此之外，其他相关法律、法规为经营者所规定的义务，也是经营者的法定义务。在经营者和消费者另有约定的场合，经营者还必须履行约定的义务，但双方的约定不得违背法律、法规的规定。

（二）听取意见和接受监督的义务

根据我国《消费者权益保护法》第 17 条的规定，经营者应当听取消费者对其提供的商品或者服务的意见，接受消费者的监督。法律赋予消费者监督权，只是为消费者检举、控告经营者的不法经营提供了法律依据，消费者监督权的真正实现，有赖于经营者主动听取消费者的意见，并主动接受监督。从这个意义上说，经营者听取意见和接受监督的义务，实质上是实现消费者监督权的保障。

（三）保障人身和财产安全的义务

根据我国《消费者权益保护法》第 18 条的规定，经营者应当保证其提供的商品或者服务符合保障人身、财产安全的要求。对可能危及人身、财产安全的商品和服务，应当向消费者作出真实的说明和明确的警示，并说明和标明正确使用商品或者接受服务的方法以及防止危害发生的方法。宾馆、商场、餐馆、银行、机场、车站、港口、影剧院等经营场所的经营者，应当对消费者尽到安全保障义务。这是与消费者的安全保障权相对应的经营者的义务。

（四）不作虚假宣传和标示的义务

根据我国《消费者权益保护法》第 20 条及第 21 条的规定，经营者应当提供有关商品或者服务的真实信息，不得作引人误解的虚假宣传。经营者对消费者就其提供的商品或者服务的质量和使用方法等问题提出的询问，应当作出真实、明确的答复。经营者提供商品应当明码标价。经营者应当标明其真实名称和标记。租赁他人柜台或者场地的经营者，应当标明其真实名称和标记。经营者的此项义务是与消费者的知悉真情权、自主选择权相对应的义务，经营者对此项义务的履行是消费者实现相应权利的前提。

（五）出具购货凭证或服务单据的义务

根据我国《消费者权益保护法》第 22 条的规定，经营者提供商品或者服务，应当按照国家有关规定或者商业惯例向消费者出具购货凭证或者服务单据；消费者索要购货凭证或者服务单据的，经营者必须出具。法律为经营者设定此项义务，一方面是为了防止经营者偷税、逃税，以维护国家税法的尊严；另一方面，则是为了便于解决消费者与经营者之间的消费争议，强调购货凭证和服务单据的证据作用。

（六）质量担保义务

根据我国《消费者权益保护法》第 23 条的规定，经营者应当保证在正常使用商品或者接受服务的情况下其提供的商品或者服务应当具有的质量、性能、用途和有效期限；但消费者在购买该商品或者接受该服务前已经知道其存在瑕疵，且存在瑕疵不违反法律强制性规定的除外。经营者以广告、产品说明、实物样品或者其他方式表明商品或者服务的质量状况的，应当保证其提供的商品或者服务的实际质量与表明的质量状况相符。经营者提供的机动车、计算机、电视机、电冰箱、空调器、洗衣机等耐用商品或者装饰装修等服务，消费者自接受商品或者服务之日起六个月内发现瑕疵，发生争议的，由经营者承担有关瑕疵的举证责任。

（七）不得从事不公平、不合理交易的义务

根据我国《消费者权益保护法》第 24 条的规定，经营者提供的商品或者服务不符合

质量要求的，消费者可以依照国家规定、当事人约定退货，或者要求经营者履行更换、修理等义务。没有国家规定和当事人约定的，消费者可以自收到商品之日起七日内退货；七日后符合法定解除合同条件的，消费者可以及时退货，不符合法定解除合同条件的，可以要求经营者履行更换、修理等义务。依照规定进行退货、更换、修理的，经营者应当承担运输等必要费用。

2013 年修订的《消费者权益保护法》新增了电视和网上购物的规定（第 25 条）。经营者采用网络、电视、电话、邮购等方式销售商品，消费者有权自收到商品之日起七日内退货，且无需说明理由，但下列商品除外：

（1）消费者定做的；

（2）鲜活易腐的；

（3）在线下载或者消费者拆封的音像制品、计算机软件等数字化商品；

（4）交付的报纸、期刊。

除上述所列商品外，其他根据商品性质并经消费者在购买时确认不宜退货的商品，不适用无理由退货。消费者退货的商品应当完好。经营者应当自收到退回商品之日起七日内返还消费者支付的商品价款。退回商品的运费由消费者承担；经营者和消费者另有约定的，按照约定。

《消费者权益保护法》第 26 条关于格式条款的规定如下：经营者在经营活动中使用格式条款的，应当以显著方式提请消费者注意商品或者服务的数量和质量、价款或者费用、履行期限和方式、安全注意事项和风险警示、售后服务、民事责任等与消费者有重大利害关系的内容，并按照消费者的要求予以说明。经营者不得以格式条款、通知、声明、店堂告示等方式，作出排除或者限制消费者权利、减轻或者免除经营者责任、加重消费者责任等对消费者不公平、不合理的规定，不得利用格式条款并借助技术手段强制交易。格式条款、通知、声明、店堂告示等含有前款所列内容的，其内容无效。

（八）不得侵犯消费者人身权的义务

消费者享有人格尊严、人身自由不受侵犯的权利，这是消费者最基本的人权。为了保障消费者人身权在消费关系中不受侵犯，根据我国《消费者权益保护法》第 27 条规定，经营者不得对消费者进行侮辱、诽谤，不得搜查消费者的身体及其携带的物品，不得侵犯消费者的人身自由。

（九）其他义务

根据《消费者权益保护法》第 28 条的规定，采用网络、电视、电话、邮购等方式提供商品或者服务的经营者，以及提供证券、保险、银行等金融服务的经营者，应当向消费者提供经营地址、联系方式、商品或者服务的数量和质量、价款或者费用、履行期限和方式、安全注意事项和风险警示、售后服务、民事责任等信息。

四、消费争议的解决

（一）消费争议的解决途径

根据我国《消费者权益保护法》第 39 条的规定，消费者和经营者发生消费者权益争议有五种解决途径：与经营者协商和解、消费者协会调解、行政申诉、仲裁和诉讼。

（1）消费者与经营者协商和解。这是指消费争议的双方当事人就有关争议进行协商，最终达成和解协议，解决纠纷。协商和解是消费者与经营者解决争议首先采用的方式，具有经济、简便、快捷的特点，在实践中应用最普遍。

（2）请求消费者协会调解。调解是指消费者与经营者将争议交由作为第三方的消费者协会，就有关争议进行协商，双方达成协议，以解决争议的方式。消费者协会和其他消费者组织是依法成立的对商品和服务进行社会监督的保护消费者合法权益的社会组织，其基本任务是保护消费者的合法权益，对商品和服务进行社会监督；受理消费者的投诉，并对投诉事项进行调查、调解。

（3）向有关行政部门申诉。消费者在发生消费争议时，不愿意通过协商和解，也不愿意请求调解，或协商和解不成时，亦可以向有关行政部门申诉，要求给予处理。我国有关食品卫生、药品管理、价格管理、医疗卫生、产品质量等保护消费者的法律规范中都有由有关行政机关处理消费者权益纠纷的规定。

（4）提请仲裁机构仲裁。消费者可以依据与经营者达成的仲裁协议，将消费争议提请仲裁机构仲裁。

（5）向人民法院提起诉讼。消费争议亦可通过民事诉讼程序解决。

（二）赔偿责任主体的确定

为保证在发生消费争议时，能够准确确定责任承担者，我国《消费者权益保护法》就赔偿责任主体的确定，作出了如下规定：

（1）消费者在购买、使用商品时，其合法权益受到损害的，可以向销售者要求赔偿。销售者赔偿后，属于生产者的责任或者属于向销售者提供商品的其他销售者的责任的，销售者有权向生产者或者其他销售者追偿。

（2）消费者或者其他受害人因商品缺陷造成人身、财产损害的，可以向销售者要求赔偿，也可以向生产者要求赔偿。属于生产者责任的，销售者赔偿后，有权向生产者追偿。属于销售者责任的，生产者赔偿后，有权向销售者追偿。

（3）消费者在接受服务时，其合法权益受到损害的，可以向服务者要求赔偿。

（4）消费者在购买、使用商品或者接受服务时，其合法权益受到损害，因原企业分立、合并的，可以向变更后承受其权利义务的企业要求赔偿。

（5）使用他人营业执照的违法经营者提供商品或者服务，损害消费者合法权益的，消费者可以向其要求赔偿，也可以向营业执照的持有人要求赔偿。

（6）消费者在展销会、租赁柜台购买商品或者接受服务，其合法权益受到损害的，可以向销售者或者服务者要求赔偿。展销会结束或者柜台租赁期满后，也可以向展销会的举办者、柜台的出租者要求赔偿。展销会的举办者、柜台的出租者赔偿后，有权向销售者或者服务者追偿。

（7）消费者因经营者利用虚假广告提供商品或者服务，其合法权益受到损害的，可以向经营者要求赔偿。广告的经营者发布虚假广告的，消费者可以请求行政主管部门予以惩处。广告的经营者不能提供经营者的真实名称、地址的，应当承担赔偿责任。

五、违反消费者权益保护法的法律责任

（一）民事责任

1. 承担民事责任的概括性规定

根据我国《消费者权益保护法》第 48 条的规定，经营者提供商品或者服务有下列情形之一的，除本法另有规定外，应当依照其他有关法律、法规的规定，承担民事责任：

（1）商品或服务存在缺陷的；

（2）不具备商品应当具备的适用性能而出售时未作说明的；

（3）不符合在商品或者其包装上注明采用的商品标准的；

（4）不符合商品说明、实物样品等方式表明的质量状况的；

（5）生产国家明令淘汰的商品或者销售失效、变质的商品的；

（6）销售的商品数量不足的；

（7）服务的内容和费用违反约定的；

（8）对消费者提出的修理、重作、更换、退货、补足商品数量、退还货款和服务费用或者赔偿损失的要求，故意拖延或者无理拒绝的；

（9）法律、法规规定的其他损害消费者权益的情形。

2. 关于侵犯人身权的民事责任

根据我国《消费者权益保护法》第 49 条至第 51 条的规定，侵犯人身权的民事责任如下：

（1）经营者提供商品或者服务，造成消费者或者其他受害人人身伤害的，应当赔偿医疗费、护理费、交通费等为治疗和康复支出的合理费用，以及因误工减少的收入。造成残疾的，还应当赔偿残疾生活辅助具费和残疾赔偿金。

（2）经营者提供商品或者服务，造成消费者或者其他受害人死亡的，应当赔偿丧葬费和死亡赔偿金。

（3）经营者侵害消费者的人格尊严、侵犯消费者人身自由的，或者侵害消费者个人信息依法得到保护的权利的，应当停止侵害、恢复名誉、消除影响、赔礼道歉，并赔偿损失。

（4）经营者有侮辱诽谤、搜查身体、侵犯人身自由等侵害消费者或者其他受害人人身权益的行为，造成严重精神损害的，受害人可以要求精神损害赔偿。

3. 关于侵犯财产权的民事责任

根据我国《消费者权益保护法》第 52 条至第 55 条的规定，侵犯财产权的民事责任如下：

（1）经营者提供商品或者服务，造成消费者财产损害的，应当依照法律规定或者当事人约定承担修理、重作、更换、退货、补足商品数量、退还货款和服务费用或者赔偿损失等民事责任。

（2）经营者以预收款方式提供商品或者服务的，应当按照约定提供。未按照约定提供的，应当按照消费者的要求履行约定或者退回预付款；并应当承担预付款的利息、消费者必须支付的合理费用。

(3) 依法经有关行政部门认定为不合格的商品，消费者要求退货的，经营者应当负责退货。

(4) 经营者提供商品或者服务有欺诈行为的，应当按照消费者的要求增加赔偿其受到的损失，增加赔偿的金额为消费者购买商品的价款或者接受服务的费用的3倍；增加赔偿的金额不足500元的，为500元。法律另有规定的，依照其规定。经营者明知商品或者服务存在缺陷，仍然向消费者提供，造成消费者或者其他受害人死亡或者健康严重损害的，受害人有权要求经营者依照《消费者权益保护法》第49条、第51条等法律规定赔偿损失，并有权要求所受损失2倍以下的惩罚性赔偿。

(二) 行政责任

根据我国《消费者权益保护法》第56条的规定，经营者有下列情形之一，除承担相应的民事责任外，其他有关法律、法规对处罚机关和处罚方式有规定的，依照法律、法规的规定执行；法律、法规未作规定的，由工商行政管理部门或者其他有关行政部门责令改正，可以根据情节单处或者并处警告、没收违法所得、处以违法所得1倍以上10倍以下的罚款，没有违法所得的，处以50万元以下的罚款；情节严重的，责令停业整顿、吊销营业执照：

(1) 提供的商品或者服务不符合保障人身、财产安全要求的。

(2) 在商品中掺杂、掺假，以假充真，以次充好，或者以不合格商品冒充合格商品的。

(3) 生产国家明令淘汰的商品或者销售失效、变质的商品的。

(4) 伪造商品的产地，伪造或者冒用他人的厂名、厂址，篡改生产日期，伪造或者冒用认证标志等质量标志的。

(5) 销售的商品应当检验、检疫而未检验、检疫或者伪造检验、检疫结果的。

(6) 对商品或者服务作虚假或者引人误解的宣传的。

(7) 拒绝或者拖延有关行政部门责令对缺陷商品或者服务采取停止销售、警示、召回、无害化处理、销毁、停止生产或者服务等措施的。

(8) 对消费者提出的修理、重作、更换、退货、补足商品数量、退还货款和服务费用或者赔偿损失的要求，故意拖延或者无理拒绝的。

(9) 侵害消费者人格尊严、侵犯消费者人身自由或者侵害消费者个人信息依法得到保护的权利的。

(10) 法律、法规规定的对损害消费者权益应当予以处罚的其他情形。

经营者有上述规定情形的，除依照法律、法规规定予以处罚外，处罚机关应当记入信用档案，向社会公布。

(三) 刑事责任

根据我国《消费者权益保护法》第60条和第61条的规定，下列情形应当依法追究当事人的刑事责任：

(1) 以暴力、威胁等方法阻碍有关行政部门工作人员依法执行职务的，依法追究刑事责任；拒绝、阻碍有关行政部门工作人员依法执行职务，未使用暴力、威胁方法的，由公安机关依照《中华人民共和国治安管理处罚法》的规定处罚。

（2）国家机关工作人员玩忽职守或者包庇经营者侵害消费者合法权益的行为的，由其所在单位或者上级机关给予行政处分；情节严重，构成犯罪的，依法追究刑事责任。

实务训练

1. 吴某在家中沐浴，正手握热水器的喷头，突然被电击中，倒地不起，经送医院急救才幸免于难，医药费、误工费等费用共计8 000元。经过技术鉴定，该热水器质量不合格。热水器在本市百货公司购买，生产商是天津某公司。根据上述内容及《消费者权益保护法》的有关规定，回答下列问题：

（1）吴某可以通过哪些途径维护自己的权益？

（2）如果吴某向法院起诉，作为原告可以将谁列为被告？

（3）吴某能否获得赔偿？为什么？

点评：

（1）根据我国《消费者权益保护法》第 34 条的规定，本案中，吴某可以先与经营者协商和解，协商不成可以请求消费者协会调解，或向有关行政部门申诉。如果与经营者达成仲裁协议，可以根据与经营者达成的仲裁协议提请仲裁机构仲裁。或者直接向人民法院提起诉讼。

（2）我国《消费者权益保护法》第 40 条规定，消费者或者其他受害人因商品缺陷造成人身、财产损害的，可以向销售者要求赔偿，也可以向生产者要求赔偿。属于生产者责任的，销售者赔偿后，有权向生产者追偿。属于销售者责任的，生产者赔偿后，有权向销售者追偿。本案中，吴某可以将销售者本市百货公司列为被告要求赔偿，也可以将生产者天津某公司列为被告要求赔偿，还可以将本市百货公司和天津某公司列为共同被告共同赔偿。

（3）我国《消费者权益保护法》第 49 条规定，经营者提供商品或者服务，造成消费者或者其他受害人人身伤害的，应当赔偿医疗费、护理费、交通费等为治疗和康复支出的合理费用，以及因误工减少的收入。造成残疾的，还应当赔偿残疾生活辅助具费和残疾赔偿金。造成死亡的，还应当赔偿丧葬费和死亡赔偿金。本案中，吴某可以得到医药费、误工费等费用共计8 000元的赔偿。

2. 2008 年 10 月 3 日，郭某到当地一家电器商场购买了一台名牌彩电。五天后，郭某才得知该名牌彩电的生产厂家为促销，曾随每台彩电赠送一只价值 120 元的电热壶，于是她便持购物发票到商场要求补发。服务小姐却告诉她，因她当时没有索要，事后已将电热壶送给了一位朋友。商场经理也声称：“此种赠品并不是彩电的组成部分，可给可不给，过期作废。”为讨个公道，郭某将电器商场告上法庭。

问题：电器商场应当向消费者郭某给付赠品吗？

点评：

本案中，电器商场应当向消费者郭某给付赠品。首先，电器商场侵犯了郭某的知情权和处分权。《消费者权益保护法》第 8 条规定：消费者享有知悉其购买、使用的商品或接受的服务的真实情况的权利。即电器商场在进行销售活动时，具有如实告知郭某购买彩电将附赠电热壶的情况，由于电器商场没有声张，表明电器商场对此未尽到告知义务，或者说所尽告知义务存在瑕疵。此外，郭某要与不要电热壶的意思表示，只能在知情的情况下作出，郭某之所以未当场索要，也正是基于不知情，不能视为是对自身权利的处分。按照法律规定，其请求时效应从知道或者应当知道权利被侵害时起计算。据此，郭某完全有权重新行使处分权，商场无权以“过期作废”为由妨害。另外，电器商场亦无权处分赠品，应返还赠品给郭某。

本章小结

- 第五章
  - 反垄断法
    - 垄断概述
    - 垄断行为
    - 反垄断执法机构及职权
    - 违反反垄断法的法律责任
  - 反不正当竞争法
    - 反不正当竞争法概述
    - 不正当竞争行为的主要类型
    - 不正当竞争行为的法律责任
  - 产品质量法
    - 产品质量法概述
    - 产品质量的监督与管理
    - 生产者、销售者的产品质量责任和义务
    - 违反产品质量法的法律责任
  - 消费者权益保护法
    - 消费者权益保护法概述
    - 消费者的权利
    - 经营者的法定义务
    - 消费争议的解决
    - 违反消费者权益保护法的法律责任

知识巩固训练

一、名词解释

1. 垄断
2. 经营者集中
3. 商业秘密
4. 产品质量

二、判断题

1. 垄断行为分为经营性垄断和行政性垄断。（ ）

2. 国务院反垄断委员会和国务院反垄断执法机构同为一个主体。（ ）

3. 经营者以低于成本价格销售的行为是否属于不正当竞争行为，要看是否以排挤竞争对手为目的。（ ）

4. 假冒他人注册商标的行为既是侵犯注册商标权的侵权行为，也是不正当竞争行为。（ ）

5. 串通投标行为包括投标者之间的串通投标行为和投标者与招标者之间的勾结行为。（ ）

6. 我国食品安全标准是强制执行的标准，由国务院卫生行政部门负责制定、公布。( )

7. 我国尚未建立食品召回制度。( )

8. 建设工程不适用《产品质量法》；但是，建设工程使用的建筑材料、建筑构配件和设备，属于《产品质量法》规定的产品范围的，适用《产品质量法》。( )

9. 根据《消费者权益保护法》，关于赔偿数额，一般来说应赔偿受害人的全部损失。( )

10. 消费者索要购货凭证或者服务单据的，经营者必须出具。( )

三、单项选择题

1. 下列选项中不属于垄断协议的是（ ）。

A. 具有竞争关系的经营者达成固定商品价格的协议

B. 具有竞争关系的经营者达成变更商品价格的协议

C. 具有竞争关系的经营者达成分割销售市场的协议

D. 具有竞争关系的经营者达成使用同一种安全生产技术的协议

2. 下列行为中属于不正当竞争行为的是（ ）。

A. 擅自使用他人企业名称，使人误认为是他人的商品

B. 季节性降价

C. 明示给对方折扣或中间人佣金

D. 最高奖金为 5 000 元的有奖销售

3. 根据《消费者权益保护法》的规定，以下各项不是消费者权利的是（ ）。

A. 维护尊严权　　B. 言论自由权　　C. 监督批评权　　D. 知识获取权

四、多项选择题

1. 根据《反垄断法》的规定，下列选项不构成垄断协议的是（ ）。

A. 某行业协会组织本行业的企业就防止进口原料时的恶性竞争而达成的保护性协议

B. 三家大型房地产公司的代表聚会，就商品房的价格达成共识，随后一直采取涨价行动

C. 某品牌的牛奶含有有毒物质的事实被公布后，数家大型零售公司联合声明拒绝销售该产品

D. 数家大型煤炭企业就采用一种新型安全生产技术达成一致意见

2. 下列关于消费者的法律特征的表述，正确的是（ ）。

A. 消费者是进行生活消费的主体

B. 消费者消费的客体是商品和服务

C. 消费者的消费方式包括购买、使用商品和接受服务

D. 接受服务不属于消费方式

3. 监督检查部门在监督检查不正当竞争行为时，（ ）应当如实提供有关资料或情况。

A. 被检查的经营者　　B. 证明人　　C. 利害关系人　　D. 国家机关

4. 在商品上伪造或冒用（　），对产品质量作引人误解的虚假表示，属于不正当竞争行为。

A. 产地　　B. 名优标志　　C. 认证标志　　D. 注册商标

5. 下列有关"搭售"的表述正确的是（　）。

A."搭售"侵害《消费者权益保护法》所保护的消费者在购买商品时的自主选择权，变相增加购买成本

B. 经营者利用其经济和技术方面的优势，在销售商品时强迫交易相对人购买其不需要的商品的行为属于"搭售"行为

C."搭售"以违背购买者的意愿为前提

D. 经营者利用其经济和技术优势，在提供服务时强迫交易相对人购买其不需要的服务的行为不属于"搭售"

6. 食品生产经营者禁止生产经营的食品有（　）。

A. 无标签的预包装食品

B. 超过保质期的食品

C. 被容器、运输工具等污染了的食品

D. 营养成分不符合食品安全标准的专供婴幼儿和其他特定人群的主辅食品

7. 根据《产品质量法》的规定，销售者不得实施的行为有（　）。

A. 销售者不得销售国家明令淘汰并停止销售的产品和失效、变质的产品

B. 销售者不得伪造产地，不得伪造或者冒用他人的厂名、厂址

C. 销售者不得伪造或者冒用认证标志等质量标志

D. 销售者销售产品，不得掺杂、掺假，不得以假充真、以次充好，不得以不合格产品冒充合格产品

8. 产品质量标准分四个等级，即（　）。

A. 国家标准和地方标准　　B. 行业标准和企业标准。

C. 省级标准和市级标准　　D. 国家标准和国际标准

五、填空题

1. 产品经营者应当承担的民事责任包括________和________。

2. 产品质量监督检查是国家、社会对产品质量进行检查和监督的一种制度，它包括________、________和________三个方面的内容。

3. 消费者是指为生活消费需要而________、________商品或________的自然人。

4. 消费者和经营者发生消费者权益争议的解决途径包括：________、________、________、________和________。

六、简答题

1. 垄断协议有哪些具体的表现形式？

2. 什么是相关市场？界定相关市场应考虑哪些因素？

3. 行政性垄断在我国有哪些主要表现形式？

4. 生产者的产品质量责任和义务有哪些？

5. 销售者的产品质量责任和义务有哪些？

6. 消费者有哪些具体权利？

7. 经营者有哪些具体义务？

综合实务训练

1. 2013 年 10 月，某商场举办了一场抽奖活动，李某幸运地抽中“家乐牌”高压锅一个。次日，李某在用该高压锅蒸米饭的过程中，高压锅爆炸，李某被炸伤。李某的家人向商场索赔，商场以奖品为“家乐牌”高压锅生产商提供为由，让其直接去找该生产商。但是“家乐牌”高压锅生产商以高压锅是奖品为由拒绝承担赔偿责任。

问题：

(1) 本案中该商场向消费者无偿提供的奖品是否要承担责任？为什么？

(2) 本案中“家乐牌”高压锅生产商是否要承担责任？为什么？

(3) 本案应如何处理？

2. 某地区 A 企业生产的“飞亚”牌啤酒十分畅销，但另一地区生产同类产品的小企业 B 则销路不佳。于是，B 企业决定采取以下措施：(1) 将本企业产品的包装改为与 A 企业产品近似的包装；(2) 散发小册子，宣传自己的产品，在宣传中加上自己产品本没有的多种疗效功能；(3) 以获得 A 企业的营销策略和客户为目的，买通和高薪聘请 A 企业的销售人员。同时，B 企业还请求当地政府给予保护性支持。当地政府为了支持本地区企业的发展，决定制定一个啤酒质量标准，限制 A 企业的产品进入本地。以上措施实施后，A 企业的产品滞销，企业效益直线下降。

问题：

(1) B 企业采取的措施是否合法？属于什么性质的行为？

(2) 当地政府对 B 企业的支持性做法是否合法？属于什么性质的行为？

(3) 若 B 企业的做法不合法，其应承担什么法律责任？

3. 陈某于 2009 年 5 月 1 日在一家小店购买了一瓶红酒，到家后打开红酒时发现酒瓶上并没有标明厂址，陈某喝了几杯后，身体有些不适。经医院检查发现，陈某身体不适是因为红酒质量有问题引起的。

问题：

(1) 红酒无厂址是否符合《产品质量法》的要求？

(2) 谁应当承担红酒的产品质量责任？

第六章

税收法律制度及实务

学习目标

1. 了解我国税收立法的概况。

2. 理解和掌握税法的调整对象及构成要素。

3. 了解税收征收管理的基本要求以及主要税种的计征办法。

实训目标

1. 熟悉增值税、消费税、营业税、企业所得税、个人所得税等主要税种的简单操作和简单计算。

2. 树立良好的税收观念，增强依法纳税意识。

3. 能运用有关税法知识解决一般的税务问题。

案例导学

余某，2006年大学毕业后到上海工作，目前每月工资收入约8 000元。2012年12月，其支出情况如下：(1) 购置800元左右高档化妆品一套；(2) 购买650元左右羽绒服一件；(3) 购买200元左右书籍一批；(4) 支付水、电、煤气费用，合计200元；(5) 在餐馆请客吃饭，花费1 000元。

你认为余某2012年12月份要缴纳哪些税？

分析：

根据我国税收法律制度，余某需要缴纳的税收主要有：个人所得税、消费税、增值税、营业税等。

第一节 税收与税法

一、税收的概念和特征

（一）税收的概念

税收是国家为了实现其职能的需要，凭借其政治权力，按照法律规定的标准和程序，参与社会产品或国民收入的分配与再分配，强制、无偿地取得财政收入的一种形式。它体现了国家与纳税人之间在征税、纳税的利益分配上的一种特殊分配关系。

（二）税收的特征

税收与其他财政收入分配形式相比，具有强制性、无偿性和固定性三个基本特征。

1. 强制性

税收的强制性，是指税收是由国家凭借政治权力以国家法令形式强制课征的，纳税人必须履行缴纳义务，应纳而不纳的要受到国家有关法律的制裁。一方面，税收不受所有制的限制，使其成为财政收入最普遍的形式；另一方面，税收具有法律上不能违反的严肃性，因而成为财政收入最稳定、最可靠的收入形式。

2. 无偿性

税收的无偿性，是指国家在征税时单方面获得的收入是无条件取得的，无须对纳税人付出任何代价。税收的无偿性还体现在它是针对具体纳税人而言的，即纳税人在交纳税款时，国家与纳税人之间没有直接的偿还关系。

3. 固定性

税收的固定性，是指国家在征税之前，就以法律的形式预先规定了征税对象和征收的标准、数额或比例。法律本身就具有相对的固定性，税法的实质就是以法律形式相对固定了政府与纳税人之间的征纳关系，征纳双方不得超越法律规定而随意改变。税收的固定性，还包含税收的连续性的含义。为了保证税收的相对稳定，有必要事先确定一个固定比例或固定数额。税收的固定性有利于保证国家财政收入的稳定，也有利于维护纳税人的法人地位和合法权益。

税收的强制性决定着税收的无偿性，而税收的强制性和无偿性又决定和要求税收的固定性。税收的三个特征是有机统一的整体。

二、税法的概念和调整对象

税法是指调整税收关系的所有法律规范的总称。税法是国家取得财政收入的重要保障，是国家税务机关向纳税人征税的法律依据，也是纳税人履行纳税义务的准则。

税法的调整对象是税收关系。税收关系是税收利益在各个相关主体之间进行分配时所产生的各种关系的总称。现代社会税收关系的内容十分丰富，但归纳起来主要有两大类：税收分配关系和税收征收管理关系。税法调整税收分配关系，主要是确定税收体制、税种、征税对象、纳税人范围、税率和减免等国家与纳税人之间和国家内部中央与地方，以及中国政府与外国政府、涉外纳税人之间的实体利益分配关系。税法调整税收征收管理关系，主要是确认国家征税机关及其税务人员与纳税人之间就征税和纳税过程中形成的税收征管关系的范围，保护参与税收征管关系当事人的权益，维护税收分配关系。

三、税法的构成要素

税法的构成要素，又称课税要素、税法要素，是各种单行税法具有的共同的基本要素的总称。这一概念包括以下基本含义：一是税法要素既包括实体性的，也包括程序性的；二是税法要素是所有完善的单行税法都共同具备的，仅为某一税法所单独具有而非普遍性的内容，不构成税法要素，如扣缴义务人。

具体而言，税法要素主要包括以下内容。

（一）税法主体

税法主体是指在税收法律关系中享有权利和承担义务的当事人，主要包括征税主体和纳税主体。

（1）征税主体是指代表国家行使征税权的征税机关，包括税务机关、财政机关和海关。

（2）纳税主体又称纳税人或纳税义务人，是指依照税法规定，直接负有纳税义务的自然人、法人或其他组织。纳税人应当与负税人进行区别，负税人是经济学中的概念，即税收的实际负担者，而纳税人是法律用语，即依法缴纳税收的人。税法只规定纳税人，不规定负税人。二者有时是一致的，如个人所得税的纳税人与负税人；有时又是相分离的，如增值税的纳税人与负税人。

想一想

纳税人与扣缴义务人、负税人、纳税单位有什么不同？

分析：纳税人就是负有交纳税款义务的人，即直接向税务机关缴纳税款的人，但不一定是负税人。负税人就是实际负担税款的人。扣缴义务人是指向纳税人和负税人代扣并为其向税务机关代缴税款的单位和个人，即法律、法规规定负有代收代缴或者代扣代缴税款义务的人，并不是真正的纳税人。纳税单位是指申报缴纳税款的单位，是纳税人的有效集合。所谓有效集合，就是为了便于征管和缴纳税款，允许在法律上负有纳税义务的同类型纳税人作为纳税单位，填写一份纳税申报表。

（二）征税对象

征税对象，又称征税客体或课税对象，是各个税种之间相互区别的根本标志，也是征纳税的直接依据。征税对象按其性质的不同，通常划分为流转额、所得额、财产、资源及行为五大类。

（三）税目与计税依据

税目与计税依据是对征税对象在质与量上的具体化。所谓税目，就是税法规定的征税的具体项目，它是征税对象在质的方面的具体化，反映了具体的征税范围并代表征税的广度。所谓计税依据，也称计税标准、计税基数，简称税基，是指根据税法规定所取得的用以计算应纳税额的依据，亦即用以计算应纳税额的基数，它是征税对象在量的方面的具体化，直接影响着纳税人最终税负的承担。

想一想

征税对象与征税范围、税源、税目、计税依据有何区别与联系？

分析：征税对象是指对什么征税，即征税的目的物。征税范围是税法规定的征税对象和纳税人的具体内容或范围，即课税征收的界限。凡是列入征税范围的，都应征税，不列入征税范围的不征税。征税范围表明税收课征的广度。税目即征税对象的具体内容，是在税法中对征税对象分类规定的具体的征税品种和项目。规定税目首先是为了明确具体的征税范围。列入税目的就是应税产品，没有列入税目的就不是应税产品，这样征税的界限就十分明确。另外，通过规定各种税目，可以对不同的项目制定高低不同的税率，体现国家的政策。计税依据是征税对象的计量单位和征收标准，是征税对象在量值（价值量或实物量）上的具体化。计税依据解决征税的计算问题。在规定计税依据时，我们可以规定为征税对象的价格，也可以规定为征税对象的数量。有的税种征税对象和计税依据是一致的，如各种所得税，征税对象和计税依据都是应税所得额。但是有的税种则不一致。税源是税收收入的来源，即各种税收收入的最终出处，是税收的价值源泉。税源归根结底是物质生产部门劳动者创造的国民收入。税源与征税对象有时是一致的；也有很多税种，税源与征税对象并不一致。

(四) 税率

税率是税法规定的应纳税额与课税对象之间的数量关系或比例，是计算税额的尺度。税率的高低直接关系到纳税人的负担和国家税收收入的多少，是国家在一定时期内的税收政策的主要表现形式，是税收制度的核心要素。税率主要有比例税率、累进税率和定额税率三种基本形式。

(1) 比例税率。比例税率是指对同一课税对象或税目不论数额大小，都按同一比例征税，税额占课税对象的比例总是相同的。比例税率是最常见的税率之一，应用广泛。比例税率具有横向公平性，其主要优点是计算简便，便于征收和缴纳。

(2) 累进税率。累进税率是指按课税对象数额的大小规定不同的等级，随着课税数量增大而提高税率。具体做法是按课税对象数额的大小划分若干等级，规定最低税率、最高税率和若干等级的中间税率，不同等级的课税数额分别适用不同的税率，课税数额越大，适用税率越高。累进税率一般在所得课税中使用，可以充分体现对纳税人收入多的多征、收入少的少征、无收入的不征的税收原则，从而有效地调节纳税人的收入，正确处理税收负担的纵向公平问题。

(3) 定额税率。定额税率又称固定税率，是按课税对象的计量单位直接规定固定税额的税率形式，课税对象的计量单位主要有吨、升、平方米、辆等。定额税率一般适用于从量定额计征的某些课税对象，实际是从量比例税率，如车船税、资源税等。

（五）纳税环节

纳税环节是指商品在整个流转过程中按照税法规定应当缴纳税款的环节或阶段。按纳税环节的多少，可以将税收课征制度分为以下两种：

（1）一次课征制，是指同一种税在其征税对象运动过程中只选择一个环节征税的制度。如现行资源税，采用的就是这种征税制。

（2）多次课征制，是指同一种税在其征税对象运动过程中选择两个或两个以上环节征税的制度。如现行增值税，采用的就是这种征税制。

（六）纳税期限

纳税期限是税法规定的纳税主体向税务机关缴纳税款的具体时间期限。纳税期限是衡量征纳双方是否按时行使征税权利和履行纳税义务的尺度。纳税期限一般分为按次征收，按期征收，按年计征、分期预缴三种。在现代税制中，一般还将纳税期限分为缴税期限和申报期限两段，但也可以将申报期限内含于缴税期限之中。

（七）纳税地点

纳税地点是指税法规定缴纳税款的地点或场所。纳税地点一般为纳税人的住所地，也有规定在营业地、财产所在地或特定行为发生地的。

（八）税收优惠

税收优惠是指税法对某些特定的纳税人或征税对象给予的一种免除规定，它包括减免税、税收抵免、亏损结转等多种形式。税收优惠按照优惠目的通常可以分为照顾性和鼓励性两种，按照优惠范围可以分为区域性和产业性两种。减免税是指税法对同一税种中的某一部分的特定纳税人和征税对象给予减轻或免除税负的优待规定。退税是指依法将纳税人已缴纳的税款全部或部分退还纳税人的优惠措施，如出口和再投资。起征点是指税法中规定的课税对象应税的最低金额。免征额是指税法中规定的课税对象中免予征税的金额。

（九）违章处理

违章处理是指对纳税人不依法纳税、不遵守税收征管制度等违反税法的违章行为而采取的处罚性措施。主要有三种：一是经济处罚，包括补缴税款、加收滞纳金等；二是行政处罚，包括吊销税务登记证、罚款、税收保全及强制执行等；三是刑事处罚。

第二节　流　转　税

流转税，国际上统称为“商品与劳务税”，是以纳税人的商品生产、流通环节的流转额或数量以及非商品交易的营业额为计税依据而涉及的一类税收。流转税是间接税，具有来源稳定、征收及时、征收便利、税赋隐蔽的优点，在大多数发展中国家和少数发达国家构成主体税种。

流转税的主要特点如下：（1）它以商品的流转或以劳务的提供为前提，只要有商品或非商品的流转，不问有无利润，一律按规定的税率征税。（2）征税在销售商品或提供劳务后进行。(3) 税率一般为比例税率，计税依据为销售收入或营业收入，从价定率或从量定额计征，计算简单，征税便利。同时，流转税的纳税人较为固定，管理方便，征收成本较低。(4) 流转税的纳税人不是流转税的负税人，流转税的税款通常包含在价金内或随同价金由商品或劳务的最终消费者负担。(5) 流转税可以从多方面对经济加以调价。例如，对不同商品课征负担不同的流转税，可以鼓励或抑制某种商品生产流通。流转税主要包括增值税、消费税、营业税和关税，是我国税收收入的主要来源。

一、增值税

(一) 增值税及我国增值税立法

1. 增值税概述

增值税以商品（含应税劳务、服务）在流转过程中产生的增值额为计税依据是对在我国境内销售货物或者提供加工、修理修配劳务或者提供交通运输业、邮政业、电信业和部分现代服务业服务以及进口货物的企业单位和个人，就其货物销售或提供劳务、服务的增值额和货物进口金额为计税依据而课征的一种流转税。所谓增值额，是指纳税人在其生产经营、劳务和服务活动中创造的新增价值或者商品的附加值，也可以说是纳税人在一定时期内销售产品或提供应税劳务、服务所得收入超过其购进商品或取得劳务、服务时所支出金额的差额部分。

增值税的特点在于：(1) 避免重复征税。增值税是各国税收体系中一种比较普遍的税种，是一种比较中性的税收，以商品增值额为计税依据，可以有效避免重复征税，使税收负担在商品流转的各个环节合理分配，符合税收公平原则。(2) 多环节征税、税基广泛。增值税可以从商品的生产开始，一直延伸到商品的批发和零售等经济活动的各个环节，使增值税能够拥有较其他间接税更广泛的纳税人，具有征收上的普遍性和连续性。(3) 采用凭专用发票注明税款抵扣制度。在实际计算税款时，很难准确地划分企业增值和非增值项目，所以不是先求出各生产经营环节的增值额并据以纳税，而是采取以票抵扣的做法，最大限度地防止了偷逃税。(4) 税负合理。增值税不因生产或流通环节变化而影响税收负担，同一种商品不论其生产经营环节有多少，也不论是由一个单位生产或几个单位协作生产，只要商品的销售价格相同，总体税负就始终保持一致。这有利于专业化、协作化生产。(5) 实行价外计征。增值税实行价外税，即税金不包含在销售价格内，把税款同价格分开，使企业的成本核算不受税收的影响。货物或应税劳务、服务的增值税税款，由纳税人向购买方收取，可以更鲜明地体现增值税的转嫁性质。同时，实行价外计征，为使用专用发票注明税款抵扣制奠定了基础。(6) 同其他间接税一样，增值税仍具有税负转嫁的属性。

2. 增值税立法

1993 年 12 月 13 日，国务院发布了《中华人民共和国增值税暂行条例》（以下简称《增值税暂行条例》），规定在中华人民共和国境内销售货物或者提供加工、修理修配劳务以及进口货物的单位和个人，为增值税的纳税义务人，应当缴纳增值税。2008 年 11 月 5 日，国务院第 34 次常务会议对该条例进行了修订，修订后的《增值税暂行条例》自 2009 年 1 月 1 日起实施。2008 年 12 月 15 日，财政部和国家税务总局发布《中华人民共和国增值税暂行条例实施细则》(以下简称《增值税暂行条例实施细则》),也自2009年1月1日起实施。2011年10月28日,为了贯彻落实国务院关于支持小型和微型企业发展的要求,财政部发布第65号令,决定修改《增值税暂行条例实施细则》,并于2011年11月1日起实施。经国务院批准,财政部、国家税务总局于2011年11月16日联合下发营业税改征增值税试点方案。从2012年1月1日起,在上海交通运输业和部分现代服务业开展营业税改征增值税试点。试点方案在现行增值税17%和13%两档税率的基础上,新增设11%和6%两档低税率,交通运输业适用11%的税率,现代服务业适用6%的税率。至此,货物劳务税收制度的改革拉开序幕。自2012年8月1日起至当年年底,交通运输业和部分现代服务业营业税改征增值税试点范围,由上海市分批扩大至北京、天津、江苏、浙江、安徽、福建(含厦门)、湖北、广东(含深圳)10个省(直辖市、计划单列市)。2013年财政部、国家税务总局下发《关于在全国开展交通运输业和部分现代服务业营业税改征增值税试点税收政策的通知》。经国务院批准,自2013年8月1日起,在全国范围内开展交通运输业和部分现代服务业营改增试点。2013年12月12日,财政部、国家税务总局下发《关于将铁路运输和邮政业纳入营业税改征增值税试点的通知》。经国务院批准,自2014年1月1日起,在全国范围内开展铁路运输和邮政业营改增试点。《财政部 国家税务总局关于在全国开展交通运输业和部分现代服务业营业税改征增值税试点税收政策的通知》(财税〔2013〕37号)自2014年1月1日起废止。2014年4月29日,财政部、国家税务总局下发《关于将电信业纳入营业税改征增值税试点的通知》。经国务院批准,自2014年6月1日起,将电信业纳入营改增试点范围。

(二)增值税法的基本要素

1. 增值税的纳税人

(1)增值税纳税人和扣缴义务人。

增值税的纳税主体是在中华人民共和国境内销售货物或提供加工、修理修配劳务或提供交通运输业、邮政业、电信业和部分现代服务业服务及进口货物的单位和个人。这里的单位,是指企业、行政单位、事业单位、军事单位、社会团体及其他单位。个人,是指个体工商户和其他个人。① 单位租赁或者承包给其他单位或者个人经营的,以承租人或者承包人为纳税人。② 单位以承包、承租、挂靠方式经营的,承包人、承租人、挂靠人(以下统称承包人)以发包人、出租人、被挂靠人(以下统称发包人)名义对外经营并由发包人承担相关法律责任的,以该发包人为纳税人。否则,以承包人为纳税人。③

中华人民共和国境外的单位或者个人在境内提供应税劳务,在境内未设有经营机构的,以其境内代理人为扣缴义务人;在境内没有代理人的,以购买方为扣缴义务人。④

(2)增值税纳税人的分类。

增值税纳税人划分为两类:一般纳税人和小规模纳税人。划分的依据是纳税人年应税销售额的大小和会计核算水平。

---

① 参见《增值税暂行条例实施细则》第9条。

② 参见《增值税暂行条例实施细则》第10条。

③ 参见《营业税改征增值税试点实施办法》第2条。

④ 参见《增值税暂行条例》第18条。

一般纳税人是指年应税销售额超过财政部、国家税务总局规定的小规模纳税人标准的或有固定的经营场所和健全的会计核算制度的纳税人。这里的会计核算健全，是指能够按照国家统一的会计制度规定设置账簿，根据合法、有效凭证核算。① 除国家税务总局另有规定外，纳税人一经认定为一般纳税人后，不得转为小规模纳税人。②

小规模纳税人的标准为：1）从事货物生产或者提供应税劳务的纳税人，以及以从事货物生产或者提供应税劳务为主，并兼营货物批发或者零售的纳税人，年应征增值税销售额（以下简称应税销售额）在50万元以下（含本数，下同）的；2）除《增值税暂行条例实施细则》第28条第1款第1项规定以外的纳税人，年应税销售额在80万元以下的。③ 此外，应税服务（交通运输业、邮政业、电信业和部分现代服务业）年销售额500万元以下的纳税人为小规模纳税人。年应税销售额超过小规模纳税人标准的其他个人按小规模纳税人纳税；非企业性单位、不经常发生应税行为的企业可选择按小规模纳税人纳税。④

财务核算健全的一般纳税人可以使用增值税专用发票，用“扣税法”进行税款抵扣；而小规模纳税人则不得使用增值税专用发票，只能用简易办法来计税。

2. 增值税的征税范围

增值税的征税范围一般包括四个方面，即销售货物，提供加工、修理修配的应税劳务，提供交通（含铁路）运输业、邮政业、电信业和部分现代服务业的应税服务及进口货物。

销售货物包括：(1) 一般销售，是指在通常情况下在中国境内有偿转让货物所有权的行为。货物是指除土地、房屋和其他建筑物等不动产之外的有形动产，包括电力、热气、气体等。一般销售货物实际上就是合同法上的动产买卖。(2) 视同销售，是指单位或者个体工商户虽然没有取得收入，但是实质上可以获得相当于销售货物的利益，基于税法上的实质课税原则，税法将其视同销售货物而征收增值税。包括税法列举的各个项目，如销售代销货物，将自产的货物用于非应税项目，或者用于集体福利、个人消费、无偿赠送他人等。(3) 混合销售，一项销售行为如果既涉及货物又涉及非增值税应税劳务，为混合销售行为。从事货物的生产、批发或者零售的企业、企业性单位和个体工商户的混合销售行为，视为销售货物，应当缴纳增值税；其他单位和个人的混合销售行为，视为销售非增值税应税劳务，不缴纳增值税。这里的从事货物的生产、批发或者零售的企业、企业性单位和个体工商户，包括以从事货物的生产、批发或者零售为主，并兼营非增值税应税劳务的单位和个体工商户在内。⑤ 另外，非增值税应税项目，是指非增值税应税劳务、转让无形资产（专利技术、非专利技术、商誉、商标、著作权除外）、销售不动产以及不动产在建工程。非增值税应税劳务，是指《应税服务范围注释》所列项目以外的营业税应税劳务。不动产，是指不能移动或者移动后会引起性质、形状改变的财产，包括建筑物、构筑物和

① 参见《增值税暂行条例实施细则》第32条。
② 参见《增值税暂行条例实施细则》第33条。
③ 参见《增值税暂行条例实施细则》第28条。
④ 参见《增值税暂行条例实施细则》第29条。
⑤ 参见《增值税暂行条例实施细则》第5条。

其他土地附着物。纳税人新建、改建、扩建、修缮、装饰不动产，均属于不动产在建工程。①

提供应税劳务，即提供应当征收增值税的劳务，包括提供加工、修理修配劳务。这里的加工，是指受托加工货物，即委托方提供原料及主要材料，受托方按照委托方的要求，制造货物并收取加工费的业务。修理修配是指受托对损伤和丧失功能的货物进行修复，使其恢复原状和功能的业务。② 单位或者个体工商户聘用的员工为本单位或者雇主提供加工、修理修配劳务，不包括在内。③

提供应税服务，即有偿提供应税服务，但不包括非营业活动中提供的应税服务。这里的非营业活动，是指：(1) 非企业性单位按照法律和行政法规的规定，为履行国家行政管理和公共服务职能收取政府性基金或者行政事业性收费的活动。(2) 单位或者个体工商户聘用的员工为本单位或者雇主提供应税服务。(3) 单位或者个体工商户为员工提供应税服务。(4) 财政部和国家税务总局规定的其他情形。④ 应税服务，是指陆路运输服务、水路运输服务、航空运输服务、管道运输服务、邮政普遍服务、邮政特殊服务、其他邮政服务、研发和技术服务、信息技术服务、文化创意服务、物流辅助服务、有形动产租赁服务、鉴证咨询服务、广播影视服务。⑤ 同时，电信业服务纳入财税〔2013〕106 号文件规定的应税服务范围。⑥ 电信业包括基础电信服务和增值电信服务。此外，单位和个体工商户的下列情形，视同提供应税服务：(1) 向其他单位或者个人无偿提供交通运输业、邮政业和部分现代服务业服务，但以公益活动为目的或者以社会公众为对象的除外。(2) 财政部和国家税务总局规定的其他情形。⑦ 纳税人提供电信业服务时，附带赠送用户识别卡、电信终端等货物或者电信业服务的，应将其取得的全部价款和价外费用进行分别核算，按各自适用的税率计算缴纳增值税。中国移动通信集团公司、中国联合网络通信集团有限公司、中国电信集团公司及其成员单位通过手机短信公益特服号为公益性机构接受捐款服务，以其取得的全部价款和价外费用，扣除支付给公益性机构捐款后的余额为销售额。⑧

进口货物，即在货物报关进口时，同样要征收进口环节增值税，它实际上是货物销售的一个特殊环节。由于货物在出口环节多不征税，因而税法未直接规定出口货物亦属其征税范围。但在某些情况下，出口货物也应征收增值税。

此外，下列特殊项目也属于征收增值税的范围：(1) 货物期货（包括商品期货和贵金属期货）。(2) 银行销售金银的业务。(3) 典当行的死当物品销售业务和寄售业代委托人销售寄售物品的业务。(4) 集邮商品（如邮票、首日封、邮折等）的生产，以及邮政部门以外的其他单位和个人销售的集邮商品。

---

① 参见《营业税改征增值税试点实施办法》第 25 条。

② 参见《增值税暂行条例实施细则》第 2 条。

③ 参见《增值税暂行条例实施细则》第 3 条。

④ 参见《营业税改征增值税试点实施办法》第 9 条。

⑤ 参见《营业税改征增值税试点实施办法》第 8 条。

⑥ 参见财税〔2014〕43 号文《财政部、国家税务总局关于将电信业纳入营业税改征增值税试点的通知》（以下简称《财税〔2014〕43 号文营改增试点的通知》）第 2 条第 1 项。

⑦ 参见《营业税改征增值税试点实施办法》第 11 条。

⑧ 参见《财税〔2014〕43 号文营改增试点的通知》第 4、5 条。

3. 增值税的税率

我国增值税的税率分为三档，即基本税率、低税率和零税率。

增值税一般纳税人销售或进口除税法列举的使用低税率征税的货物以外的其他货物，提供加工、修理修配劳务，都适用17%的税率。此外，提供有形动产租赁服务，税率为17%。① 因此，17%即通常所说的基本税率。之所以说它是基本税率，是因为绝大多数货物的销售和应税劳务、服务的提供都适用17%的税率。

低税率是相对于基本税率而言的，低税率分为13%、11%、6%。

纳税人销售或者进口下列货物，税率为13%：(1) 粮食、食用植物油。(2) 自来水、暖气、冷气、热水、煤气、石油液化气、天然气、沼气、居民用煤炭制品。(3) 图书、报纸、杂志。(4) 饲料、化肥、农药、农机、农膜。(5) 国务院规定的其他货物。② 农产品、音像制品、电子出版物、二甲醚继续适用13%的增值税税率。

提供交通运输业服务、邮政业服务，税率为11%。提供现代服务业服务（有形动产租赁服务除外），税率为6%。③ 提供基础电信服务，税率为11%。提供增值电信服务，税率为6%。④

零税率即税率为零，仅适用于法律不限制或不禁止的报关出口的货物。国务院另有规定的某些货物，不适用零税率。同时，财政部和国家税务总局规定的应税服务，税率为零。⑤ 境内单位和个人向中华人民共和国境外单位提供电信业服务，免征增值税。以积分兑换形式赠送的电信业服务，不征收增值税。⑥

另外，小规模纳税人的计税方法是销售货物或应税劳务、服务取得的销售额，依照3%的征收率计算征收增值税。

（三）增值税应纳税额的计算

《增值税暂行条例》对一般纳税人和小规模纳税人实行不同的计税方法。进口货物的增值税由海关代征，其计税方法与国内环节有所不同。

1. 一般纳税人的计税方法

我国目前对一般纳税人采取的计税方法是税额扣除法，即以工商企业一定时期内商品和劳务的销售额乘以适用税率，计算出本环节全部销项税额，然后将同期外购项目所负担的增值税额（即增值税进项税额）从销项税额中扣除，从而计算出本期应纳增值税额。这里的进项税额，是指纳税人购进货物或者接受加工修理修配劳务和应税服务，支付或者负担的增值税额。⑦ 应纳税额的计算公式为：

应纳税额＝（当期销售额×适用税率）－（当期购进额×适用税率）
＝当期销项税额－当期进项税额

---

① 参见《营业税改征增值税试点实施办法》第12条。
② 参见《增值税暂行条例》第2条第2款。
③ 参见《营业税改征增值税试点实施办法》第12条第2、3项。
④ 参见《财税〔2014〕43号文营改增试点的通知》第3条。
⑤ 参见《营业税改征增值税试点实施办法》第12条第4项。
⑥ 参见《财税〔2014〕43号文营改增试点的通知》第6、7条。
⑦ 参见《营业税改征增值税试点实施办法》第21条。

小贴士

不是纳税人支付的所有进项税额都可以从销项税额中抵扣。

这里的销售额为纳税人销售货物或者应税劳务向购买方收取的全部价款和价外费用，但是不包括收取的销项税额。①

在实际工作中，纳税人往往会采取将销售额和销项税额合并定价收取价款的办法，即会形成含税销售额。因此，如果取得的是含税销售额，还必须将其换算为不含税销售额，其换算公式为：

不含税销售额＝含税销售额÷（1＋税率）

2. 小规模纳税人的计税方法

对于小规模纳税人，针对其会计核算不健全，不能准确核算销项税额和进项税额，不使用凭发票抵扣进项税额的方法，而是无论其购进生产资料时是否取得增值税专用发票，均直接对销售额适用3%的征税率，实行简易办法计算。应纳税额计算公式为：

应纳税额＝销售额×征税率

由于小规模纳税人销售货物或提供劳务、服务自行开具的发票是普通发票，发票上列示的是含税销售额，因此在计算时需要将其换算为不含税销售额。换算公式为：

不含税销售额＝含税销售额÷（1＋税率）

纳税人发生特定货物的销售行为，无论是一般纳税人还是小规模纳税人，均按简易办法计算纳税。一般纳税人提供财政部和国家税务总局规定的特定应税服务，可以选择适用简易计税方法计税，但一经选择，36个月内不得变更。② 在2015年12月31日以前，境内单位中的一般纳税人通过卫星提供的语音通话服务、电子数据和信息的传输服务，可以选择按照简易计税方法计算缴纳增值税。③

小贴士

小规模纳税人销售额与一般纳税人的销售额所包含的内容是一致的。

3. 进口货物的计税方法

纳税人进口货物，按照组成计税价格和《增值税暂行条例》第2条规定的税率计算应纳税额。④ 组成计税价格和应纳税额计算公式为：

组成计税价格＝关税完税价格＋关税＋消费税

应纳税额＝组成计税价格×税率

① 参见《增值税暂行条例》第6条。

② 参见《营业税改征增值税试点实施办法》第15条。

③ 参见《财税〔2014〕43号文营改增试点的通知》第8条。

④ 参见《增值税暂行条例》第14条。

实务训练

某自行车厂（一般纳税人）2012 年 7 月购销情况如下：

(1) 向当地代理公司销售2 000辆（含税单价为 280 元/辆）自行车，该代理公司当月付清货款。

(2) 购进自行车零部件、原材料，取得专用发票，注明税额25 000元。

(3) 购入货运汽车一辆，价款70 000元，增值税11 900元。

计算该厂当月销项税额、进项税额和应纳增值税税额。

点评：

增值税是价外税，计算时必须将含税销售额换算为不含税销售额。取得专用发票上注明的税额和购入货运车辆的增值税可以抵扣。

销项税额＝（280×2 000）÷（1＋17%）×17%＝81 367.52（元）。

进项税额＝25 000＋11 900＝36 900（元）。

应纳增值税税额＝81 367.52－36 900＝44 467.52（元）。

二、消费税

（一）消费税及我国消费税立法

1. 消费税概述

消费税是对在中国境内从事生产、委托加工和进口应税特定消费品的单位和个人，就其销售额或销售数量在特定环节征收的一种税。

消费税的特点在于：(1) 征收范围有较强的选择性，即根据国家的产业政策、消费政策来选择，它只选择一部分消费品和消费行为作为征税对象。(2) 税收简便。消费税采用从量定额、从价定率或从量定额与从价定率相结合的计税办法，征收环节单一，计税准确、方便。(3) 税源广泛，可取得充足的财政收入。消费税一般是对生产集中、产销量大的产品征税，因此，有利于筹集财政收入。(4) 税率和税额有较大的差别性，这是根据消费品的种类、档次、结构、功能及消费品种的某一成分的含量、供求关系和价格等确定的，并且在消费税的征收中，从价定率和从量定额计税并存。(5) 消费税税负具有转嫁性。列入征税范围的消费品，一般都是高价高税产品。消费品中所含的消费税最终都要转嫁到消费者身上。

2. 消费税立法

消费税是一个历史悠久、各国普遍征收的税种。目前世界上已有 120 多个国家开征这种性质的税，只是名称、征收范围及征收形式不尽一致。我国现行消费税的基本规范是 1993 年 12 月 13 日国务院颁布的《中华人民共和国消费税暂行条例》（以下简称《消费税暂行条例》）及同年 12 月 25 日财政部颁布的《中华人民共和国消费税暂行条例实施细则》（以下简称《消费税暂行条例实施细则》）。该暂行条例及其实施细则分别于 2008 年 11 月 5 日和 12 月 15 日修订通过，并于 2009 年 1 月 1 日开始实施。

(二)消费税法的基本要素

1. 消费税的纳税人

依据《消费税暂行条例》第1条的规定,在中华人民共和国境内生产、委托加工和进口本条例规定的消费品的单位和个人,以及国务院确定的销售本条例规定的消费品的其他单位和个人,为消费税的纳税人。这里的单位,是指企业、行政单位、事业单位、军事单位、社会团体及其他单位。个人,是指个体工商户及其他个人。① 纳税人生产的应税消费品,于纳税人销售时纳税。纳税人自产自用的应税消费品,用于连续生产应税消费品的,不纳税;用于其他方面的,于移送使用时纳税。委托加工的应税消费品,除受托方为个人外,由受托方在向委托方交货时代收代缴税款。委托加工的应税消费品,委托方用于连续生产应税消费品的,所纳税款准予按规定抵扣。进口的应税消费品,于报关进口时纳税。② 委托个人加工的应税消费品,由委托方收回后缴纳消费税。③

凡从事金银首饰、钻石及其饰品生产经营业务的,以零售单位或个人为纳税人,生产、进口和批发上述消费品的不征收消费税。另外,从2009年5月1日起,我国对卷烟在批发环节加征一道消费税,因此在我国境内从事卷烟批发业务的单位,亦称卷烟消费税的纳税人。

2. 消费税的征税范围

征收消费税的产品主要分两种情况:一种是1994年由征收产品税改征增值税后税负大幅度下降的产品;另一种是需要进行特殊税收调节的消费品。需要进行税收调节的消费品主要有:(1)过度消费对人类健康、社会秩序和生态环境造成危害的;(2)奢侈品;(3)高能耗及高档消费品;(4)不可再生和替代的消费品;(5)非生活必需品;(6)具有一定财政意义的消费品,征税不影响居民基本生活。

消费税共设置了13个税目,有的税目还进一步划分为若干子目,以便分别适用不同的税率。

3. 消费税的税率

消费税的征收不采用单一税率行使,而是根据各自的不同情况,选择不同的税率。主要有比例税率、定额税率和复合税率三种形式。

(1)比例税率主要适用于价格差异较大、计量单位不规范的应税消费品。主要包括化妆品、贵重首饰及珠宝玉石、鞭炮、焰火、摩托车、小汽车、高尔夫球及球具、高档手表、游艇、木制一次性筷子和实木地板等。比例税率分为25档,最高税率为40%,最低税率为1%。

(2)定额税率主要适用于那些价格差异不大、计量单位规范的应税消费品。包括黄酒、啤酒、成品油等。定额税率分为11档。

(3)复合税率主要适用于价格差异大、税源较多的烟酒类消费品。我国于2001年5月1日开始将粮食白酒、薯类白酒的消费税税率由原来的比例税率调整为复合税率;

---

① 参见《消费税暂行条例实施细则》第2条。
② 参见《消费税暂行条例》第4条。
③ 参见《消费税暂行条例实施细则》第7条。

又于2001年6月1日将卷烟的消费税税率由原来的比例税率调整为复合税率。具体见表6—1。

表6—1 **消费税税目、税率表**

税目			征收范围	计算单位	税率（税额）
一、烟	1. 卷烟（生产环节）	甲类卷烟：每标准条（200支）对外调拨价格在70元（含70元，不含增值税）以上			复合计税： 定额税率：每标准箱（50 000支）150元 比例税率：56%
		乙类卷烟：每标准条对外调拨价格在70元以下			复合计税： 定额税率：每标准箱（50 000支）150元 比例税率：36%
	2. 卷烟（批发环节）				5%
	3. 雪茄烟				36%
	4. 烟丝				30%
二、酒	1. 白酒				复合计税： 定额税率：每斤（500克）0.5元 比例税率：20%
	2. 黄酒			吨	240元
	3. 啤酒	甲类啤酒：出厂价格（含包装物及包装物押金，不含增值税）在3 000元以上的，娱乐业和饮食业自制的		吨	250元
		乙类啤酒：每吨出厂价格（含包装物及包装物押金，不含增值税）在3 000元以下的		吨	220元
	4. 其他酒				10%
三、化妆品			包括成套化妆品、高档护肤类化妆品		30%
四、贵重首饰及珠宝玉石			包括各种金、银、铂金首饰和钻石及钻石饰品（零售环节）		5%
			其他贵重首饰和珠宝玉石（生产环节）		10%

续前表

税目			征收范围	计算单位	税率（税额）
五、鞭炮、焰火					15%
六、成品油	1. 汽油			升	1.4元
	2. 柴油			升	1.1元
	3. 石脑油			升	1.4元
	4. 溶剂油			升	1.4元
	5. 润滑油			升	1.4元
	6. 燃料油			升	1.1元
	7. 航空煤油			升	1.1元（继续暂缓征收消费税）
七、摩托车	1. 气缸容量（排气量，下同）为250毫升的				3%
	2. 气缸容量为250毫升（不含250毫升）以上的				10%
八、小汽车	1. 乘用车	1. 气缸容量（排气量，下同）为1.0升（含）以下的			1%
		2. 气缸容量为1.0～1.5升（含）的			3%
		3. 气缸容量为1.5～2.0升（含）的			5%
		4. 气缸容量为2.0～2.5升（含）的			9%
		5. 气缸容量为2.5～3.0升（含）的			12%
		6. 气缸容量为3.0～4.0升（含）的			25%
		7. 气缸容量为4.0升以上的			40%
	2. 中轻型商用客车				5%
九、高尔夫球及球具					10%
十、高档手表					20%
十一、游艇					10%

续前表

税目			征收范围	计算单位	税率（税额）
十二、木制一次性筷子					5%
十三、实木地板					5%

纳税人兼营不同税率的应当缴纳消费税的消费品（以下简称应税消费品），应当分别核算不同税率应税消费品的销售额、销售数量；未分别核算销售额、销售数量，或者将不同税率的应税消费品组成成套消费品销售的，从高适用税率。①

（三）消费税应纳税额的计算

销售应税消费品的应纳税额的计算分为从价定率、从量定额、从价定率和从量定额混合计算三种计算方法。同时，对进口货物、自产自用应税消费品和委托加工应税消费品应纳税额的计算方法也有相应的规定。

1. 从价定率计算方法

在从价定率计算方法下，应纳税额的计算取决于应税消费品的销售额和适用税率两个因素。其基本计算公式为：

应纳税额＝应税消费品的销售额×适用税率

应税消费品在缴纳消费税的同时，与一般货物一样，还应缴纳增值税。这里的销售额不包括应向购货方收取的增值税税款。如果纳税人应税消费品的销售额中未扣除增值税税款或者因不得开具增值税专用发票而发生价款和增值税税款合并收取的，在计算消费税时，应当换算为不含增值税税款的销售额。其换算公式为：

应税消费品的销售额＝含增值税的销售额÷（1＋增值税税率或者征收率）②

2. 从量定额计算方法

目前采用从量定额计算消费税的消费品有成品油、黄酒和啤酒三种。在从量定额计算方法下，应纳税额的计算取决于应税消费品的销售数量和单位税额两个因素。其基本计算公式为：

应纳税额＝应税消费品的销售数量×单位税额

3. 从价定率和从量定额复合计算方法

现行消费税的征收范围中，只有卷烟、粮食白酒、薯类白酒采用混合计算方法，其基本计算公式为：

应纳税额＝应税销售数量×定额税率＋应税销售额×比例税率

① 参见《消费税暂行条例》第3条。

② 参见《消费税暂行条例实施细则》第12条。

4. 进口货物计税方法

进口的应税消费品，按照组成计税价格计算纳税。①

实行从价定率办法计算纳税的组成计税价格计算公式为：

组成计税价格＝（关税完税价格＋关税）÷（1－消费税税率）

应纳税额＝组成计税价格×消费税税率

5. 自产自用应税消费品应纳税额的计算

纳税人自产自用的应税消费品，按照纳税人生产的同类消费品的销售价格计算纳税；没有同类消费品销售价格的，按照组成计税价格计算纳税。② 这里的同类消费品的销售价格，是指纳税人或者代收代缴义务人当月销售的同类消费品的销售价格。如果当月同类消费品各期销售价格高低不同，应按销售数量加权平均计算。但销售的应税消费品有下列情况之一的，不得列入加权平均计算：(1) 销售价格明显偏低并无正当理由的；(2) 无销售价格的。如果当月无销售或者当月未完结，应按照同类消费品上月或者最近月份的销售价格计算纳税。③ 组成计税价格计算公式为：

组成计税价格＝（成本＋利润）÷（1－消费税税率）

上述成本，是指应税消费品的产品生产成本。④ 利润，是指根据应税消费品的全国平均成本利润率计算的利润。应税消费品全国平均成本利润率由国家税务总局确定。⑤

6. 委托加工应税消费品应纳税额的计算

委托加工的应税消费品，是指由委托方提供原料和主要材料，受托方只收取加工费和代垫部分辅助材料加工的应税消费品。⑥

委托加工的应税消费品，按照受托方的同类消费品的销售价格计算纳税；没有同类消费品销售价格的，按照组成计税价格计算纳税。⑦ 实行从价定率办法计算纳税的组成计税价格计算公式为：

组成计税价格＝（材料成本＋加工费）÷（1－消费税税率）

想一想

自产自用、委托加工、进口应税消费品组成计税价格有何不同？

分析：自产自用应税消费品组成计税价格＝（成本＋利润）÷（1－消费税税率）；委托加工应税消费品组成计税价格＝（材料成本＋加工费）÷（1－消费税税率）；进口应税消费品组成计税价格＝（关税完税价格＋关税）÷（1－消费税税率）。

① 参见《消费税暂行条例》第9条。
② 参见《消费税暂行条例》第7条。
③ 参见《消费税暂行条例实施细则》第15条。
④ 参见《消费税暂行条例实施细则》第16条。
⑤ 参见《消费税暂行条例实施细则》第17条。
⑥ 参见《消费税暂行条例实施细则》第7条。
⑦ 参见《消费税暂行条例》第8条。

（四）消费税与增值税的联系与区别

1. 联系

（1）两者都是对货物征收。

（2）在对货物普遍征收增值税的基础上，选择少数消费品再征一道消费税。也就是说，缴纳增值税的货物并不都缴纳消费税，而缴纳消费税的货物必然要缴纳增值税，即在某一指定环节两个税是同时征收的。

2. 区别

（1）两者范围不同。增值税对货物普遍征收，消费税的征收对象仅限于征收增值税货物中的14类特定消费品。

（2）两者与价格的关系不同。增值税是价外税，消费税是价内税。

（3）两者的纳税环节不同。增值税是在货物所有的流转环节道道征收，消费税除卷烟外只在单一环节征收，即在指定环节一次性征收，其他环节不再征收。

（4）两种税的计税方法不同。增值税是区别两类纳税人来计算的，消费税的计算方法根据应税消费品来划分。

实务训练

一卷烟厂10月销售A卷烟2 000标准箱，每箱按调拨价格22 000元销售；销售B卷烟600标准箱，每箱按调拨价格6 800元销售。计算该卷烟厂当月应纳的消费税税额。

点评：

（1）卷烟实行从价从量复合计税。

（2）将每箱（50 000支）调拨价折算为每标准条（200支）调拨价，确定适用比例税率。

A卷烟每标准条调拨价格＝22 000÷50 000×200＝88（元），适用比例税率56%。

B卷烟每标准条调拨价格＝6 800÷50 000×200＝27.2（元），适用比例税率36%。

卷烟厂当月应纳税额＝（2 000＋600）×150＋2 000×22 000×56%＋600×6 800×36%＝390 000＋24 640 000＋1 468 800＝26 498 800（元）。

三、营业税

（一）营业税及我国营业税立法

1. 营业税概述

营业税是对在我国境内提供应税劳务、转让无形资产或销售不动产的单位和个人，就其所取得的营业额所征收的一种税。营业税因其税源普遍，税负较轻，征收成本不大，因而是财政收入的重要来源，在各国开征都较为普遍。营业税与增值税存在非此即彼的关系，从事生产销售活动的单位和个人取得的销售额或营业收入，不是缴纳增值税就是缴纳营业税，两者必居其一。

营业税的主要特点在于：（1）计税依据一般为营业额全额，税源广泛。（2）税目、税率按行业设计，税负合理。（3）计算简便，便于征管。（4）征税范围以第三产业为主。

2. 营业税立法

现行营业税的基本规范是2008年11月5日国务院第34次常务会议修订通过的《中华人民共和国营业税暂行条例》(以下简称《营业税暂行条例》)及2008年12月15日财政部发布的《中华人民共和国营业税暂行条例实施细则》(以下简称《营业税暂行条例实施细则》)。2011年10月28日，财政部发布第65号令，决定修改《营业税暂行条例实施细则》，并于2011年11月1日起实施。之后，我国进行了一系列营业税改征增值税的试点工作，这在增值税部分已经介绍过，此处不再赘述。

(二) 营业税法的基本要素

1. 营业税的纳税人

营业税纳税人是指在我国境内提供应税劳务、转让无形财产或销售不动产的单位和个人。这里的单位，是指企业、行政单位、事业单位、军事单位、社会团体及其他单位。个人，是指个体工商户和其他个人。① 负有营业税纳税义务的单位为发生应税行为并收取货币、货物或者其他经济利益的单位，但不包括单位依法不需要办理税务登记的内设机构。② 单位以承包、承租、挂靠方式经营的，承包人、承租人、挂靠人(以下统称承包人)发生应税行为，承包人以发包人、出租人、被挂靠人(以下统称发包人)名义对外经营并由发包人承担相关法律责任的，以发包人为纳税人；否则以承包人为纳税人。③

营业税一般由纳税人申报缴纳。在特定情况下，为了便于征收管理，并防止税款流失，对不经常发生的应税行为或时效性较强的应税行为，税法直接规定了扣缴义务人，要求特定的主体代扣代缴税款。

2. 营业税的征税范围

营业税的征税对象是应税劳务、转让无形资产或销售不动产。应纳营业税的征税范围包括7个税目，可以分为三个方面：(1) 提供应税劳务，这里的劳务是指属于交通运输业、建筑业、金融保险业、邮电通信业、文化体育业、娱乐业、服务业税目征收范围的劳务(以下称应税劳务)。加工和修理、修配，不属于《营业税暂行条例》规定的劳务(以下称非应税劳务)。④ 但开展"营改增"试点后，在中华人民共和国境内(以下称境内)提供交通运输业、邮政业和部分现代服务业服务(以下称应税服务)的单位和个人，为增值税纳税人。纳税人提供应税服务，应当按照《营业税改征增值税试点实施办法》的规定缴纳增值税，不再缴纳营业税。此外，单位或者个体工商户聘用的员工为本单位或者雇主提供《营业税暂行条例》规定的劳务，不包括在内。(2) 转让无形资产，专利技术、非专利技术、商誉、商标、著作权等除外。(3) 销售不动产，包括销售建筑物及其他土地附着物等。

3. 营业税的税率

营业税的税率为比例税率，税率低，档次较少，计税简便。"营改增"试点后，税目由九个减为七个，共三档税率，具体规定为：(1) 建筑安装业、文化体育业适用的税率为

---

① 参见《营业税暂行条例实施细则》第9条。
② 参见《营业税暂行条例实施细则》第10条。
③ 参见《营业税暂行条例实施细则》第11条。
④ 参见《营业税暂行条例实施细则》第2条。

3%；（2）金融保险业、服务业（非增值税应税服务）、销售不动产、转让无形资产适用的税率为5%；（3）娱乐业执行5%～20%的幅度税率，具体适用的税率由各省、市、自治区人民政府根据当地的实际情况在税法规定的幅度内决定。

（三）营业税的起征点与减税免税

1. 起征点

营业税起征点的适用范围限于个人。营业税起征点的幅度规定如下：（1）按期纳税的，为月营业额5 000～20 000元；（2）按次纳税的，为每次（日）营业额300～500元。省、自治区、直辖市财政厅（局）、税务局应当在规定的幅度内，根据实际情况确定本地区适用的起征点，并报财政部、国家税务总局备案。① 纳税人营业额未达到国务院财政、税务主管部门规定的营业税起征点的，免征营业税。

2. 免征规定

下列项目免征营业税：（1）托儿所、幼儿园、养老院、残疾人福利机构提供的育养服务，婚姻介绍，殡葬服务；（2）残疾人员个人提供的劳务；（3）医院、诊所和其他医疗机构提供的医疗服务；（4）学校和其他教育机构提供的教育劳务，学生勤工俭学提供的劳务；（5）农业机耕、排灌、病虫害防治、植物保护、农牧保险以及相关技术培训业务，家禽、牲畜、水生动物的配种和疾病防治；（6）纪念馆、博物馆、文化馆、文物保护单位管理机构、美术馆、展览馆、书画院、图书馆举办文化活动的门票收入，宗教场所举办文化、宗教活动的门票收入；（7）境内保险机构为出口货物提供的保险产品。②

（四）营业税应纳税额的计算

要计算营业税的应纳税额，首先要确定营业收入额，一般情况下为纳税人提供应税劳务、转让无形资产或者销售不动产过程中所发生的营业收入全额，即全额计税。同时也存在差额计税特殊规定。例如，金融业中的外汇、证券期货转让，旅游业，建筑业的工程分包业务等。营业税应纳税额的计算公式为：

应纳税额＝营业额×税率

纳税人有《营业税暂行条例》第7条所称价格明显偏低并无正当理由或者《营业税暂行条例实施细则》第5条所列视同发生应税行为而无营业额的，按下列顺序确定其营业额：（1）按纳税人最近时期发生同类应税行为的平均价格核定；（2）按其他纳税人最近时期发生同类应税行为的平均价格核定；（3）按下列公式核定：

营业额＝营业成本或者工程成本×（1＋成本利润率）÷（1－营业税税率）

公式中的成本利润率，由省、自治区、直辖市税务局确定。

实务训练

某有线电视台8月份取得收入如下：有线电视节目收视费10万元，“点歌台”栏目点歌费0.7万元，广告播映费4万元。计算该电视台应缴纳的营业税税额。

---

① 参见《营业税暂行条例实施细则》第23条。

② 参见《营业税暂行条例》第8条。

点评：

（1）电视节目收视费、点歌费属于文化体育业。

（2）广告播映不属于文化体育业，而属于服务业。

应纳税额＝营业额×适用税率＝（10＋0.7）×3%＋4×5%＝0.521（万元）。

四、关税

（一）关税概述

关税是以进出关境的货物或物品的流转额为征税对象而征收的一种流转税。作为一种较为古老的税种，它在各国开征十分普遍，且具有较强的政策性。关税可分为进口税、出口税和过境税，但各国一般征收进口税，且以对进口货物征税为主，因为进口税对于国际经济和一国的民族经济的发展影响更大。

关税除了具有一般税收的特征外，还具有以下特点：(1) 征收对象的特殊性。关税征收的对象是进出国境或关境的货物和物品。(2) 税收关系的涉外性。关税特定的征税对象决定其税则的制定、税率的分类和税率的高低等，并直接影响着一国的国际贸易。随着经济全球化的发展，国际贸易关系日趋广泛而复杂，关税税收关系不仅反映了各国之间的经济关系，而且在一定程度上反映了各国之间的政治关系，从而使关税政策和措施与一国的外交政策发生密切联系，因而具有了涉外性。(3) 关税管理的例外性。关税作为国家税收，其管理机关不是国家税务总局，而是海关总署。各地海关负责具体征管。

我国现行关税的基本规范以《中华人民共和国海关法》为法律依据，《中华人民共和国进出口关税条例》、《中华人民共和国海关进出口税则》等为基本法规。《2014年关税实施方案》已经国务院关税税则委员会第二次全体会议审议通过，并报国务院批准，自2014年1月1日起实施。

（二）关税法的基本要素

1. 关税的纳税人

关税的纳税人是依法负有缴纳关税义务的单位和个人。就贸易型商品而言，其纳税主体是进口货物的收货人与出口货物的发货人。就非贸易型物品而言，其纳税主体为入境物品的所有人。

进出口货物的收货人和发货人是依法取得外贸经营权，并实际进口或者出口货物的法人及其他经济组织。

进出境物品的所有人包括该物品的所有人和推定为所有人的人。

2. 关税的征税范围

在征税范围方面，关税的征税范围包括准许进出境的各类货物和物品。其中，货物是指贸易性的进出口商品。物品则包括非贸易性的下列物品：(1) 入境旅客随身携带的行李和物品；(2) 个人邮递物品；(3) 各种运输工具上的服务人员携带进口的自用物品；(4) 馈赠物品以及以其他方式入境的个人物品。

3. 关税的税率

在税率方面，我国关税实行差别比例税率，将同一税目的货物分为进口税率和出口税率。其中，进口关税设置最惠国税率、协定税率、特惠税率、普通税率、关税配额税率等税率。对进口货物在一定期限内可以实行暂定税率。出口关税设置出口税率。对出口货物在一定期限内可以实行暂定税率。

小贴士

2001年12月11日我国正式成为WTO成员，因此，从2002年1月1日起开始履行为加入WTO而承诺的关税减让义务，并实行新的进口税则。

在税率的适用方面，上述各类税率分别有各自的适用对象，具体有以下几种情况：

(1) 对于原产于共同适用最惠国待遇条款的世界贸易组织成员的进口货物，原产于与中华人民共和国签订含有相互给予最惠国待遇条款的双边贸易协定的国家或者地区的进口货物，以及原产于中华人民共和国境内的进口货物，适用最惠国税率。

(2) 对于原产于与中华人民共和国签订含有关税优惠条款的区域性贸易协定的国家或者地区的进口货物，适用协定税率。

(3) 对于原产于与中华人民共和国签订含有特殊关税优惠条款的贸易协定的国家或者地区的进口货物，适用特惠税率。

(4) 对于原产于上述 (1)、(2)、(3) 项所列区域以外的国家或者地区的进口货物，以及原产地不明的进口货物，适用普通税率。

此外，按照国家规定实行关税配额管理的进口货物，关税配额内的，适用关税配额税率；关税配额外的，其税率的适用按照上述最惠国税率、协定税率、特惠税率、普通税率和暂定税率的规定执行。

(三) 关税应纳税额的计算

关税的计税依据是关税的完税价格。其中，进口货物的完税价格，由海关以“符合法定条件的成交价格”以及该货物运抵中华人民共和国境内输入地点起卸前的运输及其相关费用、保险费为基础审查确定。出口货物的完税价格，应当以海关审定的货物售予境外的离岸价格，扣除出口关税后审查确定。如果进出口货物的成交价格不能依法有效确定，则可以依法估定。

在完税价格确定或估定以后，即可计算关税的应纳税额，其计算公式为：

从价计征的应纳税额＝完税价格×关税税率

从量计征的应纳税额＝货物数量×单位税额

实务训练

某进出口公司进口一批化工原料100吨，货物以境外口岸离岸价格成交，单价为人民币20 000元，已知该货物运抵我国关境输入地点起卸前的包装、运输、保险费用为每吨3 000元人民币，关税税率10%。要求计算进口该批原料应缴纳的关税税额。

点评：

进口货物的完税价格包括货价，以及货物运抵我国关境内输入地点起卸前的包装、运输、保险和其他劳务等费用，不能误用题目中给出的境外口岸离岸价格作为完税价格。

完税价格＝100×（20 000＋3 000）＝2 300 000（元）。

应纳税额＝2 300 000×10％＝230 000（元）。

第三节　所　得　税

所得税，又称收益税，是以法人、自然人和其他经济组织在一定期间内的纯所得（净收入）为征税对象的税。所得税1799年创始于英国，由于它以所得作为衡量负担能力的标准，比较符合社会公平原则，具有一定的普遍性，并且具有经济调节功能，所以为世界各国普遍采用，不少国家都采纳了以所得税为主体的税制目标模式。我国税制虽然是以流转税为主体，但所得税收入在国家税收收入中所占的比例正逐年提高，地位也日益重要。

所得税的特点主要是：(1) 所得税以纯所得或净收入为征税对象。(2) 当对资本课税时，所得税分享的是资本的收益，而不扩及资本本身。(3) 所得税必须遵守量能课税原则。所得税的征收与纳税人的税收负担能力具有内在联系。所得多、负担能力大的多征，所得少、负担能力小的少征，无所得、没有负担能力的不征，这体现了税收公平原则。(4) 所得税属于直接税，纳税人和实际负担人通常一致，纳税人很难将税收负担转嫁给他人。

所得税的计税依据不同于流转税，流转税以商品或服务的流转额为依据，所得税的计税依据是纳税人的应纳税所得，应纳税所得是从总所得额中减去各种法定扣除项目后的余额。依据纳税人的不同，所得税分为企业所得税和个人所得税。

一、企业所得税

(一) 企业所得税概述

企业所得税是对我国境内的企业和其他组织（包括事业单位、外商投资企业和外国企业）的生产经营所得和其他所得征收的一种税。

企业所得税的特点在于以下几方面：

(1) 征税对象是所得额。企业所得税的征税对象是纳税人的收入总额扣除各项成本、费用、税金等支出项目后的净所得额，它既不等于企业的利润总额，也不是企业的增值额，更不是销售额或营业额。

(2) 所得额的计算与成本、费用关系密切。企业所得税以纳税人净所得为征税对象，因此，应纳税所得额的计算要涉及一定时期的成本、费用的归集与分摊。同时，为了体现国家产业政策，调节国民收入分配，对纳税人的不同所得实行区别对待，将某些收入所得不计入应纳税所得额。

(3) 征税以量能负担为原则。企业所得税以纳税人的生产、经营所得和其他所得为征税对象，贯彻量能负担的原则，即所得额多、负担能力强的，多纳税；所得额少、负担能力弱的，少纳税；无所得额，没有负担能力的，不纳税。这种将所得税负担和纳税人所得多少联系起来征税的办法，便于体现税收公平的原则。

(4) 实行按年计征，分期预缴，年终汇算清缴的方式征收。企业所得税一般以全年的应纳税所得额作为计税依据，分月或分季预缴，年终汇算清缴。

1980年我国制定了《中华人民共和国中外合资经营企业所得税法》，1981年专门制定了针对外国企业的《中华人民共和国外国企业所得税法》，1991年此二法合并为《中华人民共和国外商投资企业和外国企业所得税法》。

2007年3月16日，第十届全国人民代表大会第5次会议通过《中华人民共和国企业所得税法》（以下简称《企业所得税法》），自2008年1月1日起实施。2007年11月28日国务院第197次常务会议通过《中华人民共和国企业所得税法实施条例》（以下简称《企业所得税法实施条例》），自2008年1月1日起实施。《企业所得税法》实现了四个统一：统一了内外资企业的企业所得税法、统一并适当降低了企业所得税税率、统一和规范了税前扣除办法和标准、统一了税收优惠政策。《企业所得税法》的实施有利于各类企业公平竞争，有利于促进经济协调发展，有利于促进经济发展方式的转变，有利于提高利用外资的质量和水平，有利于社会事业的进一步发展。

（二）企业所得税法的基本要素

1. 企业所得税的纳税人

在中华人民共和国境内，企业和其他取得收入的组织（以下统称企业）为企业所得税的纳税人，依照本法的规定缴纳企业所得税。个人独资企业、合伙企业不适用本法。[①]

企业分为居民企业和非居民企业。居民企业，是指依法在中国境内成立，或者依照外国（地区）法律成立但实际管理机构在中国境内的企业。[②] 这里的实际管理机构，是指对企业的生产经营、人员、账务、财产等实施实质性全面管理和控制的机构。[③] 居民企业应当就其来源于中国境内、境外的所得缴纳企业所得税。[④]

非居民企业，是指依照外国（地区）法律成立且实际管理机构不在中国境内，但在中国境内设立机构、场所的，或者在中国境内未设立机构、场所，但有来源于中国境内所得的企业。[⑤] 我们这里所说的机构、场所，是指在中国境内从事生产经营活动的机构、场所，包括：管理机构、营业机构、办事机构；工厂、农场、开采自然资源的场所；提供劳务的场所；从事建筑、安装、装配、修理、勘探等工程作业的场所；其他从事生产经营活动的机构、场所。非居民企业委托营业代理人在中国境内从事生产经营活动的，包括委托单位或者个人经常代其签订合同，或者储存、交付货物等，该营业代理人视为非居民企业在中国境内设立的机构、场所。[⑥] 非居民企业在中国境内设立机构、场所的，应当就其所设机构、场所取得的来源于中国境内的所得，以及发生在中国境外但与其所设机构、场所有实际联系的所得，缴纳企业所得税。非居民企业在中国境内未设立机构、场所的，或者虽设立机构、场所但取得的所得与其所设机构、场所没有实际联系的，应当就其来源于中国境内的所得缴纳企业所得税。[⑦] 非居民企业实行源泉扣缴，以支付人为扣缴义务人。税款由扣缴义务人在每次支付或者到期应支付时，从支付或者到期应支付的款项中扣缴。[⑧] 对非居民企业在中国境内取得工程作业和劳务所得应缴纳的所得税，税务机关可以指定工

① 参见《企业所得税法》第1条。
② 参见《企业所得税法》第2条。
③ 参见《企业所得税法实施条例》第4条。
④ 参见《企业所得税法》第3条。
⑤ 参见《企业所得税法》第2条。
⑥ 参见《企业所得税法实施条例》第5条。
⑦ 参见《企业所得税法》第3条。
⑧ 参见《企业所得税法》第37条。

程价款或者劳务费的支付人为扣缴义务人。[1]

2. 企业所得税的征税范围

企业所得税的征税范围是纳税人所取得的应纳税所得。这里的所得，包括销售货物所得、提供劳务所得、转让财产所得、股息红利等权益性投资所得、利息所得、租金所得、特许权使用费所得、接受捐赠所得和其他所得。[2] 来源于中国境内、境外的所得，按照以下原则确定：（1）销售货物所得，按照交易活动发生地确定；（2）提供劳务所得，按照劳务发生地确定；（3）转让财产所得，不动产转让所得按照不动产所在地确定，动产转让所得按照转让动产的企业或者机构、场所所在地确定，权益性投资资产转让所得按照被投资企业所在地确定；（4）股息、红利等权益性投资所得，按照分配所得的企业所在地确定；（5）利息所得、租金所得、特许权使用费所得，按照负担、支付所得的企业或者机构、场所所在地确定，或者按照负担、支付所得的个人的住所地确定；（6）其他所得，由国务院财政、税务主管部门确定。[3]

3. 企业所得税的税率

企业所得税的税率是比例税率。现行规定如下：

（1）企业所得税的基本税率为25%。适用于居民企业和在中国境内设有机构、场所且所得与机构、场所有关联的非居民企业。

（2）低税率为20%。适用于在中国境内未设立机构、场所的，或者虽然设立机构、场所，但取得的所得与其所设机构、场所没有实际联系的非居民企业。但实际征收时适用10%的优惠税率。

除此以外，根据量能课税原则的要求，还设置了两档优惠税率，实行照顾性税率。

（三）企业所得税的税收优惠

国家对重点扶持和鼓励发展的产业和项目，给予企业所得税优惠。[4] 目前我国企业所得税的减免优惠政策主要如下。

1. 免税收入

企业的下列收入为免税收入：

（1）国债利息收入；

（2）符合条件的居民企业之间的股息、红利等权益性投资收益；

（3）在中国境内设立机构、场所的非居民企业从居民企业取得与该机构、场所有实际联系的股息、红利等权益性投资收益；

（4）符合条件的非营利组织的收入。[5]

2. 免征与减征优惠

企业的下列所得可以免征、减征企业所得税：

（1）从事农、林、牧、渔业项目的所得；

---

① 参见《企业所得税法》第38条。

② 参见《企业所得税法实施条例》第6条。

③ 参见《企业所得税法实施条例》第7条。

④ 参见《企业所得税法》第25条。

⑤ 参见《企业所得税法》第26条。

（2）从事国家重点扶持的公共基础设施项目投资经营的所得；

（3）从事符合条件的环境保护、节能节水项目的所得；

（4）符合条件的技术转让所得；

（5）非居民企业在中国境内取得与中国境内机构无关的所得。

民族自治地方的自治机关对本民族自治地方的企业应缴纳的企业所得税中属于地方分享的部分，可以决定减征或者免征。自治州、自治县决定减征或者免征的，须报省、自治区、直辖市人民政府批准。① 符合条件的小型微利企业，减按 20%的税率征收企业所得税。② 自 2014 年 1 月 1 日至 2016 年 12 月 31 日，对年应纳税所得额低于 10 万元（含 10 万元）的小型微利企业，其所得减按 50%计入应纳税所得额，按 20%的税率缴纳企业所得税。③ 国家需要重点扶持的高新技术企业，减按 15%的税率征收企业所得税。④ 新办的高新技术企业自投产年度起，免征所得税 2 年。

3. 加计扣除

企业的下列支出，可以在计算应纳税所得额时加计扣除：

（1）开发新技术、新产品、新工艺发生的研究开发费用；

（2）安置残疾人员及国家鼓励安置的其他就业人员所支付的工资。⑤

4. 其他优惠规定

（1）创业投资企业。从事国家需要重点扶持和鼓励的创业投资企业采取股权投资方式投资于未上市的中小高新技术企业 2 年以上的，可以按照其投资额的 70%在股权持有满 2 年的当年抵扣该创业投资企业的应纳税所得额；当年不足抵扣的，可以在以后纳税年度结转抵扣。

（2）固定资产加速折旧。企业的固定资产由于技术进步等原因，确需加速折旧的，可以缩短折旧年限或者采取加速折旧的方法。包括：由于技术进步，产品更新换代较快的固定资产；常年处于强震动、高腐蚀状态的固定资产。采取缩短折旧年限方法的，最低折旧年限不得低于税法规定折旧年限的 60%；采取加速折旧方法的，可以采取双倍余额递减法或者年数总和法。

（3）减计收入。企业综合利用资源，生产符合国家非限制和禁止并符合国家和行业相关标准的产品取得的收入，减按 90%计入收入总额。

（4）税额抵免。企业购置并实际使用国家规定的环境保护、节能节水、安全生产等专用设备的，该专用设备投资额的 10%可以从企业当年的应纳税额中抵免；当年不足抵免的，可以在以后 5 个纳税年度结转抵免。享受上述企业所得税优惠的企业，应当实际购置并自身实际投入使用上述专用设备；企业购置的上述专用设备在 5 年内转让、出租的，应当停止享受企业所得税优惠，并补缴已经抵免的企业所得税税款。

（5）根据国民经济和社会发展的需要，或者由于突发事件等原因对企业经营活动产生重

① 参见《企业所得税法》第 29 条。

② 参见《企业所得税法》第 28 条。

③ 参见财税〔2014〕34 号文《财政部、国家税务总局关于小型微利企业所得税优惠政策有关问题的通知》第 1 条。

④ 参见《企业所得税法》第 28 条。

⑤ 参见《企业所得税法》第 30 条。

大影响的，国务院可以制定企业所得税专项优惠政策，报全国人民代表大会常务委员会备案。

(6) 企业同时从事适用不同企业所得税优惠待遇项目的，其优惠项目应当单独计算所得，并合理分摊企业的期间费用；没有单独计算的，不得享受企业所得税优惠。

(四) 企业所得税应纳税额的计算

1. 应纳税额计算的一般方法

企业每一纳税年度的收入总额，减除不征税收入、免税收入、各项扣除以及允许弥补的以前年度亏损后的余额，为应纳税所得额。① 企业的应纳税所得额乘以适用的税率，减除税收减免和税收抵免后的余额，即为应纳税额。具体的计算公式是：

应纳税所得额＝每一纳税年度收入总额－不征税收入－免税收入－按税法规定准予扣除项目－允许弥补的以前年度亏损

应纳税额＝应纳税所得额×适用税率－减免税额－抵免税额

企业应纳税所得额的计算，以权责发生制为原则，属于当期的收入和费用，不论款项是否收付，均作为当期的收入和费用；不属于当期的收入和费用，即使款项已经在当期收付，均不作为当期的收入和费用。计算应纳税所得额时，企业财务、会计处理办法与税收法律、行政法规的规定不一致的，应当依照税收法律、行政法规的规定计算。

收入总额是指企业以货币形式和非货币形式从各种来源取得的收入总和。包括：(1) 销售货物收入；(2) 提供劳务收入；(3) 转让财产收入；(4) 股息、红利等权益性投资收益；(5) 利息收入；(6) 租金收入；(7) 特许权使用费收入；(8) 接受捐赠收入；(9) 其他收入，包括企业资产溢余收入、逾期未退包装物押金收入、确实无法偿付的应付款项、已作坏账损失处理后又收回的应收款项、债务重组收入、补贴收入、违约金收入、汇兑收益等。

税法准予扣除项目金额包括不征税收入金额、免税收入金额、各项扣除金额以及允许弥补的以前年度亏损额。

不征税收入包括：(1) 财政拨款；(2) 依法收取并纳入财政管理的行政事业性收费、政府性基金；(3) 国务院规定的其他不征税收入，即企业取得的由国务院财政、税务主管部门规定专项用途并经国务院批准的财政性资金。

企业的免税收入包括：(1) 国债利息收入；(2) 符合条件的居民企业之间的股息、红利等权益性投资收益；(3) 在中国境内设立机构、场所的非居民企业从居民企业取得与该机构、场所有实际联系的股息、红利等权益性投资收益；(4) 符合条件的非营利组织的收入。②

企业实际发生的与取得收入有关的、合理的支出，包括成本、费用、税金、损失和其他支出，准予在计算应纳税所得额时扣除。③ 企业发生的公益性捐赠支出，在年度利润总额12%以内的部分，准予在计算应纳税所得额时扣除。④ 在计算应纳税所得额时，企业按

---

① 参见《企业所得税法》第5条。

② 参见《企业所得税法》第26条。

③ 参见《企业所得税法》第8条。

④ 参见《企业所得税法》第9条。

照规定计算的固定资产折旧、无形资产摊销费用和长期待摊费用，准予扣除。企业使用或者销售存货，按照规定计算的存货成本，准予在计算应纳税所得额时扣除。企业转让资产，该项资产的净值，准予在计算应纳税所得额时扣除。

小贴士

允许扣除的税金不包括增值税。

弥补亏损是国家对纳税人的一种免税照顾，它是国家帮助企业渡过暂时困难、保护税源的一项重要措施，有利于企业亏损得到及时的补偿，保障企业生产经营的顺利进行。但是，为了督促企业改善经营管理，努力扭亏增盈，一般都规定了连续弥补亏损的期限。

企业纳税年度发生的亏损，准予向以后年度结转，用以后年度的所得弥补，但结转年限最长不得超过五年。① 但企业在汇总计算缴纳企业所得税时，其境外营业机构的亏损不得抵减境内营业机构的盈利。②

2. 非居民企业应纳税额的计算

对于在中国境内未设立机构、场所的，或者虽设立机构、场所但取得的所得与其所设机构、场所没有实际联系的非居民企业，计算其应纳税所得额的方法是：(1) 股息、红利等权益性投资收益和利息、租金、特许权使用费所得，以收入全额为应纳税所得额；(2) 转让财产所得，以收入全额减除财产净值后的余额为应纳税所得额；(3) 其他所得，参照前两项规定的方法计算应纳税所得额。③

3. 企业所得税境外所得抵免的计算

税收抵免是解决跨国所得重复征税的方法之一。对于纳税人的境外所得，只要没有超过抵免限额，其在境内所缴纳的税款，可以从纳税人应纳税中予以扣除。我国《企业所得税法》既规定了直接税收抵免，又规定了间接税收抵免。

直接抵免是指居民企业来源于中国境外的应税所得和非居民企业在中国境内设立机构、场所，取得发生在中国境外但与该机构、场所有实际联系的应税所得，可以从其当期应纳税额中抵免企业已经在境外缴纳的所得税税额。抵免限额为该项所得依照《企业所得税法》的规定计算的应纳税额；超过抵免限额的部分，可以在以后五个年度内，用每年度抵免限额抵免当年应抵税额后的余额进行抵补。抵免限额的计算公式为：

抵免限额＝境外所得×本国税率

小贴士

“五个年度”，是指从企业取得的来源于中国境外的所得，已经在中国境外缴纳的企业所得税性质的税额超过抵免限额的当年的次年起连续五个纳税年度。

间接抵免，指的是居民企业从其直接或者间接控制的外国企业分得的来源于中国境外

① 参见《企业所得税法》第18条。
② 参见《企业所得税法》第17条。
③ 参见《企业所得税法》第19条。

的股息、红利等权益性投资收益，外国企业在境外实际缴纳的所得税税额中属于该项所得负担的部分，可以作为该居民企业的可抵免境外所得税税额，在《企业所得税法》第23条规定的抵免限额内抵免。

实务训练

某公司2012年全年销售收入9 800万元，实现利润总额为800万元。税务机关检查发现，该企业当年有以下几项支出均已列支：(1) 支付职工薪酬820万元，实际支付职工福利费120万元，缴纳工会经费16.4万元，支付职工教育经费36.5万元；(2) 公益性捐赠支出100万元；(3) 税收的罚款支出8万元；(4) 国库券利息收入10万元；(5) 实际列支业务招待费90万元；(6) 上年度超过税法规定扣除额5万元，当年广告费支出1 500万元。计算该公司当年应纳税所得额。

点评：

(1) 支付的职工福利费、缴纳的工会经费、支付的职工教育经费分别按实际支付的职工薪酬的14%、2%、2.5%比例扣除，超过部分应调增应纳税所得额。

(2) 公益性捐赠支出按不超过年度利润总额的12%扣除。

(3) 税收的罚款支出不允许扣除但已经列支，应调增应纳税所得额。

(4) 国库券利息收入不纳税但已经计入应纳税所得额，应调减应纳税所得额。

(5) 业务招待费按照发生额的60%扣除，但最高不得超过当年销售（营业）收入的5‰。

(6) 不超过当年销售（营业）收入15%的部分，准予扣除；超过部分，准予在以后纳税年度结转扣除。

计算过程：

(1) 支付职工薪酬820万元，应按实扣除。

允许扣除的职工福利费＝820×14%＝114.8（万元）。

允许扣除的工会经费＝820×2%＝16.4（万元）。

允许扣除的职工教育经费＝820×2.5%＝20.5（万元）。

应调增应纳税所得额＝（120－114.8）＋（16.4－16.4）＋（36.5－20.5）

＝21.2（万元）。

(2) 公益性捐赠支出100万元。

允许扣除的公益性捐赠支出＝800×12%＝96（万元）。

应调增应纳税所得额＝100－96＝4（万元）。

(3) 税收的罚款支出8万元，不允许在税前扣除，应调增应纳税所得额8万元。

(4) 国债利息收入10万元，不计入应纳税所得额，应调减应纳税所得额10万元。

(5) 实际列支业务招待费90万元。

允许扣除的业务招待费＝90×60%＝54（万元）。

最高扣除额＝9 800×5‰＝49（万元）。

应调增应纳税所得额＝90－49＝41（万元）。

(6) 广告费支出1 500万元。

当年年销售额计算允许扣除的业务招待费＝9 800×15%＝1 470（万元）。

应调增应纳税所得额＝1 500－1 470＋5＝35（万元）。

由此，该公司当年应纳税所得额=800+21.2+4+8+41+35-10=899.2（万元）。

二、个人所得税

（一）个人所得税概述

个人所得税是以个人所得为征税对象，并由获取所得的个人缴纳的一种税。英国于1799年首创个人所得税制度，个人所得税现已成为世界各国税制结构中的主要税种之一，其在国家财政收入、公平分配以及宏观经济调控中发挥着举足轻重的作用。

各国的个人所得税制不尽相同，我国个人所得税主要有以下几个特点：

（1）分项课征。对个人所得税的征收，可以采取总额征收，也可以采取分项征收。我国采用的是后者，实行分项定率、分项扣除、分项征收。首先列举应税所得项目，将个人所得的各种应税所得划分为11类，分别适用不同的费用减除规定、不同的税率和不同的计税方法。实行分项课征制度，可以广泛采用源泉扣缴方法，加强控制和管理，简化纳税手续，方便征纳双方。

（2）累进税率与比例税率并用。比例税率计算简便，便于实行源泉扣缴；累进税率可以合理调节收入分配，体现公平。我国现行的个人所得税利用两种税率的优点，将其适当地运用到个人所得税制中。其中，对工资、薪金所得，个体工商户的生产、经营所得，企事业单位的承包、承租经营所得采用累进税率，实现量能负担。对劳务报酬、稿酬等其他所得，采用比例税率，实行等比负担。

（3）税负极低。我国的个人所得税税率，与其他国家相比是比较低的。西方有些国家个人缴纳的所得税占其收入的一半。另外，我国的个人所得税费用扣除额较宽。各国的个人所得税均有费用扣除的规定，但扣除的方法及额度不尽相同，我国采用了费用定额扣除和定率扣除两种方法。对工资、薪金所得，每月定额减除费用3 500元或4 800元；对劳务报酬所得，每次收入不超过4 000元的定额减除800元，每次收入4 000元以上的，定率减除20%的费用。按照这样的标准减除费用，实际上就等于对大多数劳动者的工资、薪金所得及劳务报酬所得予以免税。

（4）计算简便。我国个人所得税的费用扣除采取总额扣除法，免去了对个人实际生活费用支出逐项计算的麻烦。而且，各种所得项目实行分类计算，各有明确的费用扣除规定，费用扣除项目及扣除方法简单明确，税率级次比较少，计算简单，符合税制简便原则。

（5）采取课源制和申报制两种征纳方法。对纳税人的应纳税额分别采取由支付单位源泉扣缴和纳税人自行申报两种方法。对凡是可以在应税所得的支付环节扣缴个人所得税的，均由扣缴义务人履行代扣代缴义务；对于没有扣缴义务人的，以及个人在两处以上取得工资、薪金所得的，由纳税人自行申报纳税。此外，对其他不便于扣缴税款的，亦规定由纳税人自行申报纳税。

现行个人所得税法律制度是改革开放以后逐步建立的。我国于1980年9月制定并公布了《中华人民共和国个人所得税法》（以下简称《个人所得税法》）。1993年第八届全国人民代表大会常务委员会第四次会议第一次修改《个人所得税法》，将《中华人民共和国个人收入调节税暂行条例》（国务院1986年发布）和《中华人民共和国城乡个体工商业户所得税暂行条例》（国务院1986年发布）并入该法，统一了个人所得税法制；国务院并于

1994年颁布了《中华人民共和国个人所得税法实施条例》(以下简称《个人所得税法实施条例》)。此后，我国《个人所得税法》又经过了1999年第九届全国人民代表大会常务委员会第十一次会议、2005年第十届全国人民代表大会常务委员会第十八次会议、2007年第十届全国人民代表大会常务委员会第二十八次和第三十一次会议、2011年第十一届全国人民代表大会常务委员会第二十一次会议的修正。

个人所得税征收法律制度通常分为以下三种类型：

(1) 分类所得税制，将纳税人的所得划分为若干类别，对不同类别的所得额规定不同的费用扣除标准和适用税率，分项计征所得税。

(2) 综合所得税制，将纳税人全年的各种所得汇总求和，统一扣除费用后，就其余额按统一的累进税率计征所得税。目前大多数国家实行综合所得税制。

(3) 混合所得税制，系分类制和综合制的一种结合。

我国现行个人所得税法采用的是分类所得税制，将个人取得的各种所得划分为11类，这意味着凡被列举征税的项目才征税，没有列举的项目则不征税。对不同种类的所得扣除标准不一，适用税率各异，且各项所得不再汇总计税。

(二) 个人所得税法的基本要素

1. 个人所得税的纳税人

(1) 分类标准。

个人所得税的纳税人分为居民纳税人和非居民纳税人，划分依据包括住所标准和居住时间标准。只要满足其中任何一个标准，即可判定为我国的居民纳税人。如果两个标准都不具备，则为非居民纳税人。

住所，是指公民的生活和活动场所，在税法上指习惯性住所。这里的在中国境内有住所的个人，是指因户籍、家庭、经济利益关系而在中国境内习惯性居住的个人。① 习惯性居住，是判定纳税义务人属于居民还是非居民的一个重要依据。它是指个人因学习、工作、探亲等原因消除之后，没有理由在其他地方继续居留时，所要回到的地方，而不是指实际居住或在某一个特定时期内的居住地。

居住时间标准，是指在中国境内无住所而在中国境内居住满一年的纳税人，为居民纳税人。这里的在境内居住满一年，是指在一个纳税年度中在中国境内居住365日。临时离境的，不扣减日数。临时离境，是指在一个纳税年度中一次不超过30日或者多次累计不超过90日的离境。②

(2) 居民纳税人和非居民纳税人。

居民纳税人，是指在中国境内有住所或者无住所而在中国境内居住满一年的个人，包括：1) 在中国境内定居的中国公民和外国侨民。但不包括虽具有中国国籍，却并没有在中国大陆定居，而是侨居海外的华侨和居住在我国港、澳、台各地区的同胞。2) 从公历1月1日起至12月31日止，居住在中国境内的外国人、海外侨胞和港、澳、台同胞。这些人如果在一个纳税年度内，一次离境不超过30日，或者多次离境累计不超过90日，仍应视为全年在中国境内居住，从而判定为居民纳税人。

---

① 参见《个人所得税法实施条例》第2条。

② 参见《个人所得税法实施条例》第3条。

非居民纳税人，是指在中国境内无住所又不居住或者无住所而在境内居住不满一年的个人。也就是说，非居民纳税人是指习惯性居住地不在中国境内，而且不在中国居住，或者在一个纳税年度内，在中国境内居住不满一年的个人。在现实生活中，习惯性居住地不在中国境内的个人，只有外籍人员、华侨或我国港、澳、台各地区同胞。因此，非居民纳税人，实际上只能是在一个纳税年度中，没有在中国境内居住或者在中国境内居住不满一年的外籍人员、华侨或者我国港、澳、台各地区同胞。

居民纳税人，负无限纳税义务，应就来源于全球的所得，向中国缴纳个人所得税；而非居民纳税人，负有限纳税义务，仅就来源于中国境内的所得，向中国缴纳个人所得税。

（3）扣缴义务人。

提到纳税人，就不能不提到个人所得税中普遍存在的扣缴义务人。对除个体工商户生产经营所得以外的其他各项应税所得，其应纳的个人所得税均以支付单位或个人为扣缴义务人。

2. 个人所得税的征税范围

在征税范围方面，我国实行分类所得税制，包括11个税目。

（1）工资、薪金所得。工资、薪金所得，是指个人因任职或者受雇而取得的工资、薪金、奖金、年终加薪、劳动分红、津贴、补贴以及与任职或者受雇有关的其他所得。①

（2）个体工商户的生产、经营所得。个体工商户的生产、经营所得，是指：1）个体工商户从事工业、手工业、建筑业、交通运输业、商业、饮食业、服务业、修理业以及其他行业生产、经营取得的所得；2）个人经政府有关部门批准，取得执照，从事办学、医疗、咨询以及其他有偿服务活动取得的所得；3）其他个人从事个体工商业生产、经营取得的所得；4）上述个体工商户和个人取得的与生产、经营有关的各项应纳税所得。②

（3）对企事业单位的承包经营、承租经营所得。对企事业单位的承包经营、承租经营所得，是指个人承包经营、承租经营以及转包、转租取得的所得，包括个人按月或者按次取得的工资、薪金性质的所得。③

（4）劳务报酬所得。劳务报酬所得，是指个人从事设计、装潢、安装、制图、化验、测试、医疗、法律、会计、咨询、讲学、新闻、广播、翻译、审稿、书画、雕刻、影视、录音、录像、演出、表演、广告、展览、技术服务、介绍服务、经纪服务、代办服务以及其他劳务取得的所得。④

自2004年1月20日起，对商品营销活动中，企业和单位对其营销业绩突出的非雇员以培训班、研讨会、工作考察等名义组织旅游活动，通过免收差旅费、旅游费对个人实行的营销业绩奖励，应根据所发生费用的金额作为该营销人员当期的劳务收入，按照“劳务报酬所得”项目征收个人所得税，并由提供上述费用的企业和单位代扣代缴。

---

① 参见《个人所得税法实施条例》第8条第1款第1项。

② 参见《个人所得税法实施条例》第8条第1款第2项。

③ 参见《个人所得税法实施条例》第8条第1款第3项。

④ 参见《个人所得税法实施条例》第8条第1款第4项。

想一想

工资、薪金所得和劳务报酬所得有何区别?

分析:劳务报酬所得与工资、薪金所得的主要区别在于:劳务报酬是个人独立从事劳务取得的所得(即个人与被服务单位发生直接劳务关系),提供劳务的个人与被服务单位没有稳定的、连续的劳动人事关系,也没有任何劳动合同关系,不存在雇佣和被雇佣的关系,其所得也不是以工资、薪金形式领取的。

(5)稿酬所得。稿酬所得,是指个人因其作品以图书、报刊形式出版、发表而取得的所得。①

(6)特许权使用费所得。特许权使用费所得,是指个人提供专利权、商标权、著作权、非专利技术以及其他特许权的使用权取得的所得;提供著作权的使用权取得的所得,不包括稿酬所得。②

(7)利息、股息、红利所得。利息、股息、红利所得,是指个人拥有债权、股权而取得的利息、股息、红利所得。③

(8)财产租赁所得。财产租赁所得,是指个人出租建筑物、土地使用权、机器设备、车船以及其他财产取得的所得。④

(9)财产转让所得。财产转让所得,是指个人转让有价证券、股权、建筑物、土地使用权、机器设备、车船以及其他财产取得的所得。⑤

(10)偶然所得。偶然所得,是指个人得奖、中奖、中彩以及其他偶然性质的所得。⑥

个人取得的所得,难以界定应纳税所得项目的,由主管税务机关确定。⑦

3. 个人所得税的税率

我国个人所得税的税率根据不同应税所得项目适用两种税率,即累进税率和比例税率。

(1)工资、薪金所得,适用七级超额累进税率,税率为3%～45%。工资、薪金所得,以每月收入额减除费用3 500元后的余额,为应纳税所得额。⑧ 但对在中国境内无住所而在中国境内取得工资、薪金所得的纳税义务人和在中国境内有住所而在中国境外取得工资、薪金所得的纳税义务人,可以根据其平均收入水平、生活水平以及汇率变化情况确定附加减除费用,附加减除费用适用的范围和标准由国务院规定。⑨ 这里的附加减除费用,是指每月在减除3 500元费用的基础上,再减除《个人所得税法实施条例》第29条规定数额的费用。适用的范围:1)在中国境内的外商投资企业和外国企业中工作的外籍人员;2)应聘在中国境内的企业、事业单位、社会团体、国家机关中工作的外籍专家;3)在中国境内有住所而在中国境外任职或者受雇取得工资、薪金所得的个人;4)国务院财政、

---

① 参见《个人所得税法实施条例》第8条第1款第5项。
② 参见《个人所得税法实施条例》第8条第1款第6项。
③ 参见《个人所得税法实施条例》第8条第1款第7项。
④ 参见《个人所得税法实施条例》第8条第1款第8项。
⑤ 参见《个人所得税法实施条例》第8条第1款第9项。
⑥ 参见《个人所得税法实施条例》第8条第1款第10项。
⑦ 参见《个人所得税法实施条例》第8条第2款。
⑧ 参见《个人所得税法》第6条第1款第1项。
⑨ 参见《个人所得税法》第6条第3款。

税务主管部门确定的其他人员。① 附加减除费用标准为1 300元。②

同时，按照国家规定，单位为个人缴付和个人缴付的基本养老保险费、基本医疗保险费、失业保险费、住房公积金，从纳税义务人的应纳税所得额中扣除。③ 三险一金几项加起来，法定的缴纳比例是个人工资收入的23%。具体见表6—2。

表6—2 个人所得税税率表（一）

级数	全月应纳税所得额		税率/%	速算扣除数/元
	含税级距	不含税级距		
1	不超过1 500元的	不超过1 455元的	3	0
2	超过1 500元至4 500元的部分	超过1 455元至4 155元的部分	10	105
3	超过4 500元至9 000元的部分	超过4 155元至7 755元的部分	20	555
4	超过9 000元至35 000元的部分	超过7 755元至27 255元的部分	25	1 005
5	超过35 000元至55 000元的部分	超过27 255元至41 255元的部分	30	2 755
6	超过55 000元至80 000元的部分	超过41 255元至57 505元的部分	35	5 505
7	超过80 000元的部分	超过57 505元的部分	45	13 505

注：1. 本表所列含税级距与不含税级距，均为按照税法规定减除有关费用后的所得额。

2. 含税级距适用于由纳税人负担税款的工资、薪金所得；不含税级距适用于由他人（单位）代付税款的工资、薪金所得。

（2）个体工商户的生产、经营所得和对企事业单位的承包经营、承租经营所得，适用5%～35%的超额累进税率。具体见表6—3。

表6—3 个人所得税税率表（二）

级数	全月应纳税所得额		税率/%	速算扣除数/元
	含税级距	不含税级距		
1	不超过15 000元的	不超过14 250元的	5	0
2	超过15 000元至30 000元的部分	超过14 250元至27 750元的部分	10	750
3	超过30 000元至60 000元的部分	超过27 750元至51 750元的部分	20	3 750
4	超过60 000元至100 000元的部分	超过51 750元至79 750元的部分	30	9 750
5	超过100 000元的部分	超过79 750元的部分	35	14 750

注：1. 本表所列含税级距与不含税级距，均为按照税法规定以每一纳税年度的收入总额减除成本、费用以及损失后的所得额。

2. 含税级距适用于由个体工商户的生产、经营所得和由纳税人负担税款的对企事业单位的承包经营、承租经营所得；不含税级距适用于由他人（单位）代付税款的对企事业单位的承包经营、承租经营所得。

① 参见《个人所得税法实施条例》第28条。

② 参见《个人所得税法实施条例》第29条。

③ 参见《个人所得税法实施条例》第25条。

(3) 稿酬所得，适用比例税率，税率为20%，并按应纳税额减征30%。

(4) 劳务报酬所得，适用比例税率，税率为20%。对劳务报酬所得一次收入畸高的，可以实行加成征收，具体办法由国务院规定。具体见表6—4。

表6—4 劳务报酬所得个人所得税税率表

级数	全月应纳税所得额	税率/%	速算扣除数/元
1	不超过20 000元的	20	0
2	超过20 000元至50 000元的部分	30	2 000
3	超过50 000元的部分	40	7 000

(5) 特许权使用费所得，利息、股息、红利所得，财产租赁所得，财产转让所得，偶然所得和其他所得，适用比例税率，税率为20%。其中，从2008年3月1日起，对个人出租住房取得的所得减按10%的税率征收个人所得税。2007年8月15日，居民储蓄存款利息所得个人所得税的适用税率由20%调减为5%，2008年10月9日起暂免征收。股息、红利所得按照财税〔2012〕85号文《财政部、国家税务总局、证监会关于实施上市公司股息红利差别化个人所得税政策有关问题的通知》的规定计征个人所得税。

(三) 个人所得税的税收优惠

1. 免征个人所得税的项目

下列各项个人所得，免纳个人所得税：(1) 省级人民政府、国务院部委和中国人民解放军军以上单位，以及外国组织、国际组织颁发的科学、教育、技术、文化、卫生、体育、环境保护等方面的奖金；(2) 国债和国家发行的金融债券利息；(3) 按照国家统一规定发给的补贴、津贴；(4) 福利费、抚恤金、救济金；(5) 保险赔款；(6) 军人的转业费、复员费；(7) 按照国家统一规定发给干部、职工的安家费、退职费、退休工资、离休工资、离休生活补助费；(8) 依照我国有关法律规定应予免税的各国驻华使馆、领事馆的外交代表、领事官员和其他人员的所得；(9) 中国政府参加的国际公约、签订的协议中规定免税的所得；(10) 经国务院财政部门批准免税的所得。①

2. 减征个人所得税的项目

有下列情形之一的，经批准可以减征个人所得税：(1) 残疾、孤老人员和烈属的所得；(2) 因严重自然灾害造成重大损失的；(3) 其他经国务院财政部门批准减税的。② 减征个人所得税，其减征的幅度和期限由省、自治区、直辖市人民政府规定。③

3. 个人所得税的抵免

实行个人所得税抵免是为了避免对同一所得双重征税。纳税义务人从中国境外取得的所得，准予其在应纳税额中扣除已在境外缴纳的个人所得税税额。但扣除额不得超过该纳税义务人境外所得依照《个人所得税法》规定计算的应纳税额。这里的已在境外缴纳的个人所得税税额，是指纳税义务人从中国境外取得的所得，依照该所得来源国家或者地区的

---

① 参见《个人所得税法》第4条。

② 参见《个人所得税法》第5条。

③ 参见《个人所得税法实施条例》第16条。

法律应当缴纳并且实际已经缴纳的税额。这里的依照税法规定计算的应纳税额，是指纳税义务人从中国境外取得的所得，区别不同国家或者地区和不同所得项目，依照税法规定的费用减除标准和适用税率计算的应纳税额；同一国家或者地区内不同所得项目的应纳税额之和，为该国家或者地区的扣除限额。纳税义务人在中国境外一个国家或者地区实际已经缴纳的个人所得税税额，低于依照上述规定计算出的该国家或者地区扣除限额的，应当在中国缴纳差额部分的税款；超过该国家或者地区扣除限额的，其超过部分不得在本纳税年度的应纳税额中扣除，但是可以在以后纳税年度的该国家或者地区扣除限额的余额中补扣。补扣期限最长不得超过五年。①

（四）个人所得税应纳税额的计算

（1）工资、薪金所得按月计算应纳税额，个体工商户的生产、经营所得，企事业单位承包经营、承租经营所得按年计算应纳税额。其计算公式为：

应纳税额＝应纳税所得额×适用税率－速算扣除数

其中，工资、薪金所得应纳税所得额为每月收入额减去每月定额扣除数。个体工商户的生产、经营所得应纳税所得额为年收入总额减去成本、费用、损失。企事业单位承包经营、承租经营所得应纳税所得额为全年收入总额减去生计费和上缴的费用等必要的费用。

（2）劳务报酬按次计算，每次收入不超过4 000元的，减除费用800元；4 000元以上的，减除20％的费用，其余额为应纳税所得额。其计算公式为：

应纳税额＝应纳税所得额×适用税率

但当劳务报酬所得一次收入畸高时，要加成加收。劳务报酬所得一次收入畸高，是指个人一次取得劳务报酬，其应纳税所得额超过2万元。对应纳税所得额超过2万元至5万元的部分，依照税法规定计算应纳税额后再按照应纳税额加征五成；超过5万元的部分，加征十成。

（3）稿酬所得与劳务报酬计算应纳税所得额的方法相同，但按规定对应纳税额减征30％，即实际缴纳税额是应纳税额的70％。其计算公式为：

应纳税额＝应纳税所得额×适用税率
实际缴纳税额＝应纳税额×（1－30％）

（4）特许权使用费所得和财产租赁所得与稿酬所得、劳务报酬计算应纳税所得额的方法相同。财产转让所得，以转让财产的收入额减除财产原值和合理费用后的余额，为应纳税所得额。② 利息、股息、红利所得，偶然所得和其他所得，以每次收入额为应纳税所得额。③ 计算公式为：

应纳税额＝应纳税所得额×适用税率

实务训练

某外籍来华人员已在中国境内居住满6年。2012年其收入情况如下：在A国一家公

① 参见《个人所得税法实施条例》第33条。
② 参见《个人所得税法》第6条第1款第5项。
③ 参见《个人所得税法》第6条第1款第6项。

司任职，月薪20 000元（人民币），A国每月扣缴个人所得税2 600元（人民币）；在B国出版著作，获得稿酬收入15 000元（人民币），已在B国缴纳该项收入的个人所得税1 780元（人民币）。其是否应向中国补缴个人所得税税款？如应补缴，需补缴多少税款？

点评：

境外所得的税额扣除应分国计算。

（1）A国所纳个人所得税的抵减。

每月工资薪金所得按我国税法计算的应纳税额（抵减限额）＝（20 000－4 800）×25%－1 005＝2 795（元）。

其在A国实际缴纳的个人所得税为每月2 600元，低于抵减限额，可以全额抵扣，并需在中国补缴差额部分的税款＝（2 795－2 600）×12＝2 340（元）。

（2）B国所纳个人所得税的抵减。

稿酬所得按我国税法计算的应纳税额（抵减限额）＝［15 000×（1－20%）×20%］×（1－30%）＝1 680（元）。

其在B国实际缴纳的个人所得税为1 780元，超出抵减限额100元，不能在本年度扣除，但可以在以后五个纳税年度的该国减除限额的余额中补减。

想一想

张同学是计算机高手，他在暑假里帮一家公司做网站维护，获得10 000元报酬。请问他需不需要缴纳个人所得税？如何缴纳？

分析：在校学生因参与勤工俭学活动（包括参与学校组织的勤工俭学活动）而取得属于《个人所得税法》规定的应税所得项目的所得，应依法缴纳个人所得税，由支付单位在支付报酬时代扣代缴。

第四节 财产税、行为税和资源税

一、财产税

财产税是以纳税人所有或属其支配的财产为课税对象的一类税收，它以财产为课税对象，向财产的所有者征收。财产包括一切积累的劳动产品（生产资料和生活资料）、自然资源（如土地、矿藏、森林等）和各种科学技术、发明创作的特许权等。国家可以选择某些财产予以课税。对各种财产课征的税，按一般税收分类方法，统称为财产税。财产税属于对社会财富的存量课税。我国财产税主要包括房产税、车船税、契税等。

财产税的特点主要有：（1）土地、房屋等不动产位置固定，标志明显，作为课税对象具有收入上的可靠性和稳定性。（2）纳税人的财产情况，一般当地政府较易了解，适宜由地方政府征收管理，有不少国家把这些税种划作地方税收。如美国课征的财产税，当前是地方政府收入的主要来源，占其地方税收总额的80%以上。（3）以财产所有者为纳税人，对于调节各阶层收入、贯彻量能负担原则、促进财产的有效利用有特殊的功能。

（一）房产税

1. 房产税概述

房产税是以房屋为征税对象，以房屋的计税余值或租金收入为计税依据，向产权所有人征收的一种财产税。

房产税的特点主要有：（1）房产税属于个别财产税。财产税按征税对象的范围不同，可以分为一般财产税与个别财产税。一般财产税也称“综合财产税”，是对纳税人拥有的各类财产实行综合课征的税收。个别财产税也称“单项财产税”，是对纳税人拥有的土地、房屋、资本和其他财产分别课征的税收。房产税属于个别财产税，其征税对象只是房屋。（2）征税范围限于城镇的经营性房屋。房产税在城市、县城、建制镇和工矿区范围内征收，不涉及农村。另外，对某些拥有房屋，但自身没有纳税能力的单位，如国家拨付行政经费、事业经费和国防经费的单位自用的房产，税法也通过免税的方式将这类房屋排除在征税范围之外。（3）区别房屋的经营使用方式规定征税办法。拥有房屋的单位和个人，既可以将房屋用于经营自用，又可以把房屋用于出租。房产税根据纳税人经营形式不同，对前一类房屋按房产计税余值征收，对后一类房屋按租金收入计税，使征税办法符合纳税人的经营特点，便于平衡税收负担和征收管理。

新中国成立后，中央人民政府政务院于 1951 年 8 月颁布了《中华人民共和国城市房地产税暂行条例》，规定对城市中的房屋合并征收房产税和地产税，称为城市房地产税。1973 年简化税制，把对企业征收的这个税种并入了工商税。对房地产管理部门和个人的房屋，以及外资企业和中外合资、合作经营企业的房屋，继续保留征收房产税。

我国实行改革开放以后，为了发挥税收的作用，1984 年 10 月，国务院决定在推行第二步利改税和改革工商税制时，对国内企业单位恢复征收房产税。这样，原房地产税的税名与征收范围已名不副实，故将城市房地产税分为房产税和城镇土地使用税。1986 年 9 月 15 日，国务院正式发布了《中华人民共和国房产税暂行条例》，从当年 10 月 1 日开始施行。各省、自治区、直辖市根据《房产税暂行条例》的规定，先后制定了施行细则。至此，房产税又在全国范围内全面征收。2011 年 1 月 8 日，国务院令第 588 号《国务院关于废止和修改部分行政法规的决定》对《中华人民共和国房产税暂行条例》进行修改。

2. 房产税的基本要素

（1）征税范围。

房产税在城市、县城、建制镇和工矿区征收。①

小贴士

我国现行房产税的征税范围暂不包括农村。

（2）纳税人。

房产税由产权所有人缴纳。产权属于全民所有的，由经营管理的单位缴纳。产权出典的，由承典人缴纳。产权所有人、承典人不在房产所在地的，或者产权未确定及租典纠纷

① 参见《房产税暂行条例》第 1 条。

未解决的，由房产代管人或者使用人缴纳。上述列举的产权所有人、经营管理单位、承典人、房产代管人或者使用人，统称为纳税义务人。[①]

（3）税率。

房产税采用比例税率。根据房产税计税依据的不同，其税率也分为两种：房产税的税率，依照房产余值计算缴纳的，税率为1.2%；依照房产租金收入计算缴纳的，税率为12%。[②] 从2001年1月1日起，对个人按市场价格出租的居民住房，用于居住的，可暂减按4%的税率征收房产税。按照财税〔2012〕68号文《财政部、国家税务总局关于农产品批发市场、农贸市场房产税、城镇土地使用税政策的通知》的规定，自2013年1月1日至2015年12月31日对专门经营农产品的农产品批发市场、农贸市场使用的房产、土地，暂免征收房产税。

3. 税收优惠

下列房产免纳房产税：（1）国家机关、人民团体、军队自用的房产；（2）由国家财政部门拨付事业经费的单位自用的房产；（3）宗教寺庙、公园、名胜古迹自用的房产；（4）个人所有非营业用的房产；（5）经财政部批准免税的其他房产。[③] 除《房产税暂行条例》第5条规定者外，纳税人纳税确有困难的，可由省、自治区、直辖市人民政府确定，定期减征或者免征房产税。

4. 房产税的计算

房产税的计税依据是房产的计税余值或房屋的租金收入。按照房产计税价值征税的，称为从价计征，依照房产原值一次减除10%至30%后的余值计算缴纳。具体减除幅度，由省、自治区、直辖市人民政府规定。[④] 计算公式为：

应纳税款＝应税房产原值×(1－扣除比例)×1.2%

按照房产租金收入计征的，称为从租计征，计算公式为：

应纳税额＝租金收入×12%

（二）车船税

1. 车船税概述

车船税是以车船为征税对象，向车辆、船舶（以下简称车船）的所有人或者管理人征收的一种税。

车船税的特点主要有：（1）属于财产税的性质。新的车船税法明确规定，在中华人民共和国境内的车辆、船舶的所有人或者管理人，为车船税的纳税人，应当依法缴纳车船税，因此，车船税属于财产类税。（2）具有单项财产税的特点。从财产税的角度看，车船税属于单项财产税。不仅征税对象限于车船类运输工具，而且对不同的车，如乘用车、商用车、挂车、其他车辆、摩托车等不同车辆，以及不同的船舶，如机动船舶、游艇规定了

① 参见《房产税暂行条例》第2条。

② 参见《房产税暂行条例》第4条。

③ 参见《房产税暂行条例》第5条。

④ 参见《房产税暂行条例》第3条。

不同的征税标准。(3) 实行分类、分级（项）定额税率。车船税首先划分车辆与船舶。车辆税还针对不同类别和不同项目的车辆规定了最高年税额和最低年税额；船舶税实行分类、分级固定税额，即对不同类别、不同吨位的机动船舶和长度不同的游艇规定不同的税额，以适应我国各地经济发展不平衡，车辆船舶种类繁多、大小不同的实际情况。

我国对车船课税历史悠久。早在公元前 129 年（汉武帝元光六年），我国就开征了算商车。1945 年 6 月，国民党政府公布了《使用牌照税法》，在全国统一开征车船使用牌照税。新中国成立后，中央人民政府政务院于 1951 年 9 月颁布了《车船使用牌照税暂行条例》，在全国部分地区开征。1973 年简化税制、合并税种时，把对国营企业和集体企业征收的车船使用牌照税并入工商税。从那时起，车船使用牌照税只对不缴纳工商税的单位、个人和外侨征收，征税范围大大缩小。1984 年 10 月，国务院决定恢复对车船征税，并改名为车船使用税。1986 年 9 月 15 日，国务院发布了《中华人民共和国车船使用税暂行条例》，决定从 1986 年 10 月 1 日起在全国施行。各省、自治区、直辖市人民政府根据《车辆使用税暂行条例》的规定，先后制定了施行细则。2006 年 12 月 27 日，国务院第 16 次常务会议通过了《中华人民共和国车船税暂行条例》，2007 年 1 月 1 日起施行。

2011 年 2 月 25 日，中华人民共和国第十一届全国人民代表大会常务委员会第十九次会议通过了《中华人民共和国车船税法》，并于 2012 年 1 月 1 日起施行。2006 年 12 月 27 日国务院发布的《中华人民共和国车船税暂行条例》同时废止。

2. 车船税的基本要素

(1) 征税对象及范围。

车船税的征税对象是车辆、船舶。这里的车辆、船舶，是指：1）依法应当在车船登记管理部门登记的机动车辆和船舶；2）依法不需要在车船登记管理部门登记的在单位内部场所行驶或者作业的机动车辆和船舶。[①] 车辆分为乘用车、商用车、挂车、其他车辆、摩托车五大类。船舶是指各类机动、非机动船舶以及其他水上移动装置，但是船舶上装备的救生艇筏和长度小于 5 米的艇筏除外。船舶分为机动船舶和游艇两类。

(2) 纳税人。

在中华人民共和国境内属于《车船税法》所附《车船税税目税额表》规定的车辆、船舶（以下简称车船）的所有人或者管理人，为车船税的纳税人，应当依法缴纳车船税。车船的所有人或者管理人未缴纳车船税的，使用人应当代为缴纳车船税。管理人，是指对车船具有管理使用权，不具有所有权的单位。

(3) 适用税率。

车船税实行定额税率，分为车辆税税目税额和船舶税税目税额。

3. 车船税的计算

车船税以应税车船为征税对象，以征税对象的计量标准为计税依据，从量计征。

(三) 契税

1. 契税概述

契税是以所有权发生转移变动的不动产为征税对象，向产权承受人征收的一种财产税。

① 参见《车船税法实施条例》第 2 条。

契税与其他税种相比，具有以下特点：(1) 契税属于财产转移税。契税以发生转移的不动产，即土地和房屋为征税对象，具有财产转移课税性质。土地、房屋产权未发生转移的，不征契税。(2) 契税由财产承受人缴纳。一般税种都确定销售者为纳税人，即卖方纳税。契税则属于土地、房屋产权发生交易过程中的财产税，由承受人纳税，即买方纳税。对买方征税的主要目的，在于承认不动产转移生效，承受人纳税以后，便可拥有转移过来的不动产产权或使用权，法律保护纳税人的合法权益。

契税是一个古老的税种，最早起源于东晋的“古税”，至今已有1 600多年的历史。新中国成立后颁布的第一个税收法规就是《契税暂行条例》。这个条例对旧中国的契税进行了改革，其基本内容是：凡土地、房屋之买卖、典当、赠与和交换，均应凭土地、房屋的产权证明，在当事人双方订立契约时，由产权承受人缴纳契税。税率分两种，买卖、赠与税率6%，典当税率3%；对交换房屋双方价值相等的，免税；不相等的，就其超过价值部分按6%缴纳契税。

1954年，财政部对《契税暂行条例》进行修改。修改的主要内容是：对公有制单位的买卖、典当、承受赠与和交换土地、房屋的行为，免征契税。社会主义三大改造完成后，国家禁止土地买卖和转让，征收土地契税自然停止。契税的征税范围只限于非公有制单位的房屋产权转移行为，契税收入甚微。“文化大革命”期间，有的地方甚至明令停止办理契税征收业务。1978年后，逐步落实了房产政策。随着改革开放的不断深入，城乡房屋买卖又重新活跃起来。为此，财政部于1981年和1990年分别发出了《关于改进和加强契税征收管理工作的通知》和《关于加强契税工作的通知》，对契税政策进行了一些补充和调整，契税征收工作全面恢复。

1997年7月7日，国务院重新颁布了《中华人民共和国契税暂行条例》，并于1997年10月1日起施行。

2. 契税的基本要素

(1) 征税范围。

契税的征税范围为发生土地使用权和房屋所有权权属转移的土地和房屋。包括：1) 国有土地使用权出让；2) 土地使用权转让，包括出售、赠与和交换，不包括农村集体土地承包经营权的转移；3) 房屋买卖；4) 房屋赠与；5) 房屋交换；6) 承受国有土地使用权支付的土地出让金。

(2) 纳税人。

契税的纳税义务人是境内转移土地、房屋权属，承受的单位和个人。

小贴士

契税是“买”方纳税的。

(3) 税率。

契税税率为3%～5%。契税的适用税率，由省、自治区、直辖市人民政府在规定的幅度内按照本地区的实际情况确定，并报财政部和国家税务总局备案。

实务训练

某企业的经营用房原值为5 000万元，按照当地规定允许减除30%后按余值计征，适用税率为1.2%，请计算其应纳的房产税税额。

点评：

从价计征的房产税依照房产原值一次减除10%～30%后的余值计算缴纳。

应纳税款＝5 000×（1－30%）×1.2%＝42（万元）。

二、行为税

行为税是国家为了对某些特定行为进行限制或开辟某些财源而课征的一类税收，如针对一些奢侈性的社会消费行为，征收娱乐税、宴席税；针对牲畜交易和屠宰等行为，征收交易税、屠宰税；针对财产和商事凭证贴花行为，征收印花税等。行为税收入零星、分散，一般作为地方政府筹集地方财政资金的一种手段。

行为税有以下几个主要特点：(1) 具有较强的灵活性。当某种行为的调节已达到预定的目的时即可取消。(2) 收入的不稳定性。往往具有临时性和偶然性，收入不稳定。(3) 征收管理难度大。由于征收面比较分散，征收标准也较难掌握，征收管理较复杂。(4) 调节及时。能有效地配合国家的政治经济政策，"寓禁于征"，有利于引导人们的行为方向，针对性强，可弥补其他税种调节的不足。

（一）印花税

印花税是对经济活动和经济交往中书立、使用、领受应税凭证的单位和个人征收的一种税。由于该税的纳税人是通过在应税凭证上粘贴"印花税票"来完成纳税义务的，故名印花税。

印花税具有以下特征：(1) 具有行为税和凭证税双重性质。(2) 征税范围广。现行印花税的应税凭证共分为5大类13个税目，其征税范围是极其广泛的。同时，随着经济的发展和法制的健全，依法书立经济凭证的现象将会越来越普遍，涉及经济生活的各个方面。(3) 税率低。印花税的最高税率只有2‰，最低税率仅为0.05‰，与其他税种相比，税率要低得多，其税负较轻。(4) 纳税人自行完税。印花税实行"三自"的纳税方法，即纳税人自行计算应纳税额，自行购买并粘贴印花税票，并在印花税票上自行注销或画销。这是印花税与其他税种在缴纳方法上的不同之处。

印花税的征税范围为税法列举的应税凭证，税法未列举的不纳税。现行税法列举的应税凭证包括经济合同，产权转移书据，营业账簿，权利、许可证照和经财政部批准的其他凭证五大类。

印花税的纳税人，是在我国境内书立、使用、领受属于征税范围内所列凭证的单位和个人。包括各类企业、事业、机关、团体、部队，以及中外合资经营企业、中外合作经营企业、外资企业、外国公司企业和其他经济组织及其在华机构等单位和个人。根据书立、使用、领受凭证的不同，印花税的纳税人分别称为立合同人、立据人、立账簿人、领受人和使用人五种。

小贴士

外商投资企业和外国企业也要缴纳印花税。

印花税的计算分别采用从价定率和从量定额两种方法。

（二）车辆购置税

车辆购置税是在我国境内，对购置应税车辆征收的一种税。它具有以下特点：（1）具有特定目的和行为税性质。车辆购置税是对购置应税车辆的行为征税，具有行为税性质；车辆购置税税款是专项用于国家公路建设的资金，因此，又属于特定目的税。（2）属于费改税。

车辆购置税的征税范围包括汽车、摩托车、电车、挂车、农用运输车。纳税人为在我国境内购置税法规定的车辆（即应税车辆）的单位和个人。

确定纳税人，要符合以下条件：（1）发生了购置车辆的行为（即应税行为）。这里的购置行为，包括购买、进口、自产、受赠、获奖或者以其他方式取得并自用应税车辆的行为。（2）这种行为发生在中国境内（即征税区域）。（3）所购置的车辆属于条例规定征税的车辆。

小贴士

买车要缴税。

现行车辆购置税税率为10%，实行从价定率、价外征收的方法计算。

实务训练

某企业2012年3月开业，领受房屋产权证、工商营业执照、土地使用证各1件；与其他企业订立转移专用技术使用权书据1份，所载金额200万元；订立借款合同1份，所载金额40万元；订立产品购销合同2份，所载金额260万元；企业的营业账簿中，“实收资本”、“资本公积”账户记载资金为1 000万元，另有其他账簿20本。2012年12月，企业“实收资本”增加注册资金100万元。计算该企业3月份应纳印花税额和12月份应补缴税额。

点评：

企业领受权利、许可证照应纳税额＝3×5＝15（元）。

企业订立专用技术使用权转移书据应纳税额＝2 000 000×0.5‰＝1 000（元）。

企业订立借款合同应纳税额＝400 000×0.0 5‰＝20（元）。

企业订立购销合同应纳税额＝2 600 000×0.3‰＝780（元）。

企业营业账簿应纳税额＝10 000 000×0.5‰＝5 000（元）。

企业其他营业账簿应纳税额＝20×5＝100（元）。

该企业3月份应纳印花税额＝15＋1 000＋20＋780＋5 000＋100＝6 915（元）。

该企业2012年12月应补缴税额＝1 000 000×0.5‰＝500（元）。

三、资源税

（一）资源税概述

资源税是以自然资源为课税对象征收的一种税。目前我国开征的资源税，是对在我国境内开采应税矿产品及生产盐的单位和个人，就其应税资源销售额、销售数量（含自用或捐赠）为课税对象而征收的一种税。

资源税主要用来调节自然资源因地理环境条件、蕴藏量、品位质量，以及开发技术设备和交通运输等优劣差异而形成的级差收入。因此，资源税与其他各税相比，有以下几个特点：(1) 征税范围的有限性。从理论上讲，资源税的征税范围应包括一切可以开发和利用的国有资源，但我国资源税法中只规定对矿产品、盐资源进行征税。(2) 纳税环节的一次性。资源税以开采者取得的原料产品级差收入为征税对象，不包括经过加工的产品，因而具有一次课征的特点。(3) 计税方法的复合性。资源税以从价定率和从量定额征收，原油、天然气以从价定率，其他资源则以从量定额征收，并采取较大幅度的定额税率，按投资条件好坏、盈利多少区别计税。(4) 具有收益税的性质。资源税的征收是国家政治权力和所有权的统一。在我国，国家既是自然资源的所有者，又是政治权力的行使者，国家把这两种权力结合起来作为分配依据，使资源税的征收更加名副其实。它一方面体现了税收强制性、固定性的特征，另一方面体现了国有资源的有偿占用性。单位或个人开发、经营国有自然资源，既应当为拥有开发权而付出一定的“代价”，又因享有国有自然资源而有义务支付一定的“费用”。

我国对资源征税有着悠久的历史。春秋时期的“官山海”，就是以专卖之名，行征税之实。以后各个朝代直到国民党统治时期，都以盐资源的专卖收入或征税收入作为主要财政收入之一。新中国成立后，在全国统一开征的 14 个税种中，盐税是一个独立的税种。1973 年税制改革时，将盐税并入工商税中征收。1984 年工商税制全面改革时，工商税一分为四，盐税又成为独立的税种，并对原油、天然气、煤炭、金属矿产品和非金属矿产品（后两种暂缓征收）开始征收资源税。1993 年 12 月 25 日，国务院颁布了《中华人民共和国资源税暂行条例》，对矿产品和盐资源合并计征资源税，并从 1994 年 1 月 1 日起实施。

2011 年 9 月 21 日，国务院第 173 次常务会议通过《国务院关于〈修改中华人民共和国资源税暂行条例〉的决定》。2011 年 10 月 28 日，财政部公布了修改后的《中华人民共和国资源税暂行条例实施细则》。两个文件都于 2011 年 11 月 1 日起施行。

（二）资源税的基本要素

1. 纳税人和扣缴义务人

(1) 纳税人。

在中华人民共和国领域及管辖海域开采《资源税暂行条例》规定的矿产品或者生产盐（以下称开采或者生产应税产品）的单位和个人，为资源税的纳税人，应当依照《资源税暂行条例》缴纳资源税。进口矿产品或盐以及经营已税矿产品或盐的单位和个人也属于资源税的纳税人。

(2) 扣缴义务人。

扣缴义务人，是指独立矿山、联合企业及其他收购未税矿产品的单位。① 把收购未税矿产品的单位规定为资源税的扣缴义务人，是为了加强资源税的征管。主要是适应税源小、零散、不定期开采、易漏税等税务机关认为不易控管、由扣缴义务人在收购时代扣代缴未税矿产品资源税为宜的情况。② 这些收购未税矿产品的单位在履行扣缴义务时，应按

① 参见《资源税暂行条例实施细则》第 12 条。

② 参见《资源税暂行条例实施细则》第 13 条。

本单位应税资源税额为标准，依据收购的数量代扣代缴资源税。

2. 征税范围

资源税的征税范围应当包括一切可以开发和利用的国有资源。但由于我国开征资源税还缺乏经验，因而税法中只将矿产品和盐列入征税范围，主要包括原油、天然气、煤炭、其他非金属矿原矿、黑色金属矿原矿、有色金属矿原矿和盐七类。

小贴士

征税项目中原油不包括人造石油；天然气暂不包括煤矿生产的天然气；煤炭不包括洗煤、选煤及其他煤炭制品。

3. 税率

资源税按照应税资源的地理位置、开采条件、资源优劣等，实行地区差别幅度比例税率和定额税率。其中，原油、天然气采用5%～10%的地区差别幅度比例税率，其他则采取地区差别定额税率。

纳税人具体适用的税率，在《资源税暂行条例》所附《资源税税目税率表》规定的税率幅度内，根据纳税人所开采或者生产应税产品的资源品位、开采条件等情况，由财政部商国务院有关部门确定；财政部未列举名称且未确定具体适用税率的其他非金属矿原矿和有色金属矿原矿，由省、自治区、直辖市人民政府根据实际情况确定，报财政部和国家税务总局备案。资源税应税产品的具体适用税率，按《资源税暂行条例实施细则》所附的《资源税税目税率明细表》执行。矿产品等级的划分，按《资源税暂行条例实施细则》所附《几个主要品种的矿山资源等级表》执行。对于划分资源等级的应税产品，其《几个主要品种的矿山资源等级表》中未列举名称的纳税人适用的税率，由省、自治区、直辖市人民政府根据纳税人的资源状况，参照《资源税税目税率明细表》和《几个主要品种的矿山资源等级表》中确定的邻近矿山或者资源状况、开采条件相近矿山的税率标准，在浮动30%的幅度内核定，并报财政部和国家税务总局备案。

（三）税收优惠政策

资源税贯彻普遍征收、级差调节的原则，因此减免税规定较为严格，项目较少。主要有：(1) 开采原油过程中用于加热、修井的原油，免税。(2) 纳税人开采或者生产应税产品过程中，因意外事故或者自然灾害等原因遭受重大损失的，由省、自治区、直辖市人民政府酌情决定减税或者免税。(3) 国务院规定的其他减税、免税项目。① 本项内容具体包括：对独立矿山应纳的铁矿石资源税减征60%，按规定税额标准的40%征税；对应纳的有色金属矿资源税减征30%，按规定税额标准的70%征税。

纳税人的减税、免税项目，应当单独核算销售额或者销售数量；未单独核算或者不能准确提供销售额或者销售数量的，不予减税或者免税。②

（四）资源税的计算

资源税的应纳税额，有从价定率和从量定额两种计算方法。其中，原油、天然气采用

① 参见《资源税暂行条例》第7条。

② 参见《资源税暂行条例》第8条。

从价定率计算方法，计算公式为：

应纳税额＝销售额×比例税率

其他资源税目依据从量定额计算方法，计算公式为：

应纳税额＝销售数量×定额税率

实务训练

某油田 10 月份对外销售原油共计价款 890 万元（不含增值税），工业锅炉烧用的原油为 7 万元（不含增值税）；对外销售天然气收入价款 450 万元（不含增值税）。该油田适用税率为原油 10％，天然气 8％，则应纳资源税额为多少？

点评：

按税法规定，自产自用的应税矿产品即工业锅炉烧用的原油也应纳税。

应纳税额＝（890＋7）×10％＋450×8％＝125.7（万元）。

第五节　税收征管法

一、税收征收管理制度概述

（一）税收征管法的性质与适用范围

1992 年 9 月 4 日，全国人民代表大会常务委员会第二十七次会议通过了《中华人民共和国税收征收管理法》（以下简称《税收征管法》）。1995 年 2 月 28 日，第八届全国人民代表大会常务委员会第十二次会议《关于修改〈中华人民共和国税收征收管理法〉的决定》第一次修正。2001 年 4 月 28 日，第九届全国人民代表大会常务委员会第二十一次会议修订了《税收征管法》。2013 年 6 月 29 日，第十二届全国人民代表大会常务委员会第三次会议《关于修改〈中华人民共和国文物保护法〉等十二部法律的决定》对《税收征管法》再次进行修正。2002 年 10 月 15 日，新的《中华人民共和国税收征收管理法实施细则》（以下简称《税收征管法实施细则》）生效实施。2012 年 11 月 9 日，《国务院关于修改和废止部分行政法规的决定》对《税收征管法实施细则》进行修订。2013 年 7 月 18 日，国务院令第 638 号再次对其进行修订。《税收征管法》是我国目前最为重要的税收程序立法。税收程序法与税收实体法相对应，包括税收征纳程序制度以及与其相关的各项程序制度，其中税收征纳程序制度是核心。

税收征管法适用于税务机关征收的各种税收的征收管理。我国目前有一些税费不是由税务机关征收的，如关税由海关部门征收。

（二）税务行政主体

国务院税务主管部门主管全国税收征收管理工作。各地国家税务局和地方税务局按照国务院规定的税收征收管理范围分别进行征收管理。1993 年，我国实行了分税制改革。所谓中央与地方分税制，是指在划分中央与地方事权的基础上，确定中央与地方财政支出范围，并按税种划分中央与地方预算收入的财政管理体制。分税制将税种分为中央税、地方税、中央与地方共享税。相应地，在税收征收环节，自省级以下税务行政部门实行国家税务局与地方税务局分立。

地方各级人民政府应当依法加强对本行政区域内税收征收管理工作的领导或者协调，支持税务机关依法执行职务，依照法定税率计算税额，依法征收税款。各有关部门和单位应当支持、协助税务机关依法执行职务。税务机关应当广泛宣传税收法律、行政法规，普及纳税知识，无偿地为纳税人提供纳税咨询服务。

（三）纳税人、扣缴义务人的权利与义务

纳税人是指依据法律、行政法规规定负有纳税义务的单位和个人。扣缴义务人是依据法律、行政法规规定负有代扣代缴、代收代缴税款义务的单位和个人。

纳税人有依法纳税的义务。扣缴义务人有依照法律、行政法规的规定代扣代缴、代收代缴税款的义务。纳税人不进行纳税申报，不缴或者少缴税款的，税务机关追缴其不缴或者少缴的税款、滞纳金，并处不缴或者少缴的税款50%以上5倍以下的罚款。

对于纳税人与扣缴义务人的权利，《税收征管法》第8条作了比较系统的规定：

（1）知情权。纳税人、扣缴义务人有权向税务机关了解国家税收法律、行政法规的规定以及与纳税程序有关的情况。

（2）保密权。纳税人、扣缴义务人有权要求税务机关为纳税人、扣缴义务人的情况保密。税务机关应当依法为纳税人、扣缴义务人的情况保密。

（3）纳税人的减免税与退税申请权。纳税人依法享有申请减税、免税、退税的权利。

（4）陈述权与申辩权。纳税人、扣缴义务人对税务机关所作出的决定，享有陈述权、申辩权。

（5）救济权。纳税人、扣缴义务人对于税务机关作出的决定，依法享有申请行政复议、提起行政诉讼、请求国家赔偿等权利。

（6）检举控告权。纳税人、扣缴义务人有权控告和检举税务机关、税务人员的违法违纪行为。

二、税务管理法律制度

（一）税务登记管理制度

1. 开业税务登记

开业税务登记的对象如下：（1）领取营业执照从事生产经营活动的纳税人。各类企业和企业在外地设立的分支机构和从事生产经营的场所，应自领取营业执照之日起30日内，向所在地税务机关申请办理税务登记。（2）其他纳税人。其他纳税人，应当自依照税收法律、行政法规的规定成为法定纳税人之日起30日内，向所在地税务机关申报办理税务登记。

2. 变更税务登记

应当变更税务登记的情形：改变单位名称，改变法定代表人，改变经济性质或经济类型，改变住所或经营地址（不涉及主管税务机关变动），改变生产经营或经营方式，增减注册资金（资本），改变隶属关系，改变生产经营期限，改变或增减银行账号，改变生产经营权属，改变其他税务登记内容。

3. 注销税务登记

注销税务登记的适用范围包括：纳税人因经营期限届满而自动解散；企业由于改组、分立、合并等原因而被撤销；企业资不抵债而破产；纳税人住所、经营地址迁移而脱离原主管税务机关的管辖区；纳税人被工商行政管理部门吊销营业执照；纳税人依法终止履行纳税义务的其他情况。

纳税人发生解散、破产、撤销以及其他情形，依法终止纳税义务的，应当在向工商行政管理机关或者其他机关办理注销登记前，持有关证件向原税务登记机关申报办理注销税务登记；按照规定不需要在工商行政管理机关或者其他机关办理注销登记的，应当自有关机关批准或者宣告终止之日起 15 日内，持有关证件向原税务登记机关申报办理注销税务登记。

纳税人被工商行政管理机关吊销营业执照或者被其他机关予以撤销登记的，应当自营业执照被吊销或者被撤销登记之日起 15 日内，向原税务登记机关申报办理注销税务登记。纳税人在办理注销税务登记前，应当向税务机关结清应纳税款、滞纳金、罚款，缴销发票、税务登记证件和其他税务证件。

因住所、经营地址变动而办理注销登记的纳税人，应按时向迁达地主管税务机关重新申报税务登记。

（二）账簿、凭证、发票管理制度

账簿包括总账、明细账、日记账以及其他辅助性账簿。总账、日记账应当采用订本式。从事生产、经营的纳税人应当自领取营业执照或者发生纳税义务之日起 15 日内，按照国家有关规定设置账簿。扣缴义务人应当自税收法律、行政法规规定的扣缴义务发生之日起 10 日内，按照所代扣、代收的税种，分别设置代扣代缴、代收代缴税款账簿。纳税人、扣缴义务人会计制度健全，能够通过计算机正确、完整计算其收入和所得或代扣代缴、代收代缴税款情况的，其计算机输出的完整的书面会计记录，可视同会计账簿。

纳税人、扣缴义务人会计制度不健全，不能通过计算机正确、完整计算其收入和所得或者代扣代缴、代收代缴税款情况的，应当建立总账及与纳税或者代扣代缴、代收代缴税款有关的其他账簿。

账簿、记账凭证、报表、完税凭证、发票、出口凭证以及其他有关涉税资料应当保存 10 年，但是，法律、行政法规另有规定的除外。

税务机关是发票的主管机关，负责发票印制、领购、开具、取得、保管、缴销的管理和监督。单位、个人在购销商品、提供或者接受经营服务以及从事其他经营活动中，应当按照规定开具、使用、取得发票。发票的管理办法由国务院规定。

增值税专用发票由国务院税务主管部门指定的企业印制；其他发票，按照国务院税务主管部门的规定，分别由省、自治区、直辖市国家税务局、地方税务局指定的企业印刷。未经前述规定的税务机关指定，不得印制发票。

小贴士

私印、伪造、变造发票是违法行为。

（三）纳税申报制度

纳税申报是税收征纳的基础。纳税人、扣缴义务人均有纳税申报义务。纳税人必须依照法律、行政法规规定或者税务机关依照法律、行政法规的规定确定的申报期限、申报内容如实办理纳税申报，报送纳税申报表、财务会计报表以及税务机关根据实际需要要求纳税人报送的其他纳税资料。扣缴义务人必须依照法律、行政法规规定或者税务机关依照法律、行政法规的规定确定的申报期限、申报内容如实报送代扣代缴、代收代缴税款报告表以及税务机关根据实际需要要求扣缴义务人报送的其他有关资料。纳税申报方式有：直接到纳税机关办理纳税申报或者报送代扣代缴、代收代缴税款报告表，也可以按照规定采取邮寄、数据电文或者其他方式办理上述纳税申报、报送事项。纳税人、扣缴义务人不能按期办理纳税申报或者报送代扣代缴、代收代缴税款报告表的，经税务机关核准，可以延期申报。

纳税人办理纳税申报时，应当如实填写纳税申报表，并根据不同的情况相应报送下列有关证件、资料：(1) 财务会计报表及说明材料；(2) 与纳税有关的合同、协议书及凭证；(3) 税控装置的电子报税资料；(4) 外出经营活动税收管理证明和异地完税凭证；(5) 境内或者境外公证机构出具的有关证明文件；(6) 税务机关规定应当报送的其他有关证件、材料。

三、税款征收法律制度

（一）征税主体

征税主体是指税务机关、税务人员以及经税务机关依照法律、行政法规委托的单位和人员。税务机关依照法律、行政法规的规定征收税款，不得违反法律、行政法规的规定开征、停征、多征、少征、提前征收、延缓征收或者摊派税款。

（二）税款征收方式

税款征收方式主要有查账征收、查定征收、查验征收、定期定额征收、委托征收、代扣代缴、代收代缴、邮寄纳税、网络申报等。

（三）延期缴纳税款制度

纳税人、扣缴义务人应当按照法律、行政法规规定或者税务机关依照法律、行政法规的规定确定的期限，缴纳或者解缴税款。纳税人因有特殊困难，不能按期缴纳税款的，应当在缴纳税款期限届满前提出申请，经省、自治区、直辖市、计划单列市国家税务局、地方税务局批准，可以延期缴纳税款，但是最长不得超过三个月。依据《税收征管法实施细则》的规定，“特殊困难”是指纳税人有下列情形之一：(1) 因不可抗力，导致纳税人发生较大损失，正常生产经营活动受到较大影响的；(2) 当期货币资金在扣除应付职工工资、社会保险费后，不足以缴纳税款的。纳税人申请延期缴纳税款应当报送下列材料：申请延期缴纳税款报告、当期货币资金余额情况及所有银行存款账户的对账单、资产负债表、应付职工工资和社会保险费等税务机关要求提供的支出预算。

（四）滞纳金制度

纳税人未按照规定期限缴纳税款的，扣缴义务人未按照规定期限解缴税款的，税务机关除责令限期缴纳外，从滞纳税款之日起，按日加收滞纳税款0.5‰的滞纳金。

（五）应纳税额核定制度

税额核定制度是税法赋予税务机关在特定情形下核定纳税人应纳税额的制度，它一方面是实质课税原则的体现，另一方面是为了减少征税成本、提高征收效率。

1. 应纳税额核定的情形

纳税人有下列情形之一的，税务机关有权核定其应纳税额：(1) 依照法律、行政法规的规定可以不设置账簿的；(2) 依照法律、行政法规的规定应当设置账簿但未设置的；(3) 擅自销毁账簿或者拒不提供纳税资料的；(4) 虽设置账簿，但账目混乱或者成本资料、收入凭证、费用凭证残缺不全，难以查账的；(5) 发生纳税义务，未按照规定的期限办理纳税申报，经税务机关责令限期申报，逾期仍不申报的；(6) 纳税人申报的计税依据明显偏低，又无正当理由的；(7) 未按照规定办理税务登记的从事生产、经营的纳税人以及临时从事经营的纳税人。

2. 应纳税额核定的方法

应纳税额核定可采用的方法有：(1) 参照当地同类行业或者类似行业中经营规模和收入水平相近的纳税人的税负水平核定；(2) 按照营业收入或者成本加合理的费用和利润的方法核定；(3) 按照耗用的原材料、燃料、动力等推算或者测算核定；(4) 按照其他合理方法核定。

采用上述方法中的一种方法不足以正确核定应纳税额时，可以同时采用两种以上的方法核定。纳税人对税务机关采取规定的方法核定的应纳税额有异议的，应当提供相关证据，经税务机关认定后，调整应纳税额。

（六）税收保全措施

税收保全措施是指在纳税期限以前，为了预防纳税人逃避税款缴纳义务而采取的措施。税务机关有根据认为从事生产、经营的纳税人有逃避纳税义务行为的，可以在规定的纳税期之前，责令限期缴纳应纳税款；在限期内发现纳税人有明显的转移、隐匿其应纳税的商品、货物以及其他财产或者应纳税的收入的迹象的，税务机关可以责成纳税人提供纳税担保。如果纳税人不能提供纳税担保，经县以上税务局（分局）局长批准，税务机关可以采取下列税收保全措施：(1) 书面通知纳税人开户银行或者其他金融机构冻结纳税人的金额相当于应纳税款的存款；(2) 扣押、查封纳税人的价值相当于应纳税款的商品、货物或者其他财产。扣押纳税人商品、货物的，纳税人应当自扣押之日起15日内缴纳税款。对扣押的鲜活、易腐烂变质或者易失效的商品、货物，税务机关根据被扣押物品的保质期，可以缩短上述规定的扣押期限。

个人及其所扶养家属维持生活必需的住房和用品，不在税收保全措施的范围之内。个人所扶养家属，是指与纳税人共同居住生活的配偶、直系亲属以及无生活来源并由纳税人扶养的其他亲属。机动车辆、金银饰品、古玩字画、豪华住宅或者一处以外的住房不属于《税收征管法》所称个人及其所扶养家属维持生活必需的住房和用品。税务机关对单价5 000元以下的其他生活用品，不采取税收保全措施和强制执行措施。

纳税担保，包括经税务机关认可的纳税保证人为纳税人提供的纳税保证，以及纳税人或者第三人以其未设置或者未全部设置担保物权的财产提供的担保。纳税保证人是指在中国境内具有纳税担保能力的自然人、法人或者其他经济组织。法律、行政法规规定的没有担保资格的单位和个人，不得作为纳税担保人。纳税担保人同意为纳税人提供纳税担保的，应当填写纳税担保书，写明担保对象、担保范围、担保期限和担保责任以及其他有关事项。担保书须经纳税人、纳税担保人签字盖章并经税务机关同意，方为有效。纳税人或者第三人以其财产提供纳税担保的，应当填写财产清单，并写明财产价位以及其他有关事项。纳税担保财产清单须经纳税人、第三人签字盖章并经税务机关确认，方为有效。

纳税人在税务机关采取税收保全措施后，按照税务机关规定的期限缴纳税款的，税务机关应当自收到税款或者银行转回的完税凭证之日起一日内解除税收保全。税务机关未及时解除税收保全措施，使纳税人的合法利益遭受损失的，税务机关应当承担赔偿责任。

（七）税收强制执行措施

从事生产、经营的纳税人、扣缴义务人未按照规定的期限缴纳或者解缴税款，纳税担保人未按照规定的期限缴纳所担保的税款，由税务机关责令限期缴纳；逾期仍未缴纳的，经县以上税务局（分局）局长批准，税务机关可以采取下列强制执行措施：(1) 书面通知其开户银行或者其他金融机构从其存款中扣缴税款；(2) 扣押、查封、依法拍卖或者变卖其价值相当于应纳税款的商品、货物或者其他财产，以拍卖或者变卖所得抵缴税款。税务机关执行扣押、查封商品、货物或者其他财产时，应当由两名以上税务人员执行，并通知被执行人。被执行人是自然人的，应当通知被执行人本人或者其成年家属到场；被执行人是法人或者其他组织的，应当通知其法定代表人或者主要负责人到场；拒不到场的，不影响执行。

税务机关扣押、查封价值相当于应纳税款的商品、货物或者其他财产时，参照同类商品的市场价、出厂价或者评估价估算。税务机关确定应扣押、查封的商品、货物或者其他财产的价值时，还应当包括滞纳金和拍卖、变卖所发生的费用。税务机关采取强制执行措施时，对未缴纳的滞纳金同时强制执行。个人及其所扶养家属维持生活必需的住房和用品，不在强制执行措施的范围之内。

（八）出境结清税款

欠缴税款的纳税人或者其法定代表人需要出境的，应当在出境前向税务机关结清应纳税款、滞纳金或者提供担保；未结清税款、滞纳金，又不提供担保的，税务机关可以通知出境管理机关阻止其出境。

（九）税收代位权与撤销权

欠缴税款的纳税人因怠于行使到期债权，或者放弃到期债权，或者无偿转让财产，或者以明显不合理的低价转让财产而受让人知道该情形，对国家税收造成损害的，税务机关可以依照《合同法》第 73 条、第 74 条的规定行使代位权、撤销权。税务机关依照上述规定行使代位权、撤销权的，不免除欠缴税款的纳税人尚未履行的纳税义务和应承担的法律责任。[①]

---

① 参见《税收征管法》第 50 条。

（十）税款的退还、补缴和追征制度

1. 税款的退还

纳税人超过应纳税额缴纳的税款，税务机关发现后应当立即退还；纳税人自结算缴纳税款之日起三年内发现的，可以向税务机关要求退还多缴的税款并加算银行同期存款利息，税务机关及时查实后应当立即退还；涉及从国库中退库的，依照法律、行政法规有关国库管理的规定退还。

2. 税款的补缴

因税务机关的责任，致使纳税人、扣缴义务人未缴或者少缴税款的，税务机关在三年内可以要求纳税人、扣缴义务人补缴税款，但是不得加收滞纳金。

3. 税款的追征

因纳税人、扣缴义务人计算错误等失误，未缴或者少缴税款的，税务机关在三年内可以追征税款、滞纳金；有特殊情况的，追征期可以延长到五年。对偷税、抗税、骗税的，税务机关追征其未缴或者少缴的税款、滞纳金或者所骗取的税款，不受规定期限的限制。

（十一）税款的优先性

1. 税款优先于无担保债权

税务机关征收税款，税收优先于无担保债权，法律另有规定的除外。

2. 欠缴税款先于担保时的优先性

纳税人欠缴的税款发生在纳税人以其财产设定抵押、质押或者纳税人的财产被留置之前的，税收应当先于抵押权、质权、留置权执行。纳税人有欠税情形而以其财产设定抵押、质押的，应当向抵押权人、质权人说明其欠税情况。抵押权人、质权人可以请求税务机关提供有关的欠税情况。

3. 税款优先于罚款、没收违法所得

纳税人欠缴税款，同时又被行政机关决定处以罚款、没收违法所得的，税收优先于罚款、没收违法所得。

四、税务检查法律制度

税务检查是指征税机关依法对纳税主体履行纳税义务的情况所进行的检验与核查。税务机关派出的人员进行税务检查时，应当出示税务检查证和税务检查通知书，并有责任为被检查人保守秘密；未出示税务检查证和税务检查通知书的，被检查人有权拒绝检查。依据《税收征管法》的规定，我国税务机关的主要税务检查权如下：

（1）资料检查权。税务机关有权检查纳税人的账簿、记账凭证、报表和有关资料，检查扣缴义务人代扣代缴、代收代缴税款账簿、记账凭证和有关资料。

（2）实地检查权。税务机关有权到纳税人的生产、经营场所和货物存放地检查纳税人应纳税的商品、货物或者其他财产，检查扣缴义务人与代扣代缴、代收代缴税款有关的经营情况。

（3）资料取得权。税务机关有权责成纳税人、扣缴义务人提供与纳税或者代扣代缴、代收代缴税款有关的文件、证明材料和有关资料。

（4）单证核查权。税务机关有权到车站、码头、机场、邮政企业及其分支机构检查纳税人托运、邮寄应纳税商品、货物或者其他财产的有关单据、凭证和有关资料。

（5）询问权。税务机关有权询问纳税人、扣缴义务人与纳税或者代扣代缴、代收代缴税款有关的问题和情况。

（6）存款核查权。经县以上税务局（分局）局长批准，凭全国统一格式的检查存款账户许可证明，税务机关有权查询从事生产、经营的纳税人、扣缴义务人在银行或者其他金融机构的存款账户。税务机关在调查税收违法案件时，经设区的市、自治州以上税务局（分局）局长批准，可以查询案件涉嫌人员的储蓄存款。税务机关查询所获得的资料，不得用于税收以外的用途。

小贴士

税务机关要为纳税人保守秘密。

五、法律责任

（一）违反税务管理的法律责任

纳税人有下列行为之一的，由税务机关责令限期改正，可以处以2 000元以上1万元以下的罚款：

（1）纳税人未按照规定的期限申报办理税务登记、变更或者注销登记的。

（2）纳税人未按照规定设置、保管账簿或者保管记账凭证和有关资料的。

（3）纳税人未按照规定将财务、会计制度或者财务、会计处理办法和会计核算软件报送税务机关备案的。

（4）纳税人未按照规定将其全部银行账号向税务机关报告的。

（5）纳税人未按照规定安装、使用税控装置，或者损毁或者擅自改动税控装置的。

另外，纳税人不办理税务登记以及未按照规定使用税务登记证件或转借涂改、损毁、买卖、伪造税务登记证件的，要按照税法规定进行相应的处罚。纳税人未按照规定的期限办理纳税申报和报送纳税资料的，由税务机关责令限期改正，可以处以2 000元以下的罚款；情节严重的，可处以2 000元以上1万元以下的罚款。

（二）违反税款征收的法律责任

（1）欠税的法律责任。纳税人欠缴应纳税款，采取转移或者隐匿财产的手段，妨碍税务机关追缴欠缴的税款的，由税务机关追缴欠缴的税款、滞纳金，并处欠缴税款50%以上5倍以下的罚款；构成犯罪的，依法追究刑事责任。

（2）编造虚假计税依据的法律责任。纳税人、扣缴义务人编造虚假计税依据的，由税务机关责令限期改正，并处5万元以下的罚款。

（3）纳税人不进行纳税申报，不缴或者少缴应纳税款的法律责任。纳税人不进行纳税申报，不缴或者少缴应纳税款的，由税务机关追缴其不缴或者少缴的税款、滞纳金，并处不缴或者少缴的税款50%以上5倍以下的罚款。

(4) 扣缴义务人应扣未扣、应收而不收税款的法律责任。扣缴义务人应扣未扣、应收而不收税款的，由税务机关向纳税人追缴税款，对扣缴义务人处应扣未扣、应收未收税款50%以上3倍以下的罚款。

(5) 偷税的法律责任。纳税人采取伪造、编造、隐匿、擅自销毁账簿、记账凭证，或者在账簿上多列支出或不列、少列收入，或者经税务机关通知申报而拒不申报或进行虚假的纳税申报，不缴或少缴应纳税款的，是偷税。对纳税人偷税的，由税务机关追缴其不缴或少缴的税款、滞纳金，并处不缴或少缴的税款50%以上5倍以下的罚款；构成犯罪的，依法追究刑事责任。扣缴义务人采取前项所列手段，不缴或少缴已扣、已收税款，由税务机关追缴其不缴或少缴的税款、滞纳金，并处不缴或少缴的税款50%以上5倍以下的罚款；构成犯罪的，依法追究刑事责任。

(6) 骗税的法律责任。以假报出口或者其他欺骗手段，骗取国家出口退税款的，由税务机关追缴其骗取的退税款，并处骗取税款1倍以上5倍以下的罚款；构成犯罪的，依法追究刑事责任。对骗取国家出口退税款的，税务机关可以在规定期间内停止为其办理出口退税。

(7) 抗税的法律责任。以暴力、威胁方法拒不缴纳税款的，是抗税，除由税务机关追缴其拒缴的税款、滞纳金外，依法追究刑事责任。情节轻微，未构成犯罪的，由税务机关追缴其拒缴的税款、滞纳金，并处拒缴税款1倍以上5倍以下的罚款。

小贴士

税务机关对纳税人税务违法行为的行政处理涉及金钱的称罚款，司法处理称罚金。

实务训练

一家装饰材料公司的财务人员，由于一时不慎，将2012年使用过的一本发票存根销毁了。对这种情况，税务局应怎样处理？

点评：

《中华人民共和国发票管理办法》第29条规定，开具发票的单位和个人应当按照税务机关的规定存放和保管发票，不得擅自销毁。已经开具的发票存根联和发票登记簿，应当保存5年。保存期满，报经税务机关查验后销毁。

销毁的发票存根保存期未满五年，而且未经税务机关查验，擅自销毁，属未按规定保管发票行为。依据《中华人民共和国发票管理办法》第36条之规定，税务机关责令该公司改正其违法行为，并处10 000元以下的罚款。

本章小结

第六章
- 税收与税法
  - 税收的概念和特征
  - 税法的概念和调整对象
  - 税法的构成要素
- 流转税
  - 增值税
  - 消费税
  - 营业税
  - 关税
- 所得税
  - 企业所得税
  - 个人所得税
- 财产税、行为税和资源税
  - 财产税
  - 行为税
  - 资源税
- 税收征管法
  - 税收征收管理制度概述
  - 税务管理法律制度
  - 税款征收法律制度
  - 税务检查法律制度
  - 法律责任

知识巩固训练

一、名词解释

1. 增值税

2. 所得税

二、判断题

1. 纳税人兼营不同税率的货物或应税劳务，应分别核算各自的销售额，分别计算缴纳增值税或营业税。如未分别核算销售额，则一律征收增值税而不征收营业税。（ ）

2. 对于统一核算的总分机构而言，只要总机构被认定为是一般纳税人的，分支机构可申请办理一般纳税人的认定手续。（ ）

3. 在我国境内提供各种劳务的收入，均应缴纳营业税。（ ）

4. 所有缴纳增值税的货物，其计算缴纳增值税的组成计税价格中，成本利润率均为10%。（ ）

5. 对外国企业在中国境内设立机构、场所，有取得来源于中国境内的利润、利息、租金、特许权使用费和其他所得，除国家另有规定外，可以不计算缴纳应纳税额。（ ）

6. 根据企业所得税法的规定，中外合资经营企业和中外合作经营企业属于企业所得税的居民企业纳税义务人。（ ）

7. 全国人大及其常委会授权国务院制定的税收暂行条例属于税收法律，全国人大授

权地方人大制定的税法为税收部门规章。（ ）

8. 运输费收入计算销项税要扣除杂费，运输费支出计算进项税时不扣除杂费。（ ）

9. 居民纳税义务人应就来源于中国境内和境外的全部所得征税，非居民纳税人则只就来源于中国境内所得部分征税，境外所得不属于我国征税范围。（ ）

10. 某演员取得一次性的演出收入 2.2 万元，对此应实行加成征收办法计算个人所得税。（ ）

11. 个人从境外取得所得的，应该向其境内户籍所在地或经营居住地税务机关申报纳税。（ ）

12. 张教授从出版社取得的稿酬收入按照工资、薪金所得征收个人所得税。（ ）

三、单项选择题

1. 定额税率是指对单位征税对象规定固定的税额，而不采用百分比的形式。下列税种中，目前采用定额税率的是（ ）。

A. 营业税　B. 土地增值税　C. 企业所得税　D. 资源税

2. 下列不属于关税纳税义务人的是（ ）。

A. 进口货物的收货人　B. 出口货物的发货人

C. 邮递出口物品的收件人　D. 进境物品的携带人

3. 某企业主管张某 2011 年 10 月份取得工资收入 4 000 元。当月参加公司组织的国外旅游，免交旅游费 15 000 元，另外还取得 3 000 元的福利卡一张。10 月份张某应缴纳个人所得税是（ ）元。

A. 1 975　B. 3 025　C. 3 620　D. 3 775

4. 企业领取营业执照后，向税务机关申报办理税务登记的时间为（ ）。

A. 10 日内　B. 15 日内　C. 30 日内　D. 半年内

5. 从事生产、经营的纳税人、扣缴义务人未按照规定的期限缴纳或者解缴税款，纳税担保人未按照规定的期限缴纳所担保的税款，由税务机关责令限期缴纳；逾期仍未缴纳的，经县以上税务局（分局）局长批准，税务机关可以采取（ ）措施。

A. 税收保全　B. 强制执行

C. 刑事拘留　D. 没收财产

6. 某电脑生产企业向一科研单位销售 15 台电脑，送货上门并安装调试，收取劳务费 200 元。对该电脑生产企业的这一销售行为应征收的是（ ）。

A. 增值税　B. 消费税

C. 营业税　D. 增值税和营业税

7. 根据营业税法律制度规定，应当征收营业税的业务收入是（ ）。

A. 寺庙收取的门票收入

B. 电影院收取的门票收入

C. 文化馆举办文化活动的门票收入

D. 某大学举办研究生课程进修班收取的学费

8. 根据消费税法律制度规定，我国现行免征消费税的消费品是（ ）。

A. 生产应税消费品　B. 委托加工应税消费品

C. 自产自用应税消费品　D. 出口应税消费品

9. 根据现行规定，可以免征个人所得税的收入是（ ）。

A. 购买福利彩票的中奖收入

B. 单位自行规定发放的补贴

C. 劳动者失业领取的失业救济金

D. 参加中央电视台体育比赛竞猜活动获得的奖金

10. 根据增值税法律制度规定，视同销售行为应当征收增值税的事项是（ ）。

A. 将外购货物用于基建　　B. 将外购货物作为原材料投入生产

C. 将外购货物无偿赠送他人　　D. 将外购货物租赁给他人使用

四、多项选择题

1. 张某为南方某大学著名学者，其取得的下列收入应当缴纳个人所得税的有（ ）。

A. 撰写科普读物获得的稿酬　　B. 国务院规定的政府特殊津贴

C. 所在学校发给的特殊岗位津贴　　D. 所在学校科技公司的红利收入

2. 根据我国现行《个人所得税法》的规定，下列各项个人所得中，经批准可以免征个人所得税的有（ ）。

A. 抚恤金　　B. 保险赔偿款　　C. 国债利息　　D. 军人的转业费

3. 根据增值税法律制度规定，适用13%税率征收增值税的货物有（ ）。

A. 报纸　　B. 鲜奶蛋糕　　C. 化肥　　D. 方便面

4. 根据营业税法律制度规定，免于征收营业税的事项有（ ）。

A. 学校提供的教育劳务　　B. 学生勤工俭学提供的劳务

C. 托儿所提供的托儿服务　　D. 残疾人本人提供的营业税应税劳务

5. 税务机关有权依法直接核定纳税人应纳税额的情形有（ ）。

A. 甲公司擅自销毁账簿，拒不提供纳税资料

B. 乙公司申报的计税依据明显偏低，又无正当理由

C. 丙公司设置了账簿，但账目混乱，凭证不全，难以查证

D. 丁公司未按规定期限办理纳税申报，经税务机关责令限期申报后才申报

6. 下列各项中，应当缴纳消费税的应税消费品是（ ）。

A. 化妆品　　B. 玉石　　C. 汽油　　D. 实木地板

7. 下列单位中不属于企业所得税纳税人的是（ ）。

A. 私营企业　　B. 银行储蓄所　　C. 事业单位　　D. 个人合伙企业

8. 下列各项中，免征个人所得税的有（ ）。

A. 赵某取得1万元的保险赔款　　B. 国家规定的住房公积金

C. 孙某取得5 000元的国债利息收入　　D. 李某购买彩票中奖100万元

9. 以下行为，违反《税收征管法》的是（ ）。

A. 欠税行为

B. 扣缴义务人在规定期限内不缴税款的行为

C. 不符合减免税款条件的，申请减免税款的行为

D. 扣缴义务人的开户银行拒绝接受税务机关依法检查纳税人的存款账户

10. 下列违法行为中，不属于偷税的是（ ）。

A. 未按规定办理税务登记，造成未纳税的事实的

B. 未按规定申报纳税，经通知申报而拒不申报，少缴税款的

C. 未按规定期限申报纳税的

D. 因计算错误，造成税款少缴的

五、填空题

1. 以课税对象划分，税种分为________、________、________、资源和特定行为五大类。

2. 税率的三种主要形式包括________、累进税率和________。

3. 扣缴义务人是指税法规定的，在经营活动中负有________并向国库________义务的单位和个人。

4. 减免税规定是对特定的________和特定的________所作的某种程序的减征税款或免征税款的规定。

5. 增值税纳税人，按其经营规模及会计核算健全与否，划分为________和________。

六、简答题

1. 税收有哪些特点？税法的构成要素有哪些？

2. 增值税的课税范围是什么？

3. 在什么情形下可以免纳个人所得税？

综合实务训练

1. 位于某市区的化妆品生产企业属于增值税一般纳税人。2014年10月发生下列经济业务：(1) 购入原材料，取得增值税专用发票上注明的价款为500万元；(2) 购入电力28万元并取得专用发票，其中6万元用于集体福利方面，其余均用于生产应税产品；(3) 销售化妆品实现不含增值税的销售收入1 000万元，销售时用自己的车队负责运输，向购买方收取运费25.74万元；(4) 提供非应税消费品的加工业务，共开具普通发票56张，金额合计为35.1万元；(5) 销售成本共计400万元，营业税金及附加为385万元，销售费用15万元，管理费用10万元，财务费用中的利息支出8万元；(6) 支付滞纳金和行政性罚款共计5万元，支付购货合同违约金3万元。取得的增值税专用发票已通过认证，化妆品的消费税税率为30%。

问题：

(1) 计算本企业当月应该缴纳的增值税。

(2) 计算本企业当月应该缴纳的消费税。

(3) 计算本企业当月应该缴纳的企业所得税。

2. 2013年7月，王珍在宝康县工商局办理了临时营业执照从事服装经营，但未向税务机关申请办理税务登记。9月，王珍被宝康县税务所查处，核定应缴纳税款300元，限其于次日缴清税款。王珍在限期内未缴纳税款，对核定的税款提出异议，税务所不听其申辩，直接扣押了其一件价值400元的服装。扣押后，王珍仍未缴纳税款，税务所将服装以300元的价格销售给内部职工，用以抵缴税款。

问题：

(1) 对王珍的行为应如何处理？

(2) 宝康县税务所的执法行为有无不妥？

第七章

劳动法与劳动合同法律制度及实务

学习目标

1. 了解劳动法的相关制度，劳动法调整的对象、适用范围。
2. 掌握劳动合同的订立、履行、解除和终止等规定。
3. 熟悉劳动争议的解决办法。

实训目标

1. 能运用所学的知识分析和解决实际工作中遇到的劳动争议问题。
2. 知悉个人劳动者的权利与义务，能减少和预防争议的发生。
3. 能运用劳动法相关内容保护自己的合法权益。

案例导学

2012 年 5 月 2 日，某企业同工会签订了集体合同。2013 年王某大学毕业后到该企业工作，10 月 2 日，刚刚结束试用期的王某发现，自己劳动合同中劳动报酬的标准低于集体合同规定的标准。请问，该企业确定的王某的劳动报酬标准符合法律规定吗？

分析：

集体合同制度是市场经济条件下协调市场化、契约化劳动关系的重要法律制度，是维护劳动者合法权益的重要机制。依法订立的集体合同对用人单位和劳动者具有约束力。企业职工一方与用人单位通过平等协商，可以就劳动报酬、工作时间、休息休假、劳动安全卫生、保险福利等事项订立集体合同。该企业与劳动者订立的劳动合同中劳动报酬和劳动条件等标准不得低于集体合同规定的标准。同时，集体合同中劳动报酬和劳动条件等标准也不得低于当地人民政府规定的最低标准。王某的劳动报酬标准违反了法律规定。若王某的劳动合同对劳动报酬和劳动条件等标准约定不明确引发争议的，王某应与企业协商；协商不成的，应适用集体合同规定。集体合同订立后，应当报送劳动行政部门；劳动行政部门自收到集体合同文本之日起 15 日内未提出异议的，集体合同即行生效。

资料来源：http：//www.110.com/ziliao/article-52191.html。

第一节 劳动法律制度

一、劳动法的概念

劳动法是指调整劳动关系，以及与劳动关系密切联系的其他社会关系的法律规范的总称。劳动法以保护劳动者的合法权益为立法宗旨。我国调整劳动关系的法律主要包括：1995年1月1日实施的《中华人民共和国劳动法》（以下简称《劳动法》，于2009年8月27日修改），2008年1月1日实施的《中华人民共和国劳动合同法》（以下简称《劳动合同法》，于2012年12月28日修改）、《中华人民共和国就业促进法》，2008年5月1日实施的《中华人民共和国劳动争议调解仲裁法》。

二、劳动法的调整对象

劳动法调整的劳动关系是指劳动者与用人单位之间的劳动关系，具体包括：劳动报酬关系；工作时间与休息、休假关系；劳动安全卫生关系；职业培训关系；劳动纪律关系；社会保险和福利关系；劳动争议的解决关系等。与劳动关系有密协联系的其他关系，主要包括：处理劳动争议而发生的关系、劳动监督管理关系、社会保障关系、工会组织与用人单位之间的关系等。

三、劳动法的适用范围

我国劳动法的适用范围如下：

（1）在中国境内的企业、个体经济组织、民办非企业单位等组织与劳动者之间只要形成劳动关系，即劳动者事实上已成为企业、个体经济组织、民办非企业单位等组织的成员，并为其提供有偿劳动，适用劳动法。

（2）国家机关、事业组织、社会团体和与其建立劳动关系的劳动者，适用劳动法。

（3）事业单位与实行聘用制的工作人员订立、履行、变更、解除或者终止劳动合同，法律、行政法规或者国务院另有规定的，依照其规定；未作规定的，依照劳动法有关规定执行。

四、劳动者的主体资格、权利和义务

（一）劳动者的主体资格

劳动者是劳动法规定的能够参加劳动法律关系的一方当事人，是指达到法定年龄、具有劳动能力、能够依法签订劳动合同、独立给付劳动并获取劳动报酬的自然人。我国劳动法规定的最低就业年龄是16周岁，文艺、体育和特种工艺单位招用未满16周岁的未成年人，须依据国家有关规定履行审批手续，并保障其接受义务教育的权利。对有可能危害未成年人健康、安全或道德的职业或工作，最低就业年龄不得低于18周岁。用人单位不得招用未满18周岁的公民从事过重、有毒、有害的劳动或危险作业。

（二）劳动者的权利和义务

劳动者的权利主要有：（1）享有平等就业和自主选择职业的权利；（2）取得劳动报酬的权利；（3）休息、休假的权利；（4）获得劳动安全卫生保护的权利；（5）接受职业技能培训的权利；（6）享受社会保险和福利的权利；（7）依法参加工会和职工民主管理的权利；（8）提请劳动争议处理的权利；（9）法律规定的其他劳动权利。

劳动者的义务主要有：劳动者应当完成劳动任务，提高职业技能，执行劳动安全卫生规程，遵守劳动纪律和职业道德，爱护和保卫公共财产，保守国家秘密和用人单位商业秘密等。

第二节　劳动合同法

一、劳动合同的概念、特征

劳动合同是劳动者与用人单位确立劳动关系、明确双方权利和义务的书面协议。建立劳动关系，应当订立书面劳动合同。

劳动合同的特征如下：

（1）主体的特定性：一方是劳动者，另一方是用人单位。

（2）劳动合同的内容具有权利、义务的统一性和对应性，一方的权利是另一方的义务。

（3）劳动合同的客体具有单一性，即劳动行为。

（4）劳动合同具有较强的法定性。

（5）劳动合同往往涉及第三人的物质利益关系。

二、劳动合同的分类、形式和效力

（一）劳动合同的分类

劳动合同分为固定期限劳动合同、无固定期限劳动合同和以完成一定工作任务为期限的劳动合同。

（1）固定期限劳动合同，是指用人单位与劳动者约定合同终止时间的劳动合同。用人单位与劳动者协商一致，可以订立固定期限劳动合同。

（2）无固定期限劳动合同，是指用人单位与劳动者约定无确定终止时间的劳动合同。用人单位与劳动者协商一致，可以订立无固定期限劳动合同。有下列情形之一，劳动者提出或者同意续订、订立劳动合同的，应当订立无固定期限劳动合同：1）劳动者在该用人单位连续工作满10年的；2）用人单位初次实行劳动合同制度或者国有企业改制重新订立劳动合同时，劳动者在该用人单位连续工作满10年且距法定退休年龄不足10年的；3）连续订立两次固定期限劳动合同，且劳动者没有《劳动合同法》第39条和第40条第1项、第2项规定的情形（即劳动者不符合录用要求、违反规章制度、非工伤患病和不能胜任工作等情况）。用人单位自用工之日起满1年不与劳动者订立书面劳动合同的，视为用人单位与劳动者已订立无固定期限劳动合同。

(3) 以完成一定工作任务为期限的劳动合同，是指用人单位与劳动者协商一致，可以订立以完成一定工作任务为期限的劳动合同。

(二) 劳动合同的形式

用工双方应当订立书面合同，非全日制用工双方可订立口头协议。

(三) 劳动合同的效力

劳动合同由用人单位与劳动者协商一致，并经用人单位与劳动者在劳动合同文本上签字或者盖章生效。合同文本由用人单位和劳动者各执一份。合同一经订立即生效，但是如果合同内容有违反法律和行政法规的强制性规定的，则相关内容无效。

无效劳动合同或部分无效劳动合同是指所订立的劳动合同存在如下情形：

(1) 以欺诈、胁迫的手段或者乘人之危，使对方在违背真实意思的情况下订立或者变更劳动合同的。

(2) 用人单位免除自己的法定责任、排除劳动者权利的。

(3) 违反法律、行政法规强制性规定的。

无效的劳动合同自订立时起就没有法律约束力。确认劳动合同部分无效的，如果不影响其余部分的效力，其余部分仍然有效。对劳动合同的无效或者部分无效有争议的，由劳动争议仲裁机构或者人民法院确认。劳动合同被确认无效后，责任人要承担相应的法律责任。劳动合同被确认无效，劳动者已付出劳动的，用人单位应当向劳动者支付劳动报酬。劳动报酬的数额，参照本单位相同或者相近岗位劳动者的劳动报酬确定。对无效部分有争议的，可由劳动争议仲裁机构或法院确认。

三、劳动合同的条款

(一) 劳动合同应当必备的条款

(1) 用人单位的名称、住所和法定代表人或者主要负责人。

(2) 劳动者的姓名、住址和居民身份证或者其他有效身份证件号码。

(3) 劳动合同期限或无期限的说明。

(4) 工作内容和工作地点。

(5) 工作时间和休息、休假。

(6) 劳动报酬。

(7) 社会保险。

(8) 劳动保护、劳动条件和职业危害防护。

(9) 法律、法规规定应当纳入劳动合同的其他事项。

以上必备条款是法律对劳动合同的强制性要求。除前述必备条款外，用人单位还可以与劳动者就试用期、培训、保守秘密、补充保险和福利待遇等其他事项达成约定条款。

(二) 劳动合同的约定条款

1. 试用期

(1) 劳动合同法对试用期期限的强制性规定。劳动合同期限 3 个月以上不满 1 年的，试用期不得超过 1 个月；劳动合同期限 1 年以上不满 3 年的，试用期不得超过 2 个月；3

年以上固定期限和无固定期限的劳动合同，试用期不得超过 6 个月。以完成一定工作任务为期限的劳动合同或者劳动合同期限不满 3 个月的，不得约定试用期。

(2) 试用期工资的强制性规定。劳动者在试用期的工资不得低于本单位相同岗位最低档工资或者劳动合同约定工资的 80%，并不得低于用人单位所在地的最低工资标准。

(3) 试用期内劳动合同的解除。用人单位可以在法定情形下解除劳动合同，但应当向劳动者说明理由。劳动者在试用期内提前 3 日通知用人单位，可以解除劳动合同。

2. 保守商业秘密和竞业限制

用人单位与劳动者可以在劳动合同中约定保守用人单位的商业秘密和与知识产权相关的保密事项。对负有保密义务的劳动者，用人单位可以在劳动合同或者保密协议中与劳动者约定竞业限制条款，并约定在解除或者终止劳动合同后，在竞业限制期限内按月给予劳动者经济补偿；劳动者违反竞业限制约定的，应当按照约定向用人单位支付违约金。

3. 医疗期

医疗期是指企业职工因患病或非因工负伤停止工作，治病休息，但不得解除劳动合同的期限。企业职工因患病或非因工负伤，需要停止工作，进行医疗时，根据本人实际参加工作的年限和在本单位工作的年限，给予 3 个月到 24 个月的医疗期。医疗期内用人单位与职工不得解除劳动合同。医疗期内合同终止，则合同必须延续至医疗期满，职工仍然享受医疗期内的待遇。

4. 补偿培训费

用人单位为劳动者提供了专项培训的费用，对其进行了专业技术培训的，可以与该劳动者订立协议，约定服务期。劳动者违反服务期约定提前终止劳动合同的，应当按照约定向用人单位支付违约金。违约金的数额不得超过用人单位提供的培训费用。对已经履行部分服务期限的，用人单位要求劳动者支付的违约金不得超过服务期尚未履行部分所应分摊的培训费用。

四、劳动合同的订立原则

(一) 公平、平等、自愿、协商一致的原则

公平是指在符合法律规定的前提下，劳动合同双方公正、合理地确立双方的权利和义务，不得强迫对方接受不合理内容。平等是指当事人双方的法律地位平等，以平等的身份订立合同。自愿是指合同的订立是出自当事人双方真实的意思表示，任何一方不得将自己的意志强加给另一方，也不允许第三者进行非法干预。协商一致是指当事人双方在充分表达自己意愿的基础上，经过平等协商达成一致意见，签订劳动合同。

(二) 诚实信用原则

诚实信用原则就是在订立劳动合同时要诚实、讲信用，双方都不得有欺诈行为。用人单位招用劳动者时，应当如实告知劳动者工作内容、工作条件、工作地点、职业危害、安全生产状况、劳动报酬以及劳动者要求了解的其他情况。用人单位有权了解劳动者与劳动合同直接相关的基本情况，劳动者应当如实说明。双方都不得隐瞒真实情况。用人单位不得隐瞒职业危害，或者提供的工作条件与约定的不一样等；劳动者不得提供假文凭，不得

擅自毁约。

(三)合法原则

劳动合同必须依法订立,不得违反法律、行政法规的规定。主要体现在三个方面。

1. 主体合法

劳动合同当事人双方必须具备合法资格,劳动者应是年满16周岁,身体健康,具有劳动权利能力和劳动行为能力的公民,可以是中国人、外国人、无国籍人。用人单位应是依法成立或核准登记的企业、个体经济组织、国家机关、事业组织、社会团体,具有用人的权利能力和行为能力。

2. 内容合法

劳动合同的内容是对当事人双方权利、义务的具体规定,必须符合国家法律、行政法规的规定,既包括劳动法律、法规,也包括其他法律、法规。劳动合同的内容具体表现为劳动合同的条款,一般分为必备条款和约定条款。

3. 劳动合同订立的程序和形式合法

劳动合同订立的程序必须符合法律规定,劳动合同应当以书面形式订立。已建立劳动关系,未同时订立书面劳动合同的,应当自用工之日起1个月内订立书面劳动合同。用人单位与劳动者在用工前订立劳动合同的,劳动关系自用工之日起建立。

五、劳动合同的履行

劳动合同的履行,是指当事人双方按照劳动合同的规定履行各自应承担的义务的行为。用人单位与劳动者应当按照劳动合同的约定,全面履行各自的义务。

用人单位的法定义务:用人单位应当按照劳动合同约定和国家规定,向劳动者及时足额支付劳动报酬。用人单位拖欠或者未足额支付劳动报酬的,劳动者可以依法向当地人民法院申请支付令,人民法院应当依法发出支付令。用人单位应当严格执行劳动定额标准,不得强迫或者变相强迫劳动者加班。用人单位安排加班的,应当按照国家有关规定向劳动者支付加班费。劳动者拒绝用人单位管理人员违章指挥、强令冒险作业的,不视为违反劳动合同。劳动者对危害生命安全和身体健康的劳动条件,有权对用人单位提出批评、检举和控告。

用人单位变更名称、法定代表人、主要负责人或者投资人等事项,不影响劳动合同的履行。用人单位发生合并或者分立等情况,原劳动合同继续有效,劳动合同由继承其权利和义务的用人单位继续履行。

六、劳动合同的变更、解除和终止

(一)劳动合同的变更

劳动合同的变更是指当事人双方对依法成立、尚未履行的劳动合同条款所作的修改或增减。用人单位与劳动者协商一致,可以变更劳动合同约定的内容。变更劳动合同应当采用书面形式。变更后的劳动合同文本由用人单位和劳动者各执一份。

(二)劳动合同的解除

劳动合同解除是在劳动合同订立后,劳动合同期限届满之前,用人单位与劳动者双方协商提前终止劳动关系或因出现法定的情形，单方面通知终止劳动关系的法律行为，有协商解除和法定解除两种形式。

1. 协商解除

用人单位和劳动者协商一致，可以解除劳动合同。由用人单位提出解除劳动合同而与劳动者协商一致的，必须依法向劳动者支付经济补偿。由劳动者主动辞职而与用人单位协商一致解除劳动合同的，用人单位无须向劳动者支付经济补偿。

2. 法定解除

法定解除又分为劳动者单方解除和用人单位单方解除两种方式。

劳动者单方解除劳动合同的情况有两种：

（1）预告解除。劳动者提前30日以书面形式通知用人单位，可以解除劳动合同。劳动者在试用期内提前3日通知用人单位，可以解除劳动合同。

（2）即时解除。用人单位有下列情形之一的，劳动者可以随时提出解除劳动合同：

1）未按照劳动合同约定提供劳动保护或者劳动条件的。

2）未及时足额支付劳动报酬的。

3）未依法为劳动者缴纳社会保险费的。

4）用人单位的规章制度违反法律、法规的规定，损害劳动者合法权益的。

5）因用人单位过错致使劳动合同无效的。

6）法律、行政法规规定劳动者可以解除劳动合同的其他情形。

7）用人单位以暴力、威胁或者非法限制人身自由的手段强迫劳动者劳动的，或者用人单位违章指挥、强令冒险作业危及劳动者人身安全的。

用人单位单方解除劳动合同的情况有三种：

（1）即时解除。当劳动者有下列过错情况之一的，用人单位可以解除劳动合同：

1）在试用期间被证明不符合录用条件的。

2）严重违反用人单位的规章制度的。

3）严重失职，营私舞弊，给用人单位造成重大损害的。

4）劳动者同时与其他用人单位建立劳动关系（兼职），对完成本单位的工作任务造成严重影响，或者经用人单位提出，拒不改正的。

5）因劳动者过错致使劳动合同无效的。

6）被依法追究刑事责任的。

（2）预告解除。劳动者无过错，用人单位想要解除合同，要给予劳动者补偿。

有下列情形之一的，用人单位提前30日以书面形式通知劳动者本人或者额外支付劳动者一个月工资后，可以解除劳动合同：

1）劳动者患病或者非因工负伤，在规定的医疗期满后不能从事原工作，也不能从事由用人单位另行安排的工作的。

2）劳动者不能胜任工作，经过培训或者调整工作岗位仍不能胜任工作的。

3）劳动合同订立时所依据的客观情况发生重大变化，致使劳动合同无法履行，经用人单位与劳动者协商，未能就变更劳动合同内容达成协议的。

（3）经济性裁员。因用人单位的原因提前解除合同，要给予劳动者补偿。

有下列情形之一，需要裁减人员 20 人以上或者裁减人员不足 20 人但占企业职工总数 10%以上的，用人单位需提前 30 日向工会或者全体职工说明情况，听取工会或者职工的意见后，裁减人员方案经向劳动行政部门报告，可以裁减人员：

1）依照《中华人民共和国企业破产法》规定进行重整的。

2）生产经营发生严重困难的。

3）企业转产、重大技术革新或者经营方式调整，经变更劳动合同后仍需裁减人员的。

4）其他因劳动合同订立时所依据的客观经济情况发生重大变化，致使劳动合同无法履行的。

裁减人员时，应该优先留用下列劳动者：

1）与本单位订立较长期限的固定期限劳动合同的。

2）与本单位订立无固定期限劳动合同的。

3）家庭无其他就业人员，有需要扶养的老人或者未成年人的。

用人单位依法裁减人员，在六个月内重新招用人员的，应当通知被裁减的人员，并在同等条件下优先录用被裁减的人员。

劳动者有下列情形之一的，用人单位不得预告解除和裁员解除劳动合同，但是在劳动者有重大过错达到即时解除程度时，可以即时解除：

1）从事接触职业病危害作业的劳动者未进行离岗前职业健康检查，或者疑似职业病病人在诊断或者医学观察期间的。

2）在本单位患职业病或者因工负伤并被确认丧失或者部分丧失劳动能力的。

3）患病或者非因工负伤，在规定的医疗期内的。

4）女职工在孕期、产期、哺乳期的。

5）在本单位连续工作满 15 年，且距法定退休年龄不足 5 年的。

6）法律、行政法规规定的其他情形。

（三）劳动合同的终止

劳动合同的终止是指劳动合同订立后，因出现某种法定的事实，导致用人单位与劳动者之间形成的劳动关系自动归于消灭，或导致双方劳动关系的继续履行成为不可能而不得不消灭的情形。

劳动合同终止的情形有以下几种：

（1）劳动合同期满的。

（2）劳动者开始依法享受基本养老保险待遇的。

（3）劳动者达到法定退休年龄的。

（4）劳动者死亡或者被人民法院宣告死亡或者宣告失踪的。

（5）用人单位被依法宣告破产的。

（6）用人单位被吊销执照，责令关闭、撤销和解散的。

（7）法律和法规规定的其他情形。

（四）解除和终止劳动合同的经济补偿或赔偿

1. 解除劳动合同的经济补偿

解除劳动合同的经济补偿是指因解除劳动合同而由用人单位给予劳动者的一次性经济

补偿金。

有下列情形之一的，用人单位应当向劳动者支付经济补偿：（1）依照《劳动合同法》第 38 条的规定，劳动者符合随时单方解除劳动合同条件的；（2）依照《劳动合同法》第 36 条的规定，用人单位向劳动者提出解除劳动合同并与劳动者协商一致解除劳动合同的；（3）用人单位根据《劳动合同法》第 40 条的规定附条件地解除劳动合同的；（4）用人单位依照《劳动合同法》第 41 条的规定进行企业重组和经济性裁员而解除劳动合同的；（5）除用人单位维持或者提高劳动合同约定条件续订劳动合同，劳动者不同意续订的情形外，依照《劳动合同法》第 44 条第 1 项的规定终止固定期限劳动合同的；（6）企业宣告破产、被吊销执照、关闭和撤销而终止劳动合同的；（7）法律、行政法规规定的其他情形。

经济补偿的标准为：经济补偿按劳动者在本单位工作的年限，以每满 1 年支付 1 个月工资的标准向劳动者支付。6 个月以上不满 1 年的，按 1 年计算；不满 6 个月的，向劳动者支付半个月工资的经济补偿。劳动者月工资高于用人单位所在直辖市、设区的市级人民政府公布的本地区上年度职工月平均工资 3 倍的，向其支付经济补偿的标准按职工月平均工资 3 倍的数额支付，向其支付经济补偿的年限最高不超过 12 年。月工资是指劳动者在劳动合同解除或者终止前 12 个月的平均工资。

2. 解除劳动合同的经济赔偿

解除劳动合同的经济赔偿是指用人单位违反我国劳动法律规定解除或者终止劳动合同时的一种惩罚性赔偿。根据法律规定，用人单位违反法律规定解除或者终止劳动合同，劳动者要求继续履行劳动合同的，用人单位应当继续履行；劳动者不要求继续履行劳动合同或者劳动合同已经不能继续履行的，用人单位应当按经济补偿标准的双倍数额向劳动者支付赔偿金。

七、集体合同

（一）集体合同的概念

集体合同，是企业职工一方与用人单位根据法律、法规的规定就劳动报酬、工作时间、休息休假、劳动安全卫生、保险福利等事项在平等协商一致的基础上签订的书面协议。集体合同由工会代表企业职工一方与用人单位订立；尚未建立工会的用人单位，由上级工会指导劳动者推举的代表与用人单位订立。

（二）集体合同的内容

集体合同应包括以下内容：（1）劳动报酬；（2）工作时间；（3）休息休假；（4）保险福利；（5）劳动安全与卫生；（6）合同期限；（7）变更、解除、终止集体合同的协商程序；（8）双方履行集体合同的权利和义务；（9）履行集体合同发生争议时协商处理的约定；（10）违反集体合同的责任及双方认为应当协商约定的其他内容。

集体合同中劳动报酬和劳动条件等标准不得低于当地人民政府规定的最低标准，用人单位与劳动者订立的劳动合同中劳动报酬和劳动条件等标准不得低于集体合同规定的标准。集体合同期限为 1～3 年，在集体合同规定的期限内，双方代表可对集体合同的履行情况进行检查。经双方协商一致，也可对集体合同进行修订。

（三）集体合同的订立

集体合同的订立是指工会或职工代表与企业或事业单位之间，为确定全体职工与用人单位的权利义务而依法就集体合同条款经过协商一致，确立集体合同关系的法律行为。企业职工一方与用人单位可以订立劳动安全卫生、女职工权益保护、工资调整机制等专项集体合同。在县级以下区域内，建筑业、采矿业、餐饮服务业等行业可以由工会与企业方面代表订立行业性集体合同，或者订立区域性集体合同。

集体合同订立后，应当报送劳动行政部门；劳动行政部门自收到集体合同文本之日起15日内未提出异议的，集体合同即行生效。依法订立的集体合同对用人单位和劳动者具有约束力。行业性、区域性集体合同对当地本行业、本区域的用人单位和劳动者具有约束力。

（四）集体合同的争议处理

用人单位违反集体合同侵犯职工劳动权益的，工会可以依法要求用人单位承担责任；因履行集体合同发生争议，经协商解决不成的，工会可以依法申请仲裁、提起诉讼。

八、劳务派遣和非全日制用工

（一）劳务派遣的概念

劳务派遣是指劳务派遣单位（用人单位）与被派遣劳动者建立劳动关系，而后将被派遣劳动者派遣到用工单位，在用工单位的指挥、监督下从事劳动。

（二）劳务派遣的主体及各方权利义务

劳务派遣有三方主体，即用人单位、用工单位和被派遣劳动者。用人单位与被派遣劳动者订立的劳动合同，除应当载明劳动合同必须记载的事项外，还应当载明被派遣劳动者的用工单位以及派遣期限、工作岗位等情况。

用人单位应当与被派遣劳动者订立2年以上的固定期限劳动合同，按月支付劳动报酬；被派遣劳动者在无工作期间，劳务派遣单位应当按照所在地人民政府规定的最低工资标准，向其按月支付报酬。

用人单位派遣劳动者应当与用工单位订立劳务派遣协议。劳务派遣协议应当约定派遣岗位和人员数量、派遣期限、劳动报酬和社会保险费的数额与支付方式以及违反协议的责任。

用工单位应当根据工作岗位的实际需要与用人单位确定派遣期限，不得将连续用工期限分割订立成数个短期劳务派遣协议。用人单位应当将劳务派遣协议的内容告知被派遣劳动者。用人单位不得克扣用工单位按照劳务派遣协议支付给被派遣劳动者的劳动报酬。用人单位和用工单位不得向被派遣劳动者收取费用。用人单位不得再设立劳务派遣机构向本单位或者其下属单位派遣劳动者。

（三）非全日制用工

非全日制用工是指以小时计酬为主，劳动者在同一用人单位一般平均每日工作时间不超过4小时，每周工作时间累计不超过24小时的用工形式。非全日制用工当事人双方可以订立口头协议。从事非全日制用工的劳动者可以与1个或者1个以上用人单位订立劳动合同；但是，后订立的劳动合同不得影响先订立的劳动合同的履行；非全日制用工当事人双方不得约定试用期；非全日制用工当事人双方任何一方都可以随时通知对方终止用工。终止用工，用人单位不向劳动者支付经济补偿。非全日制用工小时计酬标准不得低于用人单位所在地人民政府规定的最低小时工资标准。非全日制用工劳动报酬结算支付周期最长不得超过 15 日。

九、劳动合同法中有关工资、工作时间和休息、休假的规定

（一）工资的基准和分配原则

1. 工资

工资是指用人单位依据国家有关规定或劳动合同的约定，以货币形式直接支付给本单位劳动者的劳动报酬，一般包括计时工资、计件工资、奖金、津贴和补贴、延长工作时间的工资报酬以及特殊情况下支付的工资等。

2. 工资的分配原则

（1）以按劳分配为主体，多种分配方式并存原则；（2）同工同酬原则；（3）工资水平在经济发展的基础上逐步提高原则；（4）效率优先、兼顾公平原则；（5）国家工资总量实行宏观调控原则；（6）用人单位自主分配原则。

3. 最低工资制度

最低工资是指劳动者在法定工作时间内提供了正常劳动的前提下，由其所在单位应支付的最低劳动报酬。“正常劳动”是指劳动者按劳动合同的约定在法定工作时间内从事的劳动。劳动者依法律、法规的规定休假、探亲以及参加社会活动等应视同提供了正常劳动。

小贴士

最低工资不包括：（1）延长工作时间的工资报酬；（2）中班、夜班、高温、低温、井下、有毒、有害等特殊工作环境和劳动条件下的津贴；（3）国家法律、法规、规章规定的劳动者保险、福利待遇；（4）用人单位通过贴补伙食、住房等支付给劳动者的非货币性收入。

（二）工作时间的基准和种类

工作时间是指劳动者根据法律规定在一定时间内从事生产工作的小时数。包括每日工作的小时数及每周工作天数和小时数。分为标准工作时间、缩短的工作时间、延长的工作时间、不定时工作时间与综合计算的工作时间。

标准工作周，劳动法规定每周工作 5 天，每周工作不超过 40 小时。

标准工作日，劳动法规定劳动者每日工作 8 小时。缩短工作日是指少于标准工作时数；延长工作日是指超过标准工作时数；不定时工作日是指每周无固定的工作时间，需要连续作业的行业可以采用综合计算工时的方法。

（三）休息、休假的法律规定

休息、休假是指劳动者在任职期间，根据国家规定，不从事劳动和工作而自行支配的

休息时间和法定节假日。目前我国休息休假可分为以下几种：

(1) 休息，即一个工作日内的间歇时间，是指在工作日内给予劳动者休息和用膳的时间。一般为1～2小时，最少不得少于半小时；工作日间的休息时间，即两个相邻工作日间的休息时间，一般不少于15～16小时；公休假日，是劳动者1周内享有的休息日，一般为每周2日。用人单位应当保证劳动者每周至少休息1日。

(2) 法定节日，是由国家法律、法规统一规定的用以开展纪念、庆祝活动的休息时间。

(3) 探亲假，是指职工工作地点与父母或配偶居住地不属于同一城市而分居两地时每年享受的一定期限的带薪假期。

(4) 年休假，是指职工每年享有的保留职务和工资的一定期限连续休息的假期。我国实行带薪年休假制度。劳动者连续工作1年以上的，享受带薪年休假。

(四) 加班加点

加班是指要求职工在法定节日或公休假日从事工作，加点是指要求职工在正常工作日之外延长工作时间。加班加点又统称为延长工作时间。《劳动法》的具体规定如下：

(1) 一般情况下的规定。用人单位由于生产经营需要，经与工会和劳动者协商后可以延长工作时间，一般每日不得超过1小时；因特殊原因需要延长工作时间的，在保障劳动者身体健康的条件下延长工作时间每日不得超过3小时，但是每月不得超过36小时。

(2) 特殊情况下的规定。有下列情形之一的，延长工作时间不受上述规定的限制：1) 发生自然灾害、事故或者因其他原因威胁劳动者生命健康和财产安全，需要紧急处理的；2) 生产设备、交通运输线路、公共设施发生故障，影响生产和公众利益，必须及时抢修的；3) 法律、行政法规规定的其他情形。

(3) 加班加点的待遇。有下列情形之一的，用人单位应当按照下列标准支付高于劳动者正常工作时间工资的工资报酬：1) 安排劳动者延长工作时间的，支付不低于工资150%的工资报酬；2) 休息日安排劳动者工作又不能安排补休的，支付不低于工资200%的工资报酬；3) 法定休假日安排劳动者工作的，支付不低于工资300%的工资报酬。

(4) 违法延长职工工作时间的法律责任。用人单位不得违反法律规定延长劳动者的工作时间。用人单位违反法律规定延长劳动者工作时间的，由劳动行政部门给予警告，责令改正，并可以处以罚款。

十、劳动安全卫生与女职工、未成年工的特殊劳动保护

(一) 劳动安全卫生

劳动安全卫生又称劳动保护，是指国家为了改善劳动条件、保护劳动者在劳动过程中的安全与健康而制定的各种法律规范的总称。劳动安全卫生制度是指国家和用人单位为了保障劳动者在劳动过程中的安全和健康而制定的劳动安全卫生管理制度。主要包括：(1) 安全生产责任制度；(2) 安全技术措施计划制度；(3) 安全生产教育、考核制度；(4) 安全生产检查制度；(5) 劳动保护监察制度；(6) 伤亡事故报告制度。

(二) 女职工特殊劳动保护

女职工特殊劳动保护是指根据女职工身体结构、生理机能的特点以及抚育子女的特殊

需要而对女职工进行的保护。

1. 女职工禁忌从事的劳动范围

禁止安排女职工从事矿山井下作业以及国家规定的第四级体力劳动强度的劳动和其他禁忌从事的劳动。

2. 女职工“四期”保护

(1) 月经期保护。不得安排女职工在月经期从事高处、低温、冷水作业和国家规定的第三级体力劳动强度的劳动。(2) 怀孕期保护。不得安排女职工在怀孕期间从事国家规定的第三级体力劳动强度的劳动和孕期禁忌从事的其他劳动。对怀孕 7 个月以上的女职工，不得安排其延长工作时间和夜班劳动。(3) 产期保护。女职工生育享受不少于 90 天的产假。(4) 哺乳期保护。不得安排女职工在哺乳未满 1 周岁的婴儿期间从事国家规定的第三级体力劳动强度的劳动和哺乳期禁忌从事的其他劳动，不得安排其延长工作时间和夜班劳动。

(三) 未成年工特殊劳动保护

未成年工是指年满 16 周岁未满 18 周岁的劳动者。对未成年工的特殊保护是针对未成年工处于生长发育期的特点，以及接受义务教育的需要而采取的特殊劳动保护措施。

主要措施有：(1) 提供岗前培训；(2) 禁止安排未成年人从事矿山井下、有毒有害、四级以上的劳动强度及其他禁忌劳动；(3) 提供适合未成年工身体发育的生产工具；(4) 定期进行健康检查。

十一、劳动争议的解决

(一) 劳动争议的种类

劳动争议是指用人单位与劳动者之间因劳动权利和劳动义务所发生的争议。根据《中华人民共和国劳动争议调解仲裁法》的规定，劳动争议分为以下几种：

(1) 因确认劳动关系发生的争议。

(2) 因订立、履行、变更、解除和终止劳动合同发生的争议。

(3) 因除名、辞退和辞职、离职发生的争议。

(4) 因工作时间、休息休假，社会保险、福利、培训以及劳动保护发生的争议。

(5) 因劳动报酬、工伤医疗费、经济补偿或者赔偿金等发生的争议。

(6) 法律、法规规定的其他劳动争议。

(二) 劳动争议的解决方式

劳动者和用人单位发生争议首先要进行协商，协商不成的，可以交由第三方调解或进行劳动仲裁和法律诉讼。

(1) 调解。为调解本单位发生的劳动争议，可以依法成立群众性自治组织。企业劳动争议调解委员会由职工代表和企业代表组成。调解不成的，可寻求仲裁或诉讼的法律途径解决。

(2) 劳动争议的仲裁。劳动争议仲裁委员会是国家授权、依法独立处理劳动争议案件的专门机构。省、自治区人民政府可以决定在市、县设立；直辖市人民政府可以决定在区、县设立，直辖市、设区的市也可以设立一个或者若干个劳动争议仲裁委员会。劳动争议仲裁委员会不按行政区划层层设立。劳动争议仲裁委员会负责管辖本区域内发生的劳动争议。劳动争议由劳动合同履行地或者用人单位所在地的劳动争议仲裁委员会管辖。当事人双方分别向劳动合同履行地和用人单位所在地的劳动争议仲裁委员会申请仲裁的，由劳动合同履行地的劳动争议仲裁委员会管辖。

仲裁是处理劳动争议的必经程序。发生劳动争议的劳动者和用人单位为劳动争议仲裁案件的当事人双方。劳务派遣单位或者用工单位与劳动者发生劳动争议的，劳务派遣单位和用工单位为共同当事人。与劳动争议案件的处理结果有利害关系的第三人，可以申请参加仲裁活动或者由劳动争议仲裁委员会通知其参加仲裁活动。劳动争议仲裁公开进行，但当事人协议不公开进行或者涉及国家秘密、商业秘密和个人隐私的除外。

劳动争议申请仲裁的时效期间为 1 年，从当事人知道或者应当知道其权利被侵害之日起计算。劳动关系终止的，应当自劳动关系终止之日起 1 年内提出。

（3）劳动争议的诉讼。如果仲裁庭逾期未作出裁决，或者劳动争议当事人对仲裁裁决不服，在收到仲裁裁决书的 15 日内可以向有管辖权的人民法院提起民事诉讼。

实务训练

小黄在一家广告公司从事图片处理工作，做事认真，深得老板赏识。但最近这段时间，小黄发觉老板总是在工作上“挑刺”。小黄平时谨小慎微，专业水平也不错。一天，小黄突然接到老板的电话，让他不用来上班了。事后小黄得知，老板的一个亲戚顶了小黄的岗位。请问小黄该怎么办呢？

点评：

用人单位享有用工自主权，可以根据自身的生产计划、用工需求在劳动市场上自主选择劳动者，可以在试用期内对劳动者的工作技能、业务水平进行考核，也可以对不符合录用条件或者严重违纪违法的劳动者予以解除劳动合同。但是用人单位在行使法律赋予的权利时，不能侵害劳动者的合法权益。案例中，广告公司随意解除劳动合同的行为属于违法行为，已经侵害了小黄的合法权益。

有些用人单位认为不跟劳动者签订劳动合同便可随意开除劳动者。用人单位解聘员工应当做到有理有据、合法合规。劳动者一方应该据理力争，让用人单位说明解聘理由，并出具书面的解除劳动合同的证明或者其他手续。用人单位违反劳动法规定解除或者终止劳动合同，劳动者要求继续履行劳动合同的，用人单位应当继续履行；如果劳动者不要求继续履行合同或者已经无法继续履行合同，则用人单位应向劳动者支付赔偿金。用人单位拒绝劳动者继续上班的请求或者不同意支付给劳动者赔偿金，则劳动者在协商不成的情形下，可以选择劳动仲裁来维权。如果用人单位认为劳动者“不符合录用条件”、“严重违反公司规章制度”、“不能胜任工作”，则应当由用人单位来举证证明这些事实。以小时计酬为主的劳动者在同一用人单位一般平均每日工作时间不超过 4 小时，每周工作时间累计不超过 24 小时。在这种用工形式下，用人单位可以随时辞退劳动者，不属于违法行为，但是劳动报酬必须给足。

本章小结

第七章
- 劳动法律制度
  - 劳动法的概念
  - 劳动法的调整对象
  - 劳动法的适用范围
  - 劳动者的主体资格、权利和义务
- 劳动合同法
  - 劳动合同的概念、特征
  - 劳动合同的分类、形式和效力
  - 劳动合同的条款
  - 劳动合同的订立原则
  - 劳动合同的履行
  - 劳动合同的变更、解除和终止
  - 集体合同
  - 劳务派遣和非全日制用工
  - 劳动合同法中有关工资、工作时间和休息、休假的规定
  - 劳动安全卫生与女职工、未成年工的特殊劳动保护
  - 劳动争议的解决

知识巩固训练

一、名词解释

1. 集体合同
2. 劳务派遣合同
3. 无固定期限的合同

二、判断题

1. 劳动关系主体的特定性，是指一方是劳动者，另一方是用人单位。( )

2. 劳动者是具有劳动能力，以从事劳动获取合法劳动报酬作为其生活资料来源的自然人。( )

3. 劳动合同中可以约定“婚丧假期间不支付工资”的条款。( )

4. 用人单位为劳动者提供专项培训费用，对其进行专业技术培训的，可以与该劳动者订立协议，约定服务期。( )

5. 劳动合同变更，应当采用书面形式。( )

6. 医疗期内合同终止，合同必须延续至医疗期满，职工仍然享受医疗期内待遇。( )

7. 女职工在孕期、产期、哺乳期的，用人单位一律不得解除劳动合同。( )

8. 劳动者开始依法享受基本养老保险待遇的，劳动合同终止。( )

9. 劳务派遣单位应当与被派遣劳动者订立劳动合同。( )

10. 不得安排女职工在月经期从事高处、低温、冷水作业和国家规定的第三级体力劳动强度的劳动。( )

三、单项选择题

1. 以下各项社会关系不是劳动法调整对象的是（ ）。
   A. 职业培训中劳动者与培训机构产生的关系
   B. 用人单位与劳动行政管理机关在工伤认定方面发生的关系
   C. 某公司董事长与公司之间的聘用关系
   D. 丙公司拖欠农民工工资被劳动仲裁机构传唤参加仲裁活动而形成的社会关系
2. 下列争议适用《劳动法》的是（ ）。
   A. 王某雇用下岗职工李某照顾自己患病的母亲，李某与王某就报酬发生争议
   B. 在校生陈某假期到某公司勤工俭学，陈某与该公司就加班工资发生争议
   C. 某企业工会主席与该企业就年休假问题发生争议
   D. 某有限责任公司股东与该公司就分红问题发生争议
3. 属于劳动合同必备条款的是（ ）。
   A. 职业培训　　　　B. 劳动保护、劳动条件和职业危害防护
   C. 劳动纪律　　　　D. 试用期限
4. 劳动者违反竞业限制约定的，应当按照约定向用人单位支付（ ）。
   A. 赔偿金　　B. 补偿金　　C. 违约金　　D. 损失费
5. 用人单位可以解除合同的情形是（ ）。
   A. 张某患职业病，但是未丧失劳动能力
   B. 王某休假期间外出游玩遭遇车祸，正在住院手术
   C. 李某在怀孕期间，严重违反劳动纪律给企业造成较大损失
   D. 陈某与所在单位的劳动合同期满
6. 根据《劳动法》的规定，用人单位依法进行经济性裁减人员后，在一定期限内录用员工，应当优先录用本单位被裁减人员，该期限为劳动者被裁减后（ ）。
   A. 3 个月内　　B. 6 个月内　　C. 9 个月内　　D. 1 年内
7. 张某在某企业连续工作满 10 年，下列说法错误的是（ ）。
   A. 张某提出与企业签订无固定期限劳动合同的，企业应签订
   B. 张某与企业同意续签劳动合同，企业应签订
   C. 张某与企业同意续签劳动合同，不论张某是否提出签订无固定期限劳动合同，企业都应签订无固定期限劳动合同
   D. 企业有权决定是否与张某签订无固定期限劳动合同
8. 韩某是甲公司实行综合计算工时制的职工，2011 年 1 月 1 日韩某到公司上班，下列关于工资报酬支付的说法，正确的是（ ）。
   A. 由于实行综合计算工时制，韩某属于正常工作，甲公司不需支付加班费
   B. 甲公司可以安排补休，不需支付加班费
   C. 如果该月韩某的工作时间在国家法律规定的范围内，甲公司不需支付加班费
   D. 甲公司应支付给韩某不低于工资 300%的工资报酬
9. 《劳动法》规定，用人单位安排劳动者每月的加班时间不得超过（ ）。
   A. 10 小时　　B. 24 小时　　C. 36 小时　　D. 48 小时
10. 《劳动法》规定，劳动争议当事人向劳动争议仲裁委员会提出书面申请的，仲裁

期间自争议发生之日起（ ）。

A. 60 日　　B. 6 个月　　C. 1 年　　D. 2 年

四、多项选择题

1. 不属于劳动法适用范围的有（ ）。
   A. 律师事务所文员　　B. 现役军人
   C. 农业劳动者　　D. 与事业单位建立劳动关系的人
2. 关于劳动关系的表述，下列选项正确的是（ ）。
   A. 劳动关系是特定当事人之间的法律关系
   B. 劳动关系既包括劳动者与用人单位之间的关系，也包括劳动行政部门与劳动者、用人单位之间的关系
   C. 劳动关系既包括财产关系，也包括人身关系
   D. 劳动关系既具有平等关系的属性，也具有从属关系的属性
3. 根据我国《宪法》、《劳动法》等法律规定，劳动者的劳动权利包括（ ）。
   A. 自主择业权　　B. 接受职业培训的权利
   C. 结社权　　D. 参与单位重大事项决策的权利
4. 2009 年 2 月，下列人员向所在单位提出订立无固定期限劳动合同，具备法定条件的是（ ）。
   A. 赵女士于 1995 年 1 月到某公司工作，1999 年 2 月辞职，2002 年 1 月回到原公司工作
   B. 钱先生于 1985 年进入某国有企业工作，2006 年 3 月，该企业改制成私人控股的有限责任公司，年满 50 岁的钱先生与公司签订了三年期的劳动合同
   C. 孙女士于 2000 年 2 月进入某公司从事技术开发工作，签订了为期三年、到期自动续期三年且续期次数不限的劳动合同，2009 年 1 月，公司将孙女士提升为技术部副经理
   D. 李先生原为甲公司的资深业务员，于 2008 年 2 月被乙公司聘请担任市场开发经理，约定：先签订一年期合同，如果李先生于期满时提出请求，可以与公司签订无固定期限劳动合同
5. 某公司欲解除与职工杨某之间的劳动合同，有法律依据的解约理由或做法有（ ）。
   A. 杨某经过培训仍不能胜任现工作
   B. 杨某违反公司关于夫妻不得在同一部门任职的规定
   C. 公司因严重亏损而决定裁员，依据法律程序解除与杨某的劳动合同
   D. 杨某患病住院期间公司给杨某送去三个月工资并通知其解除劳动合同
6. 东星公司新建的化工生产线在投入生产过程中，违反《劳动法》规定的行为是（ ）。
   A. 安排女技术员参加公司技术攻关小组并到位于地下的设备室进行检测
   B. 在防止有毒气体泄漏的预警装置调试完成之前，开始生产线的试运行
   C. 试运行期间，从事特种作业的操作员已经接受了专门培训，但未取得相应的资格证书
   D. 试运行开始前，未对生产线上的员工进行健康检查

7. 根据《劳动合同法》，我国集体合同的类型有（　）。

A. 行业性集体合同
B. 区域性集体合同
C. 企业集体合同
D. 国家集体合同

8. 属于《劳动合同法》规定的用人单位的有（　）。

A. 会计师事务所
B. 律师事务所
C. 基金会
D. 个体经济组织

五、简答题

1. 劳动合同无效的情形包括哪些？

2. 劳动者在哪些情况下有权单方解除劳动合同？

3. 用人单位在哪些情况下有权单方解除劳动合同？

综合实务训练

1. 林枫是南昌某高校大四学生，明年将参加工作。目前，林枫在一家单位试用，但是4个月过去了，现在的单位仍然没有给她转正。

问题：

现在单位录用员工到底要试用多久？

2. 周某同企业签订了2年期限的劳动合同，合同中约定试用期为6个月，试用期的工资为劳动合同约定工资的50%。

问题：

该劳动合同关于试用期限及工资的约定是否合法？

3. 某劳务派遣公司与某房地产开发公司签订劳务派遣协议，将张某派遣到房地产开发公司工作，该公司又将其再派遣到自己的子公司，被张某拒绝。房地产开发公司遂以张某不服从工作安排为由将其退回劳务派遣公司。随后，劳务派遣公司以张某已无工作为由解除劳动合同。

问题：

（1）房地产开发公司可以对张某进行再派遣吗？

（2）劳务派遣公司可以解除与张某的劳动合同吗？

（3）张某申请劳动争议仲裁，应以谁为被申请人？

4. 周某、吴某、郑某均受聘于甲公司，在工作过程中发生下列事情：（1）周某在试用期内提前一周通知甲公司解除合同；（2）吴某因公司已经一年没有支付工作报酬而提出辞职；（3）郑某非因工负伤，医疗期结束后无法从事原工作，也不能从事由公司另行安排的工作，甲公司提出解除合同。因三人与公司协商不成，为此引起纠纷。

问题：

（1）周某解除合同是否符合法律规定？为什么？

（2）吴某提出辞职是否符合法律规定？为什么？

（3）甲公司解除与郑某的劳动合同是否符合法律规定？为什么？

第八章

经济仲裁与诉讼法律制度及实务

学习目标

1. 了解仲裁的概念、仲裁法的基本原则及仲裁委员会的设置；理解仲裁协议的内容及其效力；掌握仲裁程序及仲裁裁决的执行。

2. 了解经济诉讼的概念及民事诉讼法的特有原则，理解经济审判的管辖制度，掌握经济审判的程序。

实训目标

1. 能理解经济仲裁的基本程序，能应用经济仲裁制度处理经济纠纷。

2. 能理解经济审判的基本程序，能应用经济审判制度处理经济纠纷。

案例导学

原告中国某市机械进出口公司与被告中国香港某贸易公司签订了一份购销饲料机器设备的合同，合同约定由卖方供给买方全新的饲料生产机器设备一套，价格为12万英镑，全套设备生产能力为每小时2吨以上，买方在收到货物后开出信用证，全套设备在收到货后一个月内安装完毕，如未发现缺陷，则正式交付使用。合同第18条规定："如发生争议，则应在伦敦以英语方式进行仲裁，并应适用国际商会规则。"合同第19条规定："本合同应受中国法律管辖。"在被告交货以后，原告立即进行安装。经试运行，发现设备生产能力达不到合同规定标准，原告提出退货，被告提出可以派人修理，但因合同未规定可以退货，因此原告不能退货。原告遂在当地法院提出诉讼，要求被告承担违约责任。被告提出，根据合同第18条规定，原告不能在法院提起诉讼，法院亦无管辖权。

请问：本案合同第18条所规定的仲裁条款是否有效？法院是否有权受理此案？

分析：

对此法院存在三种不同的观点：

第一种观点认为，仲裁条款是有效的，因为该条款中已明确包含了提请仲裁的内容，表明双方已达成协议就其争论提交仲裁机关裁决，同时有关条款中也包含了提交仲裁的事项（本合同所引发的纠纷）、仲裁地点（伦敦）、仲裁规则（国际商会规则）、仲裁所适用的语言（英语），该仲裁条款内容基本是完整的，因而完全有效。

第二种观点认为，该仲裁条款是无效的，因为当事人在合同中明确规定：本合同应适用中国法律。而根据我国《仲裁法》的规定，仲裁协议应当具有三项内容：请求仲裁的意思表示、仲裁事项、选定的仲裁委员会。故该仲裁条款不符合规定，应确认为无效条款。

第三种观点认为，该仲裁条款已经成立并生效，但由于未规定仲裁机构，因此，属于内容不完整或不明确的条款，应由法院对该仲裁条款内容作出解释。

最终法院采用了第三种观点。

资料来源：http：//www.110.com/ziliao/article-318918.html。

第一节　经济仲裁法律制度

一、仲裁与仲裁法的基本原则

（一）仲裁的概念

仲裁是指双方当事人通过仲裁协议的方式，自愿将纠纷提交仲裁协议所确定的第三人予以裁决的一种争议解决方式。经济仲裁是指公民、法人和其他组织之间因合同或其他财产权益发生纠纷，由仲裁机构为解决当事人双方的争议而作出的裁决的活动。

（二）仲裁法的基本原则

仲裁法是调整在仲裁过程中发生的各种社会关系的法律规范的总称。我国现行的仲裁基本立法是1994年8月31日第八届全国人民代表大会常务委员会第九次会议通过、于1995年9月1日正式实施的《中华人民共和国仲裁法》（以下简称《仲裁法》）。2009年8月27日，《全国人民代表大会常务委员会关于修改部分法律的决定》对《仲裁法》进行了修改。当事人采用仲裁方式解决纠纷应当遵循以下原则。

1. 自愿原则

自愿原则是仲裁制度的基本原则，是仲裁制度存在和发展的基础。仲裁的自愿原则主要体现在：（1）当事人是否将他们之间发生的纠纷提交仲裁，由当事人双方自愿协商决定；（2）当事人将哪些争议事项提交仲裁，由当事人双方自行约定；（3）当事人将他们之间的纠纷提交哪个仲裁委员会仲裁，由当事人双方自愿协商决定；（4）仲裁庭如何组成，由谁组成，由当事人自主选定；（5）当事人双方还可以自主约定仲裁的审理方式、开庭方式等有关的程序事项。

2. 根据事实、符合法律规定、公平合理地解决纠纷原则

这一原则是对“以事实为根据，以法律为准绳”原则的肯定和发展。即仲裁要坚持以事实为根据、以法律为准绳的原则；同时，在法律没有规定或者规定不完备的情况下，仲裁庭可以按照公平合理的一般原则来解决纠纷。

3. 独立仲裁原则

我国《仲裁法》第5条规定，当事人达成仲裁协议，一方向人民法院起诉的，人民法院不予受理，但仲裁协议无效的除外。第8条规定，仲裁依法独立进行，不受行政机关、

社会团体和个人的干涉。

4. 一裁终局制原则

我国《仲裁法》第 9 条规定，仲裁实行一裁终局的制度。裁决作出后，当事人就同一纠纷再申请仲裁或者向人民法院起诉的，仲裁委员会或者人民法院不予受理。裁决被人民法院依法裁定撤销或者不予执行的，当事人就该纠纷可以根据双方重新达成的仲裁协议申请仲裁，也可以向人民法院起诉。

二、仲裁委员会

(一) 仲裁委员会的设立

根据我国《仲裁法》第 10 条的规定，仲裁委员会可以在直辖市和省、自治区人民政府所在地的市设立，也可以根据需要在其他设区的市设立，不按行政区划层层设立。仲裁委员会由可以设立仲裁委员会的市的人民政府组织有关部门和商会统一组建，并经省、自治区、直辖市的司法行政部门登记。

(二) 仲裁委员会应具备的条件

根据我国《仲裁法》第 11 条的规定，仲裁委员会应当具备下列条件。

1. 有自己的名称、住所和章程

仲裁委员会的名称是区别于不同仲裁委员会的标志。仲裁委员会的名称应当规范，即一律在仲裁委员会前冠以仲裁委员会所在市的地名，如北京仲裁委员会。

仲裁委员会的住所是仲裁委员会作为常设仲裁机构的固定地点，是其主要办事机构所在地。

仲裁委员会的章程是规定仲裁委员会组成、结构，规范其行为的准则。仲裁委员会的章程应按照仲裁法的规定具体制定。

2. 有必要的财产

仲裁委员会必须具备必要的物质条件，即应当具有业务活动所必需、与业务活动相适应的财产，包括必备的设施、装备和独立的经费等。

3. 有仲裁委员会的组成人员

仲裁委员会由主任 1 人、副主任 2～4 人和委员 7～11 人组成。仲裁委员会的主任、副主任和委员由法律、经济贸易专家和有实际工作经验的人员担任。仲裁委员会的组成人员中，法律、经济贸易专家不得少于 2/3。

4. 有聘任的仲裁员

仲裁委员会应当从具备仲裁员资格的人员中聘任仲裁员，并按照不同的专业设仲裁员名册。仲裁委员会不设专职仲裁员。

三、仲裁协议

仲裁协议是指当事人通过在合同中订明仲裁条款、签订独立仲裁协议或采用其他方式达成的就有关争议提交仲裁的书面协议。根据我国《仲裁法》第 16 条的规定，仲裁协议包括合同中订立的仲裁条款和以其他书面方式在纠纷发生前或者纠纷发生后达成的请求仲裁的协议。仲裁协议应当具有下列内容：

（1）请求仲裁的意思表示；

（2）仲裁事项；

（3）选定的仲裁委员会。

根据我国《仲裁法》第17条的规定，有下列情形之一的，仲裁协议无效：

（1）约定的仲裁事项超出法律规定的仲裁范围的；

（2）无民事行为能力人或者限制民事行为能力人订立的仲裁协议；

（3）一方采取胁迫手段，迫使对方订立仲裁协议的。

根据我国《仲裁法》第18条至第20条的规定，仲裁协议对仲裁事项或者仲裁委员会没有约定或者约定不明确的，当事人可以补充协议；达不成补充协议的，仲裁协议无效。仲裁协议独立存在，合同的变更、解除、终止或者无效，不影响仲裁协议的效力。仲裁庭有权确认合同的效力。当事人对仲裁协议的效力有异议的，可以请求仲裁委员会作出决定或者请求人民法院作出裁定。一方请求仲裁委员会作出决定，另一方请求人民法院作出裁定的，由人民法院裁定。当事人对仲裁协议的效力有异议，应当在仲裁庭首次开庭前提出。

四、仲裁程序

（一）申请和受理

1. 申请

申请仲裁是仲裁程序开始的必要条件之一，也是启动仲裁程序的第一步。申请仲裁是指平等主体的公民、法人和其他组织就他们之间所发生的合同纠纷和其他财产权益纠纷，根据他们所签订的仲裁协议，提请所选定的仲裁机构进行仲裁审理和裁决的行为。

根据我国《仲裁法》的规定，当事人申请仲裁，必须符合一定的条件，这些条件包括以下几项：

（1）存在有效的仲裁协议；

（2）有具体的仲裁请求和事实、理由；

（3）属于仲裁委员会的受理范围。

我国《仲裁法》第22条规定，当事人申请仲裁，应当向仲裁委员会递交仲裁协议、仲裁申请书及副本。这一规定明确了当事人申请仲裁必须采用书面方式，而仲裁申请书即为这一书面方式的具体表现形式。

所谓仲裁申请书，是指仲裁申请人根据仲裁协议将已经发生的争议提请仲裁机构进行审理和裁决，以保证其合法权益的法律文书。仲裁申请书应当载明下列内容：

（1）当事人的姓名、性别、年龄、职业、工作单位、住所、电话和法定代表人或者主要负责人的姓名、职务；

（2）仲裁请求和事实根据、理由；

（3）证据、证人姓名和住所；

（4）所申请的仲裁委员会的名称；

（5）申请仲裁的年、月、日；

(6) 申请人的签名、盖章。

2. 受理

当事人向仲裁委员会申请仲裁后，仲裁委员会就要对当事人的申请是否符合申请仲裁的条件进行审查，从而决定是否受理。实际上，仲裁程序的开始正是当事人申请仲裁的行为与仲裁委员会受理行为相结合的结果。

根据我国《仲裁法》第 24 条的规定，仲裁委员会经审查后作出如下处理：

(1) 仲裁委员会自收到仲裁申请书之日起 5 日内，经审查认为符合受理条件的，应当受理，并通知当事人；

(2) 认为不符合受理条件的，应当书面通知当事人不予受理，并说明不予受理的理由。

(二) 仲裁庭的组成

仲裁庭是指由当事人选定或者仲裁委员会主任指定的仲裁员组成的，对当事人申请仲裁的案件依仲裁程序进行审理并作出裁决的组织形式。按照我国《仲裁法》的规定，仲裁委员会受理仲裁案件后，应按程序组成仲裁庭对案件进行审理和裁决。因此，仲裁庭是行使仲裁权的主体。

1. 仲裁员的选定或指定

我国《仲裁法》第 30 条规定，仲裁庭可以由三名仲裁员或者一名仲裁员组成。由三名仲裁员组成的，设首席仲裁员。根据这一规定，我国仲裁庭的组成形式有两种，即合议仲裁庭和独任仲裁庭。我国《仲裁法》第 31 条规定，当事人约定由三名仲裁员组成仲裁庭的，应当各自选定或者各自委托仲裁委员会主任指定一名仲裁员，第三名仲裁员由当事人共同选定或者共同委托仲裁委员会主任指定。第三名仲裁员是首席仲裁员。当事人约定由一名仲裁员成立仲裁庭的，应当由当事人共同选定或者共同委托仲裁委员会主任指定仲裁员。第 32 条规定，当事人没有在仲裁规则规定的期限内约定仲裁庭的组成方式或者选定仲裁员的，由仲裁委员会主任指定。合议仲裁庭以集体合议的方式对争议案件进行审理并作出裁决。合议仲裁庭应设首席仲裁员。首席仲裁员是合议仲裁庭的主持者，与其他仲裁员有同等的权利，但在裁决不能形成多数意见时，仲裁裁决则应当按照首席仲裁员的意见作出。独任仲裁庭由一名仲裁员组成，对争议案件进行审理并作出裁决。

2. 仲裁员的回避

被选定或者被指定的仲裁员，与案件有个人利害关系的，应当自行向仲裁委员会披露并请求回避。当事人对被选定或被指定的仲裁员的公正性和独立性产生具有正当理由的怀疑时，可以书面向仲裁委员会提出要求该仲裁员回避的请求，并举证。当事人提出回避申请，应当在首次开庭前提出。回避事由在首次开庭后知道的，可以在最后一次开庭终结前提出。当事人的回避申请既可以用书面形式提出，也可以用口头形式提出。我国《仲裁法》第 34 条规定，仲裁员有下列情形之一的，必须回避，当事人也有权提出回避申请：

(1) 是本案当事人或者当事人、代理人的近亲属；

(2) 与本案有利害关系；

(3) 与本案当事人、代理人有其他关系，可能影响公正仲裁的；

(4) 私自会见当事人、代理人，或者接受当事人、代理人的请客送礼的。

(三) 开庭审理

所谓开庭审理，是指在仲裁庭的主持下，在双方当事人和其他仲裁参与人的参加下，按照法定程序，对案件进行审理并作出裁决的方式。开庭审理是仲裁审理的主要方式。根据我国《仲裁法》第 39 条及第 40 条的规定，仲裁应当开庭审理，当事人协议不开庭的，仲裁庭可以根据仲裁申请书、答辩书以及其他材料作出裁决。仲裁不公开进行。当事人协议公开的，可以公开进行，但涉及国家秘密的除外。

仲裁的举证责任，采取“谁主张，谁证明”的原则。我国《仲裁法》第 43 条规定，当事人应当对自己的主张提供证据。仲裁庭认为有必要收集的证据，可以自行收集。

我国《仲裁法》第 47 条规定，当事人在仲裁的过程中有权进行辩论。辩论终结时，首席仲裁员或者独任仲裁员应当征询当事人的最后意见。

我国《仲裁法》第 49 条及第 50 条规定，当事人申请仲裁后，可以自行和解。达成和解协议的，可以请求仲裁庭根据和解协议作出裁决书，也可以撤回仲裁申请。当事人达成和解协议，撤回仲裁申请后反悔的，可以根据仲裁协议申请仲裁。

(四) 裁决

仲裁庭应当根据事实，依照法律和合同的规定，遵循公平合理的原则，独立公正地作出裁决。我国《仲裁法》第 51 条至第 55 条规定，仲裁庭在作出裁决前，可以先行调解。当事人自愿调解的，仲裁庭应当调解。调解不成的，应当及时作出裁决。调解达成协议的，仲裁庭应当制作调解书或者根据协议的结果制作裁决书。调解书与裁决书具有同等法律效力。调解书应当写明仲裁请求和当事人协议的结果。调解书由仲裁员签名，加盖仲裁委员会印章，送达双方当事人。调解书经双方当事人签收后，即发生法律效力。在调解书签收前当事人反悔的，仲裁庭应当及时作出裁决。裁决应当按照多数仲裁员的意见作出，少数仲裁员的不同意见可以记入笔录。仲裁庭不能形成多数意见时，裁决应当按照首席仲裁员的意见作出。裁决书应当写明仲裁请求、争议事实、裁决理由、裁决结果、仲裁费用的负担和裁决日期。当事人协议不愿写明争议事实和裁决理由的，可以不写。裁决书由仲裁员签名，加盖仲裁委员会印章。对裁决持不同意见的仲裁员，可以签名，也可以不签名。仲裁庭仲裁纠纷时，其中一部分事实已经清楚，可以就该部分先行裁决。

五、仲裁裁决的执行

仲裁裁决作出后，当事人最关心的是裁决的执行问题。一般情况下，败诉方能自动履行裁决。在败诉方不履行裁决的情况下，胜诉方可以向法院提出强制执行仲裁裁决的申请。这是因为仲裁庭本身没有强制执行裁决的权力。我国《仲裁法》第 62 条至第 64 条规定，当事人应当履行裁决。一方当事人不履行的，另一方当事人可以依照民事诉讼法的有关规定向人民法院申请执行。受申请的人民法院应当执行。被申请人提出证据证明裁决有《民事诉讼法》第 213 条第 2 款规定的情形之一的，经人民法院组成合议庭审查核实，裁定不予执行。一方当事人申请执行裁决，另一方当事人申请撤销裁决的，人民法院应当裁定中止执行。人民法院裁定撤销裁决的，应当裁定终结执行。撤销裁决的申请被裁定驳回的，人民法院应当裁定恢复执行。

实务训练

2013 年 10 月，甲公司与乙公司签订了一份冰箱的购销合同。该合同约定如果履行合同发生纠纷，由某市仲裁委员会进行仲裁。后乙公司并未按合同约定的时间交付货物，构成违约，并给甲公司造成严重经济损失。为此，甲公司向乙公司住所地的人民法院提起诉讼，要求乙公司承担违约责任，并赔偿损失。根据上述内容及《仲裁法》的有关规定，回答下列问题：

（1）本案中，甲公司的做法是否妥当？为什么？

（2）如果乙公司不履行仲裁裁决，甲公司应如何处理？

（3）如果仲裁裁决被人民法院裁定不予执行，甲公司应当如何处理？

点评：

（1）不妥当。如果当事人在合同中有仲裁条款，任何一方都不能再向法院提起诉讼。因此本案中甲公司应依仲裁条款向某市仲裁委员会申请仲裁。

（2）应直接向有管辖权的法院申请执行仲裁裁决。

（3）如果仲裁裁决被法院裁定不予执行，本案当事人可以根据双方达成的书面仲裁协议重新申请仲裁，也可以直接向有管辖权的法院起诉。

第二节　经济诉讼法律制度

一、经济诉讼

在市场经济条件下，市场经济主体为实现各自的经济目标，必然要进行各种经济活动，这不可避免地会产生争议。为了保护当事人的合法权益，维护社会经济秩序，必须利用有效的手段，及时处理这些争议。通常处理这些争议的方式有：协商、调解、提交仲裁机构裁决或提起诉讼。如果当事人无法通过协商或调解解决争议的，当事人解决争议的最主要方式就是仲裁和诉讼。

（一）经济诉讼的概念

经济诉讼也称为经济审判，是指人民法院在当事人和其他诉讼参与人的参加下，按照法定程序审理经济纠纷案件并作出裁判的活动。1991 年 4 月 9 日第七届全国人民代表大会第四次会议通过，2012 年 8 月 31 日第十一届全国人民代表大会常务委员会第二十八次会议第二次修正的《中华人民共和国民事诉讼法》（以下简称《民事诉讼法》）是解决经济纠纷、进行民事诉讼活动的法律依据。

（二）民事诉讼法的特有原则

我国民事诉讼法的特有原则主要有以下几项。

1. 诉讼权利平等原则

我国《民事诉讼法》第 8 条规定，民事诉讼当事人有平等的诉讼权利。人民法院审理民事案件，应当保障和便利当事人行使诉讼权利，对当事人在适用法律上一律平等。但平等并不意味着双方当事人的诉讼权利与义务完全相同。

2. 调解原则

我国《民事诉讼法》第 9 条规定，人民法院审理民事案件，应当根据自愿和合法的原则进行调解；调解不成的，应当及时判决。调解原则的优点：与中国的传统文化、民族心理相联系；与私法自治原则、当事人处分原则相一致；与诉讼目的、任务相一致；有利于消除当事人之间的心理对抗；有利于提高诉讼效率。调解原则的缺陷：在调解中，受到尊重的首先不是当事人的权利，而是彼此谦让的精神。而以牺牲当事人的权利为代价来求得纠纷的解决，无疑会淡化人们的权利、义务观念。

3. 辩论原则

我国《民事诉讼法》第 12 条规定，人民法院审理民事案件时，当事人有权进行辩论。当事人有权各自陈述自己的主张及其根据，互相进行辩驳和论证，以维护自己的合法权益。

4. 处分原则

我国《民事诉讼法》第 13 条规定，当事人有权在法律规定的范围内处分自己的民事权利和诉讼权利。

5. 支持起诉原则

我国《民事诉讼法》第 15 条规定，机关、社会团体、企业事业单位对损害国家、集体或者个人民事权益的行为，可以支持受损害的单位或者个人向人民法院起诉。这是保护当事人民事权益的一项重要措施。

二、经济审判的管辖

经济审判的管辖，是指上下级人民法院之间以及同级人民法院之间受理第一审经济纠纷案件的权限和分工。民事诉讼中的管辖，有级别管辖、地域管辖、移送管辖和指定管辖四种。

（一）级别管辖

基层人民法院管辖除《民事诉讼法》规定由上级人民法院管辖以外的所有第一审经济纠纷案件。《民事诉讼法》第 18 条规定，中级人民法院管辖下列第一审民事案件：

（1）重大涉外案件；

（2）在本辖区有重大影响的案件；

（3）最高人民法院确定由中级人民法院管辖的案件。

《民事诉讼法》第 19 条及第 20 条规定，高级人民法院管辖在本辖区有重大影响的第一审民事案件。最高人民法院管辖在全国有重大影响的案件和认为应当由本院审理的案件。

（二）地域管辖

地域管辖是指根据当事人以及标的物与地域之间的关系，确定同级人民法院之间受理第一审案件的权限和分工。《民事诉讼法》第 21 条规定，对公民提起的民事诉讼，由被告住所地人民法院管辖；被告住所地与经常居住地不一致的，由经常居住地人民法院管辖。对法人或者其他组织提起的民事诉讼，由被告住所地人民法院管辖。同一诉讼的几个被告住所地、经常居住地在两个以上人民法院辖区的，各该人民法院都有管辖权。此外，《民事诉讼法》还对某些案件的专门管辖作了具体的规定。关于合同纠纷，《民事诉讼法》第23条规定，因合同纠纷提起的诉讼，由被告住所地或者合同履行地人民法院管辖。第34条规定，合同或者其他财产权益纠纷的当事人可以书面协议选择被告住所地、合同履行地、合同签订地、原告住所地、标的物所在地等与争议有实际联系的地点的人民法院管辖，但不得违反本法对级别管辖和专属管辖的规定。

（三）移送管辖

《民事诉讼法》第36条规定，人民法院发现受理的案件不属于本院管辖的，应当移送有管辖权的人民法院，受移送的人民法院应当受理。受移送的人民法院认为受移送的案件依照规定不属于本院管辖的，应当报请上级人民法院指定管辖，不得再自行移送。

（四）指定管辖

《民事诉讼法》第37条规定，有管辖权的人民法院由于特殊原因，不能行使管辖权的，由上级人民法院指定管辖。人民法院之间因管辖权发生争议，由争议双方协商解决；协商解决不了的，报请它们的共同上级人民法院指定管辖。

三、经济诉讼程序

经济诉讼程序是指法律规定的人民法院审理经济诉讼案件必须遵守的审判原则、步骤和方式方法。

（一）第一审程序

第一审程序包括普通程序和简易程序。适用普通程序审理的案件，由审判员、陪审员共同组成合议庭或者由审判员组成合议庭。合议庭成员的人数必须是单数。适用简易程序审理的案件，由审判员一人独任审理。第一审普通程序是经济诉讼程序的基础，可以分为以下几个步骤。

1. 起诉和受理

起诉是指原告依法向人民法院提出诉讼请求的行为。《民事诉讼法》第119条规定，起诉必须符合下列条件：

（1）原告是与本案有直接利害关系的公民、法人和其他组织；

（2）有明确的被告；

（3）有具体的诉讼请求和事实、理由；

（4）属于人民法院受理民事诉讼的范围和受诉人民法院管辖。

起诉应当向人民法院递交书面形式的民事诉状，并按照被告人数提出副本。《民事诉讼法》第123条规定，人民法院应当保障当事人依照法律规定享有的起诉权利。对符合本法第119条的起诉，必须受理。符合起诉条件的，应当在7日内立案，并通知当事人；不符合起诉条件的，应当在7日内作出裁定书，不予受理；原告对裁定不服的，可以提起上诉。

2. 审理前的准备

审理前的准备是指人民法院在受理案件后进入开庭审理之前所进行的准备工作。《民事诉讼法》第125条规定，人民法院应当在立案之日起5日内将起诉状副本发送被告，被告应当在收到之日起15日内提出答辩状。人民法院应当在收到答辩状之日起5日内将答辩状副本发送原告。被告不提出答辩状的，不影响人民法院审理。人民法院应组成合议庭，合议庭组成人员确定后，应在3日内告知当事人。审判人员必须认真审核诉讼材料，调查收集必要的证据。

3. 开庭审理

开庭审理是人民法院在当事人和其他诉讼参与人的参加下，全面审查案件事实，依法进行调解或作出裁判的活动。开庭审理分为开庭准备、宣布开庭、法庭调查、法庭辩论、评议与宣判五个阶段。

人民法院审理民事案件，应当在开庭3日前送达出庭通知；公开审理的，应当发布开庭审理公告。开庭前书记员应当查明当事人和其他诉讼参与人是否到庭，宣布法庭纪律。开庭时审判长要核对当事人，宣布案由，宣布审判人员、书记员名单，告知当事人的诉讼权利、义务，询问当事人是否提出回避申请。法庭调查的中心任务是全面核实证据，揭示案件事实。法庭辩论是指在审判人员的主持下，当事人及其诉讼代理人就案件事实和适用法律，各自提出主张和意见。法庭辩论终结后，可以再进行调解；调解不成的，由合议庭及时评议，对案件作出判决。宣告判决应当当庭或定期公开宣判，同时必须告知当事人上诉权利、上诉期限和上诉的法院。宣告离婚判决，必须告知当事人在判决发生法律效力前不得另行结婚。人民法院适用第一审普通程序审理案件，应当在立案之日起6个月内审结，有特殊情况需要延长的，经批准可以适当延长。

（二）第二审程序

第二审程序是人民法院审理上诉案件所适用的诉讼程序。在民事诉讼中，当事人不服人民法院第一审判决或裁定而提起上诉，人民法院受理后即进入第二审程序。

1. 上诉必须具备的条件

当事人、法定代理人、取得当事人同意的委托代理人，以及有关第三人，都有权上诉。对判决提起上诉的期限为15日，对裁定提起上诉的期限为10日。上诉应当递交上诉状，上诉状应当通过原审人民法院提出，也可以直接向第二审人民法院上诉。

2. 二审法院对上诉的处理

《民事诉讼法》第170条规定，第二审人民法院对上诉案件，经过审理，按照下列情形，分别处理：

（1）原判决、裁定认定事实清楚，适用法律正确的，以判决、裁定方式驳回上诉，维持原判决、裁定；

（2）原判决、裁定认定事实错误或者适用法律错误的，以判决、裁定方式依法改判、撤销或者变更；

（3）原判决认定基本事实不清的，裁定撤销原判决，发回原审人民法院重审，或者查清事实后改判；

（4）原判决遗漏当事人或者违法缺席判决等严重违反法定程序的，裁定撤销原判决，发回原审人民法院重审。

（三）审判监督程序

审判监督程序是指人民法院对已经发生法律效力的判决、裁定，发现确有错误，依法对案件进行再审的程序。《民事诉讼法》第198条及第199条规定，各级人民法院院长对本院已经发生法律效力的判决、裁定、调解书，发现确有错误，认为需要再审的，应当提交审判委员会讨论决定。最高人民法院对地方各级人民法院已经发生法律效力的判决、裁定、调解书，上级人民法院对下级人民法院已经发生法律效力的判决、裁定、调解书，发现确有错误的，有权提审或者指令下级人民法院再审。当事人对已经发生法律效力的判决、裁定，认为有错误的，可以向上一级人民法院申请再审；当事人一方人数众多或者当事人双方为公民的案件，也可以向原审人民法院申请再审。当事人申请再审的，不停止判决、裁定的执行。当事人应在判决、裁定发生法律效力后6个月内提出再审申请。人民法院审理再审案件，应当另行组成合议庭。

（四）执行程序

当事人对发生法律效力的判决、裁定必须执行。一方拒绝执行的，另一方当事人可以向人民法院申请执行。《民事诉讼法》第224条规定，发生法律效力的民事判决、裁定，以及刑事判决、裁定中的财产部分，由第一审人民法院或者与第一审人民法院同级的被执行的财产所在地人民法院执行。法律规定由人民法院执行的其他法律文书，由被执行人住所地或者被执行的财产所在地人民法院执行。申请执行的期限为2年。

实务训练

1.2014年9月17日，原告甲到人民法院诉称：被告乙与其弟弟丙合伙开办了“为民”便利店，丙入股5万元。2013年10月，丙因盗窃被判处有期徒刑6年，现正在外地服刑。因丙入股的5万元中有3万元是原告甲借给丙的，因此原告甲要求被告乙归还5万元股金及应分得的利润。根据上述内容及《民事诉讼法》的有关规定，回答下列问题：

（1）甲是否能作为原告起诉乙？请说明理由。

（2）法院应如何处理甲的起诉？

点评：

（1）甲不能作为原告起诉乙。《民事诉讼法》第119条规定，起诉必须具备的条件是：1）原告是与本案有直接利害关系的公民、法人和其他组织；2）有明确的被告；3）有具体的诉讼请求和事实、理由；4）属于人民法院受理民事诉讼的范围和受诉人民法院管辖。本案中，原告甲既不是本案被告的债权人，也不是“为民”便利店的合伙人，虽然丙入股的5万元有甲3万元，但只能说明甲与丙之间有一种债权、债务关系，甲不能作为原告要求乙代替丙归还其3万元。

（2）法院根据《民事诉讼法》第119条的规定，是不能受理本案的。如果人民法院在立案后发现原告的起诉不符合受理条件的，也可以作出裁定驳回起诉。

2.2014年3月，甲公司与乙公司签订一份供货合同，约定甲公司向乙公司提供一套价值300万元的机器设备，交货地为乙公司，交货时间为2014年6月底，乙公司在收到机器设备后10日内付清货款。如双方在合同履行中发生纠纷，可向各自所在地法院起诉。

合同签订后，甲公司向乙公司提供机器设备比合同约定时间晚了 2 个月，乙公司以甲公司违约为由拒付货款。甲公司遂依据合同约定，向甲公司所在地法院（以下简称甲法院）提起诉讼，要求乙公司支付货款及违约金。乙公司在对甲法院提出管辖权异议的同时，向乙公司所在地法院（以下简称乙法院）提起诉讼，要求甲公司赔偿因迟延供货造成乙公司不能及时投产而带来的经济损失。甲公司以乙法院立案在后为由，向乙法院提出管辖权异议，要求乙法院将案件移送到甲法院合并审理。

问题：甲公司所提管辖权异议是否成立？为什么？

点评：

甲公司所提管辖权异议不成立。理由是：首先，甲、乙公司的约定无效。《民事诉讼法》第 34 条规定，合同或者其他财产权益纠纷的当事人可以书面协议选择被告住所地、合同履行地、合同签订地、原告住所地、标的物所在地等与争议有实际联系的地点的人民法院管辖。《最高人民法院关于适用〈中华人民共和国民事诉讼法〉若干问题的意见》第 24 条明确规定，合同的双方当事人选择管辖的协议不明确或者选择规定的人民法院中的两个以上人民法院管辖的，选择管辖的协议无效。本案中，甲、乙公司约定发生纠纷可向各自所在地法院起诉，既选择原告住所地法院管辖，又选择被告住所地法院管辖，该选择管辖协议不符合上述法律规定及司法解释，应为无效约定，对双方当事人没有约束力。

在协议管辖无效的情况下，应当按法定管辖来确定本案的管辖权。对此，《民事诉讼法》第 23 条规定，因合同纠纷提起的诉讼，由被告住所地或者合同履行地人民法院管辖。本案中，甲、乙公司因合同纠纷发生诉讼，乙公司作为合同约定的交货地，依法应认定为合同的履行地，乙法院作为合同履行地法院，行使管辖权依法有据；同时，乙公司又是甲公司所提诉讼的被告住所地，乙法院作为被告住所地法院行使管辖权也依法有据。

综上所述，甲公司依据无效的合同约定向乙法院提出管辖权异议并要求乙法院将案件移送至甲法院合并审理缺乏法律依据，其管辖权异议不成立，依法应予驳回。

本章小结

- 第八章
  - 经济仲裁法律制度
    - 仲裁与仲裁法的基本原则
    - 仲裁委员会
    - 仲裁协议
    - 仲裁程序
    - 仲裁裁决的执行
  - 经济诉讼法律制度
    - 经济诉讼
    - 经济审判的管辖
    - 经济诉讼程序

知识巩固训练

一、名词解释

1. 仲裁
2. 仲裁协议
3. 经济诉讼
4. 经济审判的管辖

二、判断题

1. 仲裁庭开庭审理案件一般公开进行。（ ）
2. 当事人提出回避申请，应当在首次开庭前提出。（ ）
3. 人民法院审理任何案件都必须公开审理。（ ）

三、单项选择题

1. 根据《仲裁法》的规定，仲裁庭裁决不能形成多数意见时，仲裁裁决则应当按照（ ）的意见作出。

A. 首席仲裁员　　B. 仲裁庭　　C. 仲裁委员会　　D. 审判长

2. 仲裁调解书与仲裁裁决的法律效力（ ）。

A. 前者效力强　　B. 前者效力弱　　C. 同等　　D. 不同

3. 仲裁庭在作出裁决前，可以先行调解。当事人自愿调解的，仲裁庭应当调解。调解不成的，应当（ ）。

A. 及时进行裁决　　B. 告知当事人向法院起诉

C. 说服当事人执行仲裁庭的调解协议　　D. 重新调解

4. 二审判决后，如果人民法院发现判决有错误，可以进行（　）。

A. 第三审制度　　B. 改审制度　　C. 调解程序　　D. 审判监督程序

5. 人民法院适用第一审普通程序审理案件，应当在立案之日起（　）内审结。

A. 六个月　　B. 一个月　　C. 一年　　D. 三个月

四、多项选择题

1. 以下属于起诉必须具备的条件的是（ ）。

A. 原告是与本案有直接利害关系的公民、法人和其他组织

B. 有明确的被告

C. 有具体的诉讼请求和事实、理由

D. 属于人民法院受理民事案件的范围和受诉人民法院管辖

2. 仲裁法的基本原则有（ ）。

A. 一裁终局制原则

B. 独立仲裁原则

C. 根据事实、符合法律规定、公平合理地解决纠纷原则

D. 自愿原则

3. 在我国，仲裁庭的组成形式有两种，即（ ）。

A. 合议仲裁庭　　B. 独任仲裁庭　　C. 涉外仲裁庭　　D. 简易仲裁庭

4. 根据《仲裁法》的规定，仲裁协议应当有（ ）。

A. 请求仲裁的意思表示　　B. 仲裁事项

C. 选定的仲裁委员会　　D. 仲裁规则

五、填空题

1. 经济仲裁是指公民、法人和其他组织之间因________或________发生纠纷，由仲裁机构为解决当事人双方的争议而作出裁决的活动。

2. 仲裁委员会自收到仲裁申请书之日起________日内，经审查认为符合受理条件的，应当受理，并通知当事人。

3.《民事诉讼法》规定，对判决提起上诉的期限为________日，对裁定提起上诉的期限为________日。

4. 审判监督程序是指人民法院对________的判决、裁定，发现确有错误，依法对案件进行再审的程序。

六、简答题

1. 简述仲裁协议无效的情形。

2. 简述我国《民事诉讼法》的特有原则。

综合实务训练

1. 甲、乙公司因租赁合同发生纠纷，甲公司依据仲裁协议向某仲裁委员会申请仲裁，乙公司对仲裁庭的组成产生质疑，有证据证明首席仲裁员与甲公司法定代表人关系密切，于是乙公司向仲裁委员会申请撤销仲裁申请，拟向法院提起诉讼。

问题：

仲裁委员会是否能够满足乙公司的要求？

2. 2013 年 4 月，某商场将该商场的服装柜台发包给本商场业务员吴某，规定承包期为 5 年。2014 年 3 月，该商场以专业经营为由又将该服装柜台收回，重新发包给某服装公司，合同规定承包期为 10 年。业务员吴某认为，该商场这种行为违反了自己与其订立的承包合同，属违约行为，因此准备起诉到法院。

问题：

（1）吴某的起诉理由是否成立？

（2）该案件是否属于人民法院的受案范围？

（3）吴某应向哪个法院起诉？

参考文献

[1] 刘泽海主编．经济法基础［M］．北京：清华大学出版社，2012.

[2] 王瑜主编．经济法［M］．北京：高等教育出版社，2012.

[3] 高丽萍，马克和主编．税法（第3版）［M］．北京：中国财政经济出版社，2012.

[4] 郑云新，贾石红主编．经济法［M］．北京：人民邮电出版社，2013.

[5] 杨凌主编．经济法［M］．广州：暨南大学出版社，2012.

[6] 朱榄叶主编．知识产权法（第2版）［M］．北京：中国政法大学出版社，2012.

[7] 张耕，蒙洪勇主编．知识产权法实务教程［M］．北京：中国人民大学出版社，2012.

[8] 吴汉东主编．知识产权法（第3版）［M］．北京：北京大学出版社，2011.

[9] 代祖良，旃亚玲主编．实用经济法教程［M］．北京：科技出版社，2008.

[10] 廖善康主编．实用经济法教程［M］．大连：大连理工大学出版社，2010.

[11] 范海峰主编．经济法概论［M］．北京：清华大学出版社，2011.

[12] 周清香，胡拥军主编．经济法概论［M］．长沙：中南大学出版社，2009.

[13] 曲振涛，王福友编著．经济法（第4版）［M］．北京：高等教育出版社，2011.

[14] 梁敏，李海燕主编．新编经济法实用教程（理论部分）（第6版）［M］．大连：大连理工大学出版社，2012.

图书在版编目（CIP）数据

经济法实用教程/吴薇主编. —北京：中国人民大学出版社，2014.12
21世纪高职高专规划教材. 经贸类通用系列
ISBN 978-7-300-20346-1

Ⅰ.①经… Ⅱ.①吴… Ⅲ.①经济法-中国-高等职业教育-教材 Ⅳ.①D922.29

中国版本图书馆 CIP 数据核字（2014）第 282467 号

21世纪高职高专规划教材·经贸类通用系列
经济法实用教程
主　编　吴　薇
副主编　彭彩虹
Jingjifa Shiyong Jiaocheng

出版发行	中国人民大学出版社		
社　　址	北京中关村大街 31 号	**邮政编码**	100080
电　　话	010－62511242（总编室）		010－62511770（质管部）
	010－82501766（邮购部）		010－62514148（门市部）
	010－62515195（发行公司）		010－62515275（盗版举报）
网　　址	http://www.crup.com.cn		
	http://www.ttrnet.com(人大教研网)		
经　　销	新华书店		
印　　刷	北京昌联印刷有限公司		
规　　格	185 mm×260 mm　16 开本	**版　　次**	2015 年 1 月第 1 版
印　　张	17	**印　　次**	2015 年 1 月第 1 次印刷
字　　数	403 000	**定　　价**	35.00 元

教师信息反馈表

为了更好地为您服务，提高教学质量，中国人民大学出版社愿意为您提供全面的教学支持，期望与您建立更广泛的合作关系。请您填好下表后以电子邮件或信件的形式反馈给我们。

<table>
<tr><td>您使用过或正在使用的我社教材名称</td><td></td><td>版次</td><td></td></tr>
<tr><td>您希望获得哪些相关教学资料</td><td colspan="3"></td></tr>
<tr><td>您对本书的建议（可附页）</td><td colspan="3"></td></tr>
<tr><td>您的姓名</td><td colspan="3"></td></tr>
<tr><td>您所在的学校、院系</td><td colspan="3"></td></tr>
<tr><td>您所讲授的课程名称</td><td colspan="3"></td></tr>
<tr><td>学生人数</td><td colspan="3"></td></tr>
<tr><td>您的联系地址</td><td colspan="3"></td></tr>
<tr><td>邮政编码</td><td></td><td>联系电话</td><td></td></tr>
<tr><td>电子邮件（必填）</td><td colspan="3"></td></tr>
<tr><td>您是否为人大社教研网会员</td><td colspan="3">□ 是，会员卡号：____________
□ 不是，现在申请</td></tr>
<tr><td>您在相关专业是否有主编或参编教材意向</td><td colspan="3">□ 是　　　　□ 否
□ 不一定</td></tr>
<tr><td>您所希望参编或主编的教材的基本情况（包括内容、框架结构、特色等，可附页）</td><td colspan="3"></td></tr>
</table>

我们的联系方式：北京市海淀区中关村大街甲 59 号文化大厦 1508
中国人民大学出版社教育分社
邮政编码：100800
电话：010-82501749
网址：http://www.crup.com.cn/jiaoyu/
E-mail：jyfs _ 2007@126.com